in Vino · veritas

D1720109

Volum publicat cu sprijinul Avincis Vinuri S.R.L.
şi STOICA & Asociații

Jean-Robert Pitte

ISTORIA
STICLEI DE VIN
sau istoria unei revoluţii

traducere din limba franceză de
CĂTĂLINA STERIU şi MIRCEA VASILESCU

cuvânt înainte de
VALERIU STOICA

revizie şi adaptare de specialitate de
CĂTĂLIN PĂDURARU

Creat cu pasiune și savoir-faire. Un volum Baroque Books & Arts®.

veritas

colecție coordonată de Avincis Vinuri S.R.L.

Jean-Robert Pitte
LA BOUTEILLE DE VIN. HISTOIRE D'UNE RÉVOLUTION
Originally published in French by Éditions Tallandier, France under the title
„La bouteille de vin. Histoire d'une révolution".
© Éditions Tallandier, 2013
This edition published by arrangement with Éditions Tallandier in conjunction
with L'Autre Agence, Paris, France and Renata de La Chapelle Agency, Poland.

coliță imagini © colecția Jean-Robert PITTE, foto JOSSE

© Baroque Books & Arts®, 2017

Imaginea copertei: Cristiana RADU
Concepție grafică © Baroque Books & Arts®
Redactor: Ines HRISTEA
Corector: Rodica CREȚU

Descrierea CIP a Bibliotecii Naționale a României
PITTE, JEAN-ROBERT
Istoria sticlei de vin / Jean-Robert Pitte;
trad. din lb. franceză de Cătălina Steriu și Mircea Vasilescu;
cuvânt înainte de Valeriu Stoica; revizie și adaptare de specialitate de Cătălin Păduraru.
- București: Baroque Books & Arts, 2017
Conține bibliografie
ISBN 978-606-8564-83-8
I. Steriu, Cătălina (trad.)
II. Vasilescu, Mircea (trad.)
III. Stoica, Valeriu (pref.)
IV. Păduraru, Cătălin (adapt.)
66

Tiparul executat de Monitorul Oficial R.A.

Romanul istoric al veşmintelor vinului

Veşmintele îi pot face pe oameni mai frumoşi, dar nu mai buni. Cel mai important dintre veşmintele vinului, cel fără de care nu ar putea exista, este recipientul în care se produce sau se păstrează. Celelalte, cu excepţia dopului, sunt simple accesorii, veşminte care sporesc sau scad frumuseţea vinului. Recipientul şi dopul fac însă vinul mai bun sau mai prost.

Traducerea în limba română a cărţii lui Jean-Robert Pitte, *Istoria sticlei de vin*, îmbogăţeşte colecţia „In vino veritas" a editurii Baroque. Cititorul va putea astfel călători în timp, pentru a fi martorul întâmplărilor din istoria de mii de ani a recipientelor vinului, începând cu georgianul *kvevri*, un vas de teracotă cu o capacitate de 2 500 de litri, continuând cu burdufurile din piele, cu amforele, oalele şi urcioarele din ceramică, apoi cu tărtăcuţele (cine mai ştie astăzi ce este tâlvul, dacă nu caută în dicţionar?), cu corăbiile-cisternă din timpul împăratului Octavian August, cu butoaiele de diferite mărimi, pentru a celebra, în final, victoria sticlei de vin.

La această victorie a contribuit şi dopul de plută. Nici strămoşii (mănunchiul de paie sau de frunze, dopul de lemn), nici urmaşii acestuia (dopul de plastic sau de cauciuc, dopul de metal filetat, dopul de sticlă, capsa) nu au nici pe departe aceleași calități. Mariajul dintre sticla de vin și dopul de plută este secretul vieții vinului. Nu este vorba doar despre învechirea vinului, termen utilizat îndeobște de enologi. Vinul se naște și trăiește, are propria lui viață. Producerea mustului, fermentarea, transferul unor calități din substanțe externe se pot face în recipiente din piatră, ceramică, ciment, metal sau lemn, dar toate aceste procese marchează doar nașterea vinului. Adevărata viață începe în momentul în care vinul este îmbuteliat, adică este pus în sticlă închisă cu dop de plută. Se previne astfel acrirea vinului ca efect al excesului de oxigen, în prezența căruia bacteria *Acetobacter aceti* transformă etanolul în acid acetic, dar este permisă comunicarea discretă cu aerul, pentru ca procesele chimice și microbiologice să mențină viața în evoluție, de la adolescență și tinerețe până la maturitate și bătrânețe. Vinul trece în sticlă prin toate aceste vârste, iar termenul de *învechire* nu este suficient de cuprinzător pentru a exprima complexitatea vieții vinului. Oricât de mare este presiunea industriei care susține diverse alternative la dopul de plută (care, este adevărat, are inconvenientul de a se infecta cu tricloranisol pe drumul de la fabrică la cramă, într-un procentaj între 1 și 10%, substanță care transmite vinului din sticlă un miros neplăcut), oricare altă soluție este acceptabilă numai pentru vinurile tinere, proaspete, iar nu pentru cele cu viață lungă.

Lupta sticlei pentru supremație în lumea vinului nu a fost ușoară, pentru că, de la descoperirea sticlei ca materie, în urmă cu câteva mii de ani, și de la folosirea acestei materii pentru confecționarea unor recipiente până în secolul al XVII-lea, ceilalți concurenți păreau să aibă mai multe șanse. Un englez le-a dat însă acestora lovitura de grație. Sir Kenelm Digby a inventat sticla neagră în al cincilea deceniu al acelui secol, în timp ce era închis la Winchester House, în Londra, pe malul Tamisei (ceea ce dovedește că activitatea intelectuală este de dată veche în sistemul carceral), iar apoi, prin experiențe succesive, a reușit să îngusteze gâtul sticlei, făcând posibilă etanșeizarea ei cu dop. Pentru recunoașterea acestei invenții a fost nevoie de o bătălie parlamentară. Inițial, un sticlar de origine belgiană, John Cornett, reușise să obțină patentul pentru producerea noii sticle. A fost nevoie de Legea parlamentară din 10 aprilie 1662 pentru ca Sir Kenelm Digby să fie repus în drepturile sale și să obțină patentele pentru producerea și comercializarea sticlei negre cu gât. Este un moment semnificativ nu numai pentru istoria sticlei de vin, ci și pentru istoria dreptului: întâmplarea este mai mult decât incitantă pentru specialiștii în domeniul proprietății intelectuale.

Această performanță nu putea să fie împlinită doar într-o țară consumatoare de vin, chiar dacă este adevărat că Anglia a contribuit mult, mai ales prin mijloace de transport, de depozitare și de îmbuteliere, la creșterea calității vinului în ultimele două secole. Era nevoie și de o țară producătoare. Două regiuni viticole din Franța, cele mai cunoscute, Bordeaux și Burgogne, au desăvârșit victoria sticlei de vin. Sticla bordeleză și cea burgundă sunt și astăzi reginele sticlelor de vin, chiar dacă numeroase alte modele, unele extravagante și sofisticate, au fost propuse și produse în întreaga lume. Cele mai multe dintre aceste noi modele au ceva comun cu reginele lor: măsura de 750 de mililitri. În prima jumătate a secolului al XIX-lea, Franța și Anglia și-au dat mâna pentru a stabili această măsură ideală a sticlei de vin, care este rezultatul unui compromis între sistemul metric adoptat în Franța și sistemul de măsură, desigur conservator, al Angliei. Trebuia ca importatorii englezi să aibă un numitor comun cu producătorii francezi pentru a măsura vinul comercializat. Măsura britanică pentru vin era galonul imperial, ceea ce înseamnă în echivalent continental 4,54609 litri. Navele britanice încărcau vinul în butoaie de 50 de galoane, echivalentul a aproximativ 225 de litri. Un butoi de 50 de galoane putea fi îmbuteliat în 300 de sticle de 750 de mililitri. Pentru producători și comercianți această cifră rotundă era preferabilă, întrucât ajuta la simplificarea calculelor contabile. Mergând mai departe, ambalarea s-a făcut fie în cutii de 6 sticle (echivalentul unui galon), fie în cutii de 12 sticle (echivalentul a două galoane). În 1963, un decret a stabilizat în Franța măsura sticlei de vin cu volum de 765 de mililitri, din care 750 de mililitri reprezintă cantitatea de vin, iar 15 mililitri este spațiul pentru dop și pentru aer.

De ce este însă ideală măsura de 750 de mililitri, dincolo de aceste avantaje comerciale și contabile? Simplu: este cea mai potrivită cantitate de vin pentru cina îndrăgostiților. Sticlele cu alt volum sunt fie pentru austeri sau zgârciți (*miniatură* – 187,5 mililitri; *miniatură* – 375 de mililitri), fie pentru cheflii sau risipitori (*Magnum* – 1,5 litri; *Magnum double* – 3 litri; *Jeroboam* – 4,5 litri; *Matusalem* – 6 litri; *Salmanazar* – 9 litri; *Balthazar* – 12 litri; *Nabucodonosor* – 15 litri).

Cercetător al peisajului și promotor rafinat al culturii gastronomice și al celei enologice, Jean-Robert Pitte a scris o carte fermecătoare, fără ostentația eruditului, dar cu savoarea unor surse diverse, de la arheologie până la poezie și pictură, toate întrețesute prin virtuozitate eseistică și construcție epică într-un adevărat roman istoric al veșmintelor vinului. Ronsard, Rabelais, Musset, Baudelaire și Voltaire intră în joc pentru a spori forța de seducție a acestui roman.

Nici legendele nu rămân deoparte.

Ce altceva decât legendă este „Vinul de Falern din vremea lui Opimius, vechi de 100 de ani" pe care îl oferă oaspeților săi Trimalchio, eroul din romanul *Satyricon* al lui Petronius (cel care a rămas arbitrul eleganței și în actul sinuciderii, spre deosebire de Seneca, victimă și el a lui Nero, dar care a „bâjbâit" între diferite metode de sinucidere, ratând râvnita seninătate a idolului său, Socrate, în fața morții)? Legenda falernului, celebrul vin de Campania, produs în anul 121 î. Hr., în timpului consulatului lui Lucius Opimius, merge și mai departe: se spune că acest vin și-a păstrat calitățile de-a lungul a 200 de ani.

De la legendă la pură ficțiune este un singur pas. În romanul arheologic al lui François Mazois, *Palatul lui Scaurus,* publicat în 1819, este descrisă pivnița unui adevărat colecționar de vinuri, din perioada în care a fost distrus orașul Pompei de erupția vulcanului Vezuviu, pivniță în care s-ar fi aflat 30 000 de amfore cu 195 de soiuri de vin din toată lumea cunoscută în acea vreme.

Dincolo de legendă rămân întrebările. Pe marginea tabloului lui Guido Reni – *Bacchus bând* –, pictat în jurul anului 1623, Jean-Robert Pitte comentează culoarea roze a vinului aflat într-o sticlă ovoidală, ca fiind cea mai intensă culoare posibilă în acel timp în care mustul era fermentat fără pielița boabelor de struguri, astfel încât vinul era mai întotdeauna alb. Or, încă din timpul lui Horațiu se făcea vin roșu. Cel puțin așa rezultă din oda *Lui Pòstumus*:

> Și numai vreun urmaș
> Mai vrednic va lua din beci Cecubul
> Cu-o sută de lăcate încuiat,
> Și luciul pardoselii tale
> Cu-ăst vin demn de pontifi îl va roși.[1]

VALERIU STOICA

[1] Horațiu, *Ode. Epode. Satire. Epistole,* în Virgiliu, Horațiu, Iuvenal, „Pagini alese", Editura pentru literatură universală, București, 1969, p. 115.

Prefață

Eram în Burgundia, pe la mijlocul anilor '60, descoperind
cu încântare gustul vinului bun, când am constatat cu sur-
prindere ciudățenia sticlelor vechi, suflate cu gura, formele
lor neregulate, prezența bulelor de aer în sticlă, fundul rete-
zat al unora, culorile lor atât de diverse, cafenii, verzi, negre,
adesea întunecate, uneori deschise, rar incolore. Unii viti-
cultori, care nu știau mare lucru despre ele, însă le moșteni-
seră de la strămoși, le considerau venerabile și drăguțe, le
foloseau pentru a-și pune în ele distilatul vechi și le așezau
pe masă după ce terminau de mâncat. În 1970, când lucram
în Bugey (o răscruce culturală și, în același timp, un „muzeu"
de vechituri), la viile din zonă, care erau pe ducă, am desco-
perit că acolo se găseau multe astfel de sticle.[1] Am început

---

[1] Punerea în sticle a vinului în scopuri comerciale nu datează în
această podgorie decât din anii 1960, cu excepția zonei AOC a *Seyssel* și
a celei unde se face petiantul natural Cerdon. În sticlele vechi, depozitate
în pivnițe în acea epocă, odinioară se trăgea vinul acrișor din butoaie
pentru a-l consuma la masă sau pentru a-l vinde vecinilor. Viticultorii
recuperau toate sticlele folosite pe care le găseau, de unde și marea
varietate de forme: burgunde, de Jura, uneori bordeleze și chiar modele
de sticle pentru licori aperitive și băuturi spirtoase.

să observ diversitatea formelor și am încercat să le înțeleg mai bine istoria și geografia.

Două și respectiv trei decenii mai târziu, opera lui Jacqueline Bellanger (1988)[1], apoi cele ale unor mari colecționari străini particulari, Rainer Kosler (1998), Johan Soetens (2001) și, mai ales, Willy Van den Bossche (2001), care sunt aproape exhaustive și acoperă întreaga Europă și teritoriile de peste mări, m-au convins să încerc să înțeleg resorturile acestui univers. Datorită ilustrațiilor, lucrările acestea furnizează un material pentru studiu aprofundat, pe care, din câte știu, nicio colecție publică europeană nu îl oferă astăzi. Am încercat să ordonez aceste obiecte cronologic și geografic și să le aflu evoluția și diversificarea, subiecte care mă preocupau încă de pe vremea când redactam, în urmă cu câțiva ani, o carte pe tema rivalității dintre vinul de Bordeaux și cel de Burgundia, rivalitate care se exprimă, în special, prin două modele de sticlă diferite și inconfundabile, de la începutul secolului al XIX-lea.[2] Viticultorii din întreaga lume preferă, mai degrabă, primul model și, într-o mai mică măsură, pe cel de-al doilea; câteva regiuni păstrează sau au inventat recent propriul model ori o variantă a unuia dintre cele două.

Eseul de față își propune să pună în valoare rolul esențial al sticlelor în istoria modernă și contemporană a vinului. Fără acest recipient greu și aproape etanș, de îndată ce dopul a fost pus corect, niciodată vinurile nu s-ar fi putut învechi, ferite de aer și de lumină, și niciodată personalitatea *terroir*-urilor și a anului de producție nu

---

[1] Vezi bibliografia de la sfârșitul volumului.

[2] Jean-Robert Pitte, *Bordeaux-Bourgogne, les passions rivales*, Paris, Hachette, 2005, p. 183-194.

Jean-Robert Pitte

ar fi putut să se manifeste cu atâta strălucire. De aseme-
nea, niciodată vinul din regiunea Champagne nu ar fi
devenit spumant. Mai mult decât atât, prin formele lor,
care diferă de la o regiune la alta, sticlele spun o poveste
complexă, ce pune laolaltă natura materiilor prime, stă-
pânirea tehnicilor de sticlărie, modurile de elaborare,
de păstrare, de transport și de comercializare a vinului,
dar și gusturile estetice și reprezentările producătorilor,
ale clienților și ale tuturor celor care intră în contact cu
ele. Sticlele exprimă geografia vinurilor din Franța, din
Europa, din lume. Marile tipuri regionale nu exclud
variantele pe care evoluția tehnicilor de sticlărie le fac
din nou posibile, la un cost rezonabil. Ele se află, ca și
etichetele, în slujba personalității fiecărui domeniu.
Regiunea care a împins cel mai departe dorința de origi-
nalitate este Champagne, prețul de vânzare al acestor
băuturi prestigioase justificându-i grija, așa cum s-a întâm-
plat și în cazul producătorilor de coniac, în domeniul
spirtoaselor.

"Ce mai contează sticla, atunci când ai beția", scria
Musset în *Cupa și buzele*. Regretabil dicton, care se explică
prin dependența de alcool și caracterul depresiv al autoru-
lui, care, în plus, era un tip nu prea galant, întrucât acest
vers este precedat de o confesiune de un machism de
neconceput: "Iubirea este țelul, iubita ce contează!"[1]
Dimpotrivă, sticla participă în întregime la arta de a ela-
bora, de a vinde, de a alege și de a degusta vinul. Nu există
vin bun fără o sticlă pe măsură: aceasta este realitatea

---

[1] Sticla a inspirat și o altă, nu tocmai glorioasă, profesiune de credință
"macho" – aceea a fraților Goncourt: "O sticlă, iată o distracție cu mult
superioară femeii. Sticla goală, asta e. Ea nu vă cere nici s-o vizitați, nici
să-i faceți vreun cadou. Nu vă cere nici dragoste, nici recunoștință,
nici măcar politețe." (www.citations.francaises.fr).

simplă și pură, care justifică aceste pagini. Mustul fermen-
tat al viței-de-vie nu devine cu adevărat vibrant și emoțio-
nant decât după un sejur în izolare, mai mult sau mai
puțin prelungit, într-un umil recipient inert și închis cu
grijă. El își continuă viața și se învechește în tihnă,
renunță la exuberanțe și devine mai bun, uneori pe par-
cursul a decenii întregi, înainte de a se oferi transformat,
reapărând la lumină și în contact cu aerul. Uitat prea
mult timp sau slab încă de la naștere, el se estompează,
pălește și apoi dispare complet, dacă dopul nu a fost
schimbat la fiecare sfert de secol. Uneori însă, ca prin
miracol, atunci când a fost protejat cu un strat de rășină
și de ceară, e posibil să regăsești vinuri din secolul al
XIX-lea, respectiv al XVIII-lea, fragile, dar vii.

Sticla este pentru un amator, chiar și mai puțin înstă-
rit, un mijloc minunat de a avea o pivniță cât mai variată
și de a-și diversifica plăcerile bahice vizitând toate viile
din lume în funcție de anotimpuri, de preferințele și
posibilitățile sale și de felurile de mâncare pe care
dorește să și le ofere. Théophile Malvezin, negociantul
din Bordeaux, a făcut o recomandare foarte înțeleaptă
în 1889: „Vă sfătuiesc să nu luați (...) un singur fel de
vin. Dacă, spre exemplu, aveți de cumpărat o sută de
sticle, veți fi mai încântați dacă, în loc să le luați pe toate
din același fel de vin și din același an, le luați fie din
clasificări diferite, fie din ani diferiți. Astfel veți avea o
serie de sticle excelente.”[1] Frumos omagiu adus geogra-
fiei viticole!

---

[1] Citat de Marguerite Figeac-Monthus, „Les caves des élites bordelaises
de la fin du XVIIIe siècle au Second Empire", în Ch. Bouneau, *Le Verre et
le vin de la cave à la table du XVIIe siècle à nos jours*, Bordeaux, Maison des
Sciences de l'Homme d'Aquitaine, 2007, p. 133.

Departe de a fi o închisoare, contrar a ceea ce scria Baudelaire[1], o sticlă este ca o chilie, în interiorul căreia un suflet puternic știe să mediteze și să exulte pentru a transmite lumii, la momentul potrivit, un mesaj tulburător. Să intrăm în acest univers complex, rezultat al inteligenței a numeroase generații de viticultori, sticlari și degustători exigenți, un univers care permite atât de bine sufletului vinului să se protejeze, să se educe, să se concentreze și, în cele din urmă, să se elibereze exprimând spiritul locului unde a văzut lumina zilei.

---

[1] În prima strofă din *L'Âme du vin (Les Fleurs du mal,* 1855):
„Un soir, l'âme du vin chantait dans les bouteilles:
«Homme vers toi je pousse, ô cher déshérité,
Sous ma prison de verre et mes cires vermeilles,
Un chant plein de lumière et de fraternité!»"
„Al vinului viu suflet cânta în butelie:
– O, omule, doar ție, făptură de prisos,
Din temnița-mi de sticlă, cu ceara-i purpurie,
O să-ți închin un cântec fratern și luminos".
CHARLES BAUDELAIRE, *Florile răului,*
traducere de Octavian Soviany, Casa de editură Max Blecher, 2014.

I

ÎNAINTEA STICLEI DE VIN

Se ştie încă din Antichitatea timpurie că vinul nu se conservă, adică nu îşi dezvoltă calităţile de origine, decât atunci când este conservat ferit de aer sau având un contact infinitezimal cu acesta, ca în cazul aerului care se strecoară între un dop din lemn sau din plută şi gâtul amforei sau al sticlei. Altfel, în prezenţa oxigenului, etanolul pe care îl conţine se transformă în acid acetic, sub efectul bacteriei *Acetobacter aceti*, iar vinul devine oţet, pierzându-şi astfel tot farmecul şi rămânând doar un condiment de utilizat cu zgârcenie, pentru a da gust alimentelor fade şi a trezi lentorile digestive sau pentru a conserva legume, fructe şi peşte.

De la inventarea sa, în Orientul Apropiat, în urmă cu 8 000 de ani, viticultorii au ştiut dintotdeauna că vinul trebuie închis în recipiente cât mai etanşe şi complet umplute. Doar cele mai bune vinuri au beneficiat de recipiente închise ermetic, care să le permită să se învechească şi să devină mai bune.

Până în secolul al XVII-lea, cea mai mare parte a producţiei trebuia să fie băută înainte de primele zile calde de primăvară din anul de după cules. Cu toate acestea, găsim în mormântul lui Tutankhamon urcioare de vin dulce, vechi de patru până la nouă ani[1], iar romanii lăsau falernul să se învechească până la 25 de ani, în anumiți ani de producție, cum a fost vinul produs în timpul consulatului lui Lucius Opimius, în anul 121 î. Hr., care a fost păstrat un secol sau chiar două.[2] Marile domenii viticole s-au priceput să perpetueze această tradiție și încă există vinuri datând din ultimii ani ai secolului al XVIII-lea, dar asta în doar câteva castele din regiunea Bordeaux, în Porto sau în pivnițele câtorva colecționari particulari.

BURDUFURILE

Cel mai vechi recipient pentru lichide este burduful din piele. Acesta datează fără îndoială din paleolitic, întrucât este suficient să obturezi orificiile din pielea oricărui mamifer sălbatic sau domestic pentru obținerea lui. De altfel el este de nenumărate ori menționat în *Odiseea*, care a fost scrisă în secolul al VIII-lea î. Hr. Ulise reușește, de fapt, să-l îmbete pe ciclop cu ajutorul unui burduf care conținea un delicios vin negru licoros, care fusese transvazat într-un burduf[3]. Din pieile de caprine se produc cele mai bune recipiente și în special din cele de țap, însă pot fi folosite și pieile de cervide, ecvidee, camelide, bovine, ovine, porcine etc., cu condiția să fie bine jupuite, pe cât posibil

---

[1] Maria Rosa Guasch-Jané *et al.*, „First Evidence of White Wine in Ancient Egypt from Tutankhamun's Tomb", *Journal of Archeological Science*, 33, 2006, p. 1077.

[2] J.-R. Pitte, *Le Désir du vin à la conquête du monde*, Paris, Fayard, 2009, p. 84-85; André Tchernia, Jean-Pierre Brun, *Le Vin romain antique*, Grenoble, Glénat, 1999, p. 133-138. Această cultură fără vârstă este menționată în *Satyricon* de Petroniu (XXXIV).

[3] Cântul IX, 196.

fără rupturi. Pieile de caprine au avantajul că permit confec-
ționarea de burdufuri care pot fi ușor purtate pe umăr.
Există și posibilitatea să le repari sau să coși mai multe piei
împreună, însă în acest caz va exista riscul ca pieile să se
rupă sau ca lichidul să se scurgă. În Antichitate existau bur-
dufuri care puteau să susțină mai multe sute de litri de vin[1];
acestea erau cu siguranță făcute din mai multe piei cusute.

Burduful este foarte des folosit în zonele aride din
Lumea Veche, unde apa este un bun rar, care trebuie păstrat
cu grijă, în special în călătorii.[2] Creșterea animalelor,
oleicultura și viticultura fiind inventate în aceste zone,
este normal ca burdufurile să fi servit și la păstrarea lapte-
lui, a uleiului sau a vinului. În epoca romană, amforele și,
ulterior, butoaiele sunt foarte răspândite, iar burduful (în
latină *uter,* derivat din *uterus,* pântece) este și el folosit
pentru transportarea vinului în munți, unde din cauza
drumurilor accidentate ar fi fost foarte riscant ca marfa să
fie transportată în vase casante. El este de mare folos,
pentru că e ușor, etanș, flexibil, ieftin și cu capacitate mare.
Poate fi chiar și refolosit dupa clătire.

Datorită unor inscripții și tesere care aveau legătură cu
colegiul *utricularilor,* se știe că acest recipient era foarte
folosit în culoarul Rhodanian. Vinul era transferat din
amfore aduse pe mare și pe fluvii, înainte să fie transportat

---

[1] Élise Marlière, *L'Outre et le tonneau dans l'Occident romain,* Montagnac,
Éditions Monique Mergoil, 2002, p. 6. În *Banchetul înțelepților,* al lui Athenaios,
este menționat un burduf de aproximativ 4 000 de litri.
[2] Nomazii din Sahara le utilizează și azi pentru apă și pentru lap-
tele de cămilă fermentat, *zrig;* le numesc *guerba.* Sunt, de asemenea, de
uz curent în satele marocane, chiar în breasla cărăușilor de apă urbani.
Într-un oraș cum e Marrakech, aceștia trăiesc acum mai degrabă din
apariția lor în fotografiile-amintire ale turiștilor, datorită costumului
lor pestriț, decât din comerțul cu o apă îndoielnică, pe care nu e deloc
recomandat s-o consumi.

spre Alpi sau Masivul Central.[1] Obiceiul transportului de vin spre munți în burdufuri din piele de capră se va menține până în secolul al XIX-lea, în diverse regiuni ale Europei.[2] T'Serstevens descrie prezența lor masivă în anii '30 la Lerma, în provincia spaniolă Burgos.[3] „Lerma, orașul burdufurilor, un mare burg specializat în fabricarea acestor recipiente din piele de țap, care înlocuiesc aici butoaiele de vin: [...] vântul mișcă burdufurile umflate puse la uscat; când e vânt puternic, burdufurile se lovesc între ele, cu un zgomot surd de tobe ude." Ele mai sunt utilizate și astăzi, pentru vin, în Georgia. Spaniolii, locuitorii din Alpi sau, mai ales, cei din Pirinei folosesc un model mai mic din piele de capră sau de țap, uns în interior cu smoală, numit în castiliană *bota de vino*[4] și denumit impropriu ploscă, în Franța. Locuitorii din Țara Bascilor au păstrat nealterat meșteșugul realizării lor. Când este apăsat cu două mâini, un mic jet țâșnește prin gâtul burdufului (odinioară făcut din corn, astăzi, din plastic), ceea ce-ți permite să bei fără a atinge recipientul cu buzele. Atunci când burduful este udat cu apă pe exterior, evaporarea acesteia permite împrospătarea vinului pe care îl conține și căruia smoala și pielea îi conferă un miros și o savoare puternice și sălbatice, de evitat la vinurile delicate și prețioase. Încă din Antichitate se știe că vinul nu trebuie lăsat prea mult timp într-un burduf, chiar dacă în buchetul vinurilor antice se amestecau cel

---

[1] Roger Dion, *Histoire de la vigne et du vin en France, des origines au XIXe siècle*, Paris, CNRS Éditions, [1959] 2010, p. 103-104.

[2] *Ibid.*, p. 104.

[3] Albert T'Serstevens, *L'Itinéraire espagnol*, Paris, Plon, [1933] 1963, p. 232.

[4] Gemma Mollevi, „Le vin: de la boisson au plaisir, de l'amphore à la bouteille. L'évolution en Espagne", în Ch. Bouneau, M. Figeac (ed.), *Le Verre et le vin de la cave à la table du XVIIe siécle à nos jours, op. cit.*, p. 172-173.

al mustului fermentat şi cel al numeroşilor aditivi. Acest tip de recipient este deci mai degrabă destinat transportului decât conservării.[1]

În perioada romană, burdufurile mari, numite *culeus*, *culleus* sau *culeum*, sunt făcute dintr-o singură piele de bou şi servesc drept măsură pentru vin: 525,27 litri în zilele noastre, adică 20 de amfore a 26,264 litri.[2] Asemenea volum şi greutate necesită piei perfect etanşe. Burdufurile sunt atât de asimilate cu vinul şi atât de reprezentative pentru el, încât adesea erau realizate urcioare mici, din ceramică, ce aminteau de forma lor, iar termenul latinesc de *uter* este folosit pentru a-i desemna pe vanitoşi şi pe beţivi. Homer foloseşte insulta *sinobarhu* (beţivan) în *Iliada* (I, 224).

În timpul banchetelor greceşti şi romane, vinul putea fi turnat din burduf direct în vase, înainte de a fi amestecat cu apă, aşa cum o arată diferite scene reprezentate pe vase sau fresce. Petroniu, în *Satyricon*, evocă abluţiuni originale şi uşor decadente: „Apoi au intrat doi etiopieni pletoşi, cu nişte burdurfuri mititele, cum au cei care stropesc nisipul în amfiteatru, şi ne-au turnat vin ca să ne spălăm pe mâini; nimeni nu voia să ne dea apă. Stăpânul a fost lăudat pentru rafinamentul său.[3]" Preoţii catolici practică abluţiunea cu vin şi apă deasupra potirului, spre finalul slujbei, însă beau apoi acest amestec, conform unui ritual care are loc după comuniunea enoriaşilor şi care are ca scop evitarea împrăştierii fragmentelor de ostii sfinţite.

Intervine o întrebare: mustul era sau nu lăsat să fermenteze în burdufuri? Anumite texte vechi par să lase

[1] Élise Marlière, *L'Outre et le tonneau dans l'Occident romain, op. cit.*, p. 21.
[2] *Ibid.*, p. 13.
[3] Petronius, *Satyricon*, ediţie nouă revizuită. Traducere, postfaţă şi note de Eugen Cizek, Paideia, 2003, p. 84.

deschisă această nelămurire. În Cartea lui Iov, scrisă în urmă cu aproximativ 2 500 de ani, se menționează următoarele: „Iată că cugetul meu în mine este ca un vin care n-are pe unde să răsufle, ca un burduf umplut cu vin nou care dă să-l spargă."[1] Temă reluată în Evanghelia după Matei: „Nici nu pun oamenii vin nou în burdufuri vechi; alminterea burdufurile crapă: vinul se varsă și burdufurile se strică; ci pun vin nou în burdufuri noi și amândouă se păstrează împreună."[2] Spargerea burdufurilor închise nu are loc decât dacă mustul produce dioxid de carbon, adică dacă este încă în fermentare. Un vin care și-a încheiat fermentarea alcoolică și fermentarea malolactică nu mai produce dioxid de carbon, chiar dacă este încă tânăr. Aceste recomandări sunt făcute pentru a se evita punerea prea devreme în burdufuri, însă nu înseamnă că fermentarea se făcea în burdufuri, aceasta fiind aproape imposibilă din cauza cantității de gaz emise și din pricina încălzirii induse.

DOLIA ȘI AMFORE

De timpuriu, în munții din Cornul Abundenței, acolo unde a fost inventat vinul, se foloseau recipiente mari din teracotă, depuse pe sol sau îngropate, pentru a permite fermentarea mustului și conservarea vinului. Capacitatea unui *dolium* putea fi de până la 2 500 de litri. Imposibil de deplasat de îndată ce erau instalate și pline, cu atât mai mult dacă erau îngropate, *dolia* trebuiau unse cu smoală,

---

[1] *Biblia sau Sfânta Scriptură*, Editura Biblică de Misiune a Bisericii Ortodoxe Române, București, 1988, XXXII, 19.
[2] IX, 17.

atât pentru etanșeizare, cât și pentru conservarea vinului, până cel mai târziu la recolta următoare. Vinul care urma să fie pus în amfore, pentru o conservare mai lungă, sau în diverse urcioare, pentru a fi băut, nu putea fi scos decât cu ajutorul unui polonic. Georgienii folosesc în continuare și astăzi acest tip de material: *dolia* poartă denumirea de *kvevri*; sunt curățate cu perii ciudate, din mănunchiuri de scoarță de cireș și din coceni; polonicele sunt tărtăcuțe prinse de bețe lungi, cu care se pot umple urcioare din teracotă, apoi pahare sau, la ocazii festive, coarne de băut.[1]

În perioada lui Augustus, la începutul erei creștine, sunt construite primele corăbii-cisternă, înaintașele navelor folosite pentru transportul vinului din Algeria către Sète, în perioada colonială, de la mijlocul secolului al XIX-lea până la jumătatea secolului XX. Cu o capacitate de 2 000 până la 2 500 de litri, între 10 și 15 *dolia* ocupă cala navei, de unde nu mai sunt mutate decât în caz de fisurare.[2] Acestea sunt fabricate de un olar, pe nume Pirani, care s-a specializat în domeniu. El locuiește la granița dintre regiunile Latium și Campania. Aceste nave circulă pe mare sau pe anumite fluvii, cum ar fi Ronul. Când ajung la destinație, conținutul este transferat în alte recipiente, de tipul amforelor, mai ușoare și mobile, burdufurilor sau butoaielor, iar *dolia* sunt duse în depozite. Dezvoltarea considerabilă a viticulturii în nordul imperiului, pe parcursul secolului I, a făcut ca acest mod de transport maritim să devină rapid caduc. Doar vinurile de calitate și cele de origine au continuat să fie comercializate în amfore.

---

[1] Pascal Réigniez, *La Vigne, le vin et la Géorgie*, Tbilisi, Éditions Meridiani, 2012.

[2] Marie-Brigitte Carre, „Transport en vrac", în J.-P. Brun *et al.* (ed.), *Le Vin. Nectar des dieux*, *génie des hommes*, Gollion, Infolio, 2004, p. 276-277.

Ulcelele cu forme mai mult sau mai puțin sferice și cu diverse conținuturi servesc, din Antichitatea timpurie, la transportul și conservarea vinului. Datorită rămășițelor acestor tipuri de recipiente, pătate cu pigmenți provenind de la vin și care conțin adesea sâmburi de struguri, pot fi datate cele mai vechi zone de vinificare din Orientul Apropiat. Vasele ovoidale, cu două toarte – *amphoreus*, în greacă, *amphora*, în latină –, apar încă din mileniul al IV-lea î. Hr. în estul Mediteranei și, mult mai târziu, în jurul secolului al VI-lea î. Hr., în vest, în Etruria. Însă marea epocă a amforelor se situează între secolul al II-lea î. Hr. și secolul al IV-lea î. Hr. În general nu sunt folosite decât o singură dată, ulterior fiind sparte, din cauza costului de producție mic și a greutății mari. O parte dintre cioburile sfărâmate, șamota, servesc la consolidarea pastei pentru alte obiecte din teracotă, cum ar fi țiglele, însă cea mai mare parte provine din grămezi de gunoaie, ceea ce ne oferă o idee cu privire la impresionanta cantitate de vin consumată în anumite orașe. Cel mai cunoscut stoc de amfore este cel din Monte Testaccio, din Roma (30 de metri înălțime, pe o întindere de 2 hectare), însă el este constituit, în principal, din amfore de ulei de măsline, aduse din Spania și descărcate pe malul Tibrului. În întregul imperiu, numeroase amfore servesc la depozitarea și transportul uleiului, oțetului *(acetum)* sau *garum*-ului, însă aceste lichide nu sunt folosite la bucătărie decât într-o doză mică și putem considera, pe bună dreptate, că majoritatea amforelor descoperite de arheologi au servit la depozitarea și transportarea vinului, uleiul fiind, fără îndoială, pe al doilea loc, iar sosurile și sărăturile, pe cel de-al treilea.

Formele și conținutul amforelor cu vin variază de la o regiune la alta. Același lucru este valabil și pentru butoaie, care au numeroase variante de modele antice și moderne, sau pentru urcioare, ceea ce prefigurează complexa geografie a sticlelor. Din nefericire, originea acestor diferențe nu a făcut obiectul unor interpretări. Care sunt motivele pentru care amforele fabricate în Italia, pe coasta tireniană, sunt ovoidale, foarte alungite și ascuțite la bază, în timp ce acelea din Tarragona (Catalonia) sunt și ele lungi, dar cilindrice la mijloc, acelea din Orient sunt de asemenea cilindrice, dar mai înguste și mai lungi, și, în sfârșit, acelea din Narbonne sunt bombate și prevăzute cu un fund mic și plat? A existat cu siguranță, în fiecare zonă de producție, un fabricant pionier, care a pus la punct un model ce a avut succes și care a fost imitat și al cărui stil a fost asociat ulterior de către producători, comercianți și consumatori cu o anume proveniență și cu un anumit tip de vin. Putem spune doar că amforele cu baza ascuțită pot fi aranjate înclinat, sprijinite unele de altele pe un suport cu scobituri sau construit din șipci. Această formă permite o aglomerare minimă în calele corăbiilor sau în depozite, în timp ce amforele bombate, cu fund plat, sunt așezate pe o suprafață plată, fără un suport cu scobituri, metodă neadaptată arhitecturii navelor și care solicită mult mai mult spațiu.

Cel mai des întâlnite amfore cântăresc în jur de 30 de kilograme, cu excepția celor galice, și pot conține între 25 și 30 de litri de vin, cu o greutate aproximativ echivalentă. Există o geografie a conținutului legată de cea a măsurilor locale. Este de menționat că raportul va fi același cu recipientele din sticlă care, majoritatea, cântăresc între 500 g și 1 kg, pentru un conținut lichid de la 750 g la 1 kg, în funcție de capacitate. Marea diferență constă în faptul că o amforă începută trebuie terminată, altfel vinul riscă să se deterioreze foarte repede, ceea ce nu se întâmplă în cazul unei sticle, făcută pentru a fi golită și apoi urmată de o alta. Este deci un conținut destinat, în principal, negustorilor și cârciumarilor sau amatorilor bogați, care organizează banchete și nu se sfiesc să golească una sau mai multe amfore de vin cu o singură ocazie. Legat de acest subiect, ne întrebăm ce s-a întâmplat cu ultimul vin al nunţii din Cana, cel obţinut printr-un miracol, având în vedere că este vorba despre şase ulcele cu gură largă, fiecare conţinând în jur de 100 de litri de apă destinată abluţiunilor rituale şi care au fost umplute la sfârşitul mesei cu şase hectolitri de vin excelent! Zilele care au urmat nunţii trebuie să fi fost stropite cu vin din belşug!

Subiectul învechirii vinurilor antice este bine-cunoscut astăzi.[1] Procesul se realiza în amfore unse cu smoală, astupate cu grijă, uneori cu dopuri de plută, apoi cu căpăcele din teracotă sau din puzzolana amestecată cu var, sigilate cu smoală sau cu mortar. Vinurile care, în Antichitate, nu erau tratate cu sulf – deşi în Campania sulful era folosit din plin, fără să i se cunoască proprietăţile antioxidante şi antiseptice – căpătau, prin procesul de învechire, o savoare de vin de Madeira, o amăreală complexă, cu atât mai mult cu cât li se adăugau plante amare (de exemplu, schinduf), răşină, miere, ghips sau apă de mare. Vinurile astfel preparate erau numite *drimus* sau *drimutès*.[2] Vinurile cu răşină greceşti sau vermuturile sunt astăzi ultimele avataruri. În acelaşi timp, ele se închideau la culoare până când deveneau maro, după ce, la început, avuseseră nuanţe deschise, ceea ce se întâmplă astăzi cu vinurile vechi de mai multe decenii. Este şi cazul falernului, evocat în unele epigrame ale lui Marţial, precum aceasta: „Fie ca un vechi falern să înnegrească cristalul transparent al cupei tale.”[3] Sau: „Mi se cere o amforă înnegrită de lunga perioadă în

---

[1] André Tchernia, Jean-Pierre Brun, *Le Vin romain antique, op. cit.,* p. 133-146.
[2] De exemplu, la Galenus.
[3] Marţial, *Epigrame,* traducere de Tudor Măinescu, Editura pentru literatură universală, 1961, VIII, 77.

care falernul a stat în ea".[1] Învechirea vinurilor și obținerea acestei faimoase savori *drimus* erau accelerate prin expunerea amforelor la căldură (în hambar, la soare) – tehnică folosită încă în Roussillon sau în Andaluzia. Învechirea naturală sau accelerată nu numai că îi potența culoarea și savoarea, ci și, probabil, conținutul de alcool. În funcție de gustul căutat în momentul când era consumat, vinul era îndoit cu mai multă sau mai puțină apă, întrucât de obicei, în Antichitate, el nu era băut ca atare decât de către „barbari". Așa cum se proceda, spre exemplu, în Galia de dinainte de cucerire.

Anumiți amatori par să fi avut veritabile pivnițe pline cu amfore cu vinuri vechi. Inspirat de descoperirile de la Pompei și alimentat de textele lui Horațiu și Pliniu, *Palatul lui Scaurus,* roman arheologic al lui François Mazois publicat în 1819, evocă una dintre acestea: „Pivnița lui Scaurus este renumită; el a reușit să strângă în ea trei sute de mii de amfore, conținând aproape toate tipurile de vin cunoscute; are o sută nouăzeci și cinci de soiuri diferite, de care se îngrijește în mod deosebit: nimic nu este neglijat, forma vaselor a fost supusă anumitor observații, iar amforele prea bombate nu au ce căuta aici."[2]

BUTOAIELE

Deși bine gândită și perfecționată, teracota este un material greu și fragil, imposibil de stocat, deci incomod

---

[1] *Ibidem,* XI, 50.
[2] François Mazois, *Le Palais de Scaurus, ou description d'une maison romaine: fragment d'un voyage de Mérovir à Rome vers la fin de la République,* Paris, Firmin Didot, 4ᵉ ed., [1819] 1869, p. 185. Acest roman l-a fascinat pe Alexandre Dumas, care a luat – sau s-a prefăcut că ia – de bună descrierea pivniței pe care o conține (*Grand dictionnaire de cuisine,* Paris, A. Lemerre, 1873, p. 152).

pentru transportul terestru și pentru depozitare. Este surprinzător să-i vedem astăzi pe unii viticultori, în special pe cei mediteraneeni și pe cei mai puțini sensibili la moda *new age*, că revin la realizarea vinului în cuve ovoidale de teracotă sau de beton, respectiv de oțel, care, potrivit lor și enologilor care îi consiliază, ar ajuta mai mult la obținerea de vin de calitate, datorită curenților spontani din interiorul lichidului, care pun în mișcare drojdiile. De ce nu? Totuși această practică nu este posibilă decât cu condiția să dispui de pivnițe mari și să stochezi vinul în sticle pe proprietate, căci el se transportă în cutii sau navete de șase sau douăsprezece sticle, nu în cuvele netransportabile. *Dolia* și amforele au fost folosite mult timp în lumea bizantină și sunt în uz chiar și astăzi, în Caucaz. Echivalentul lor modern e reprezentat de cuvele cu capacitate mare – până la mai multe sute de hectolitri – din beton, oțel sau plastic, uneori din lemn, aflate pe domenii celebre, cu podgorii vechi. În general, ele sunt folosite pentru vinificare, pentru asamblare și stocare temporară, elaborarea realizându-se în butoaie mici, în regiunile în care se obișnuiește ca vinul să fie lăsat să se învechească un an sau doi înainte de îmbuteliere.

Dogăria este o tehnică foarte veche și foarte răspândită în întreaga lume, care permite obținerea de recipiente de diverse forme, din doage circulare din lemn flexibil, iar mai târziu din metal, recipiente concepute să stocheze semințe, apă, lapte (recipient de muls, putină, formă pentru brânză) etc. Ea este în continuare foarte răspândită, chiar dacă astăzi se distinge ca o metodă artizanală legată de turism și practicată în Jura, în Alpii elvețieni, bavarezi sau austrieci, precum și în întreaga Europă Centrală și în lumea slavă. Există numeroase forme ale ei și în alte părți ale lumii, unde se folosesc toate tipurile de lemn. Japonia, de exemplu, a perfecționat această tehnică în legătură cu termalismul (butoaie existente în hoteluri, *ryokan*, în care se fac de băi fierbinți, *onsen*) sau cu producția de saké.

Butoaiele din lemn cu doage de lemn sau de metal (bronz sau fier) apar de foarte timpuriu și coexistă cu teracota. Cele mai vechi reprezentări ale lor ar fi etrusce și ar data din secolul al VII-lea sau al VI-lea dinaintea erei noastre[1], chiar dacă adesea inventarea acestei tehnici le este atribuită galilor. Este posibil ca ea să fi apărut simultan în mai multe locuri, însă s-a răspândit în imperiu din Galia romană. Galii au folosit butoaiele inițial pentru bere, înainte de a face o pasiune pentru vin. Extinderea comerțului fluvial (pe Ron, pe Rin, pe Dunăre) și staționarea a numeroase trupe pe *limes* au antrenat un important curent comercial al vinului din sud către nord. De altfel, în puțurile săpate din taberele romane au fost găsite adesea resturi de butoaie, ceea ce evident falsifică interpretarea geografiei acestora.

Lyon pare să fi fost principalul centru de fabricare a butoaielor, încă din secolul I î. Hr.[2] În Occident, lemnul înlocuiește aproape în întregime teracota, începând cu secolul al III-lea, în special în regiunile celtice, unde tehnicile de construcție au fost perfecționate și unde pădurile rămân mai întinse decât pe malurile Mediteranei. Unii cred că termenul *tonna* sau *tunna*, din latina vulgară, derivă din celticul *tonn*, care înseamnă piele și deci desemnează și burduful, însă nu este sigur. Minune a tehnicii imaginative, a cărei descoperire nu datorează nimic focului, spre deosebire de teracotă, metal sau sticlă, butoiul

---

[1] Armand Desbat, „Le tonneau à l'époque romaine", în S. Lavaud (ed.), *Vendre du vin de l'Antiquité à nos jours*, Bordeaux, Féret, 2012, p. 17.

[2] Élise Marlière, *L'Outre et le tonneau dans l'Occident romain, op. cit.*, p. 177.

este ingeniosul rezultat al tehnicii îndoirii și prelucrării lemnului și al focului moderat care permite curbarea doagelor și îndoirea lemnului flexibil, asigurând o etanșeizare perfectă. Lemnul de pin, de brad sau de molid, moale și ușor de îndoit, este înlocuit progresiv cu cel de stejar, mai rezistent și mai durabil. Cercurile sunt ramuri de alun sau de castan, despicate în două, iar uneori sunt făcute din bronz sau din fier. În afară de faptul că sunt rezistente și ușoare (circa 50 de kilograme pentru un conținut de aproximativ 200 de litri, adică un raport de patru ori mai bun decât în cazul amforelor), butoaiele au imensul avantaj de a putea fi deplasate prin rostogolire sau prin rotire pe muchie. Ele pot fi depozitate unele peste altele și permit deci o folosire optimă a spațiului din pivnițe, din crame sau din calele navelor. Pot fi, de asemenea, golite ușor, fără efort, datorită vranei de pe fund, care permite scurgerea prin forța gravitației. Cât despre gaura cepului, aflată pe partea bombată, aceasta permite umplerea butoiului și, în anumite cazuri, reumplerea. În schimb, interesul pentru vinul care se învechește în butoi nu va apărea decât mult mai târziu, în secolul al XVII-lea și, în special, în secolul al XVIII-lea, datorită unei mai bune cunoașteri a proprietăților sulfului.

Ca și burdurfurile, butoaiele sunt atât de răspândite și de populare, încât forma lor este imitată încă din Antichitate, la scară redusă, în modelarea urcioarelor de vin din teracotă[1], ceea ce se mai întâmplă și astăzi, dar și a carafelor de sticlă, celebrele butoiașe frontiniene[2]. Butoaiele servesc nu numai la păstrarea și la transportarea vinului,

---

[1] Élise Marlière, în J.-P. Brun *et al.* (ed.), *Le Vin. Nectar des dieux, génie des hommes*, *op. cit.*, p. 283.
[2] În fapt, „butoiașele" acestea sunt carafe din sticlă specifice Galiei de nord-vest (n. tr.).

Jean-Robert Pitte

ci și la vinificarea mustului, așa cum dovedește absența *dolia* în câteva pivnițe construite între secolele al II-lea și al V-lea în Galia. Datorită vranei, vinul este mai simplu de transferat dintr-un butoi într-o carafă decât dintr-o amforă sau dintr-un *dolium*. Totuși, atunci când un butoi este deschis, trebuie golit la fel. Acest tip de recipient este destinat și el producătorilor, transportatorilor și negustorilor de vin, rar consumatorilor, oricât de bogați ar fi ei, căci trebuie să primești frecvent numeroși prieteni pentru a bea într-un timp scurt un butoi întreg, conținând câteva zeci sau sute de litri, respectiv peste o mie, capacitatea maximă a anumitor butoaie antice. Când butoiul este deschis, el trebuie golit cât mai repede și apoi „când vinul este scos, trebuie băut", vechi proverb care exprimă o absolută necesitate până la inventarea punerii în sticle, deci în recipiente mici.

Pe toată perioada Antichității târzii, a Evului Mediu și în mare parte din epoca modernă și contemporană, butoiul va fi singurul recipient destinat vinificării, conservării vinului, pe o perioadă cuprinsă între câteva luni și un an, rareori mai mult, și transportării până la locul unde va fi consumat: marea casă episcopală, cea aristocratică, cea a bogătașilor, instituția colectivă (mănăstire, spital, cazarmă etc.), taverna, negustorul de vin. Tehnicile și ustensilele asociate cu dogăria au evoluat foarte puțin din Antichitate. În cea de-a doua jumătate a secolului XX, o parte dintre tehnicile mai dificile, cum ar fi îndoirea și centrarea doagelor, au fost mecanizate, însă intervenția manuală rămâne importantă și niciun butoi nu este identic cu altul, ceea ce este caracteristic oricărui obiect artizanal, în comparație cu un obiect industrial, multiplicat cu ajutorul mașinilor.

La fel ca în cazul amforelor, există probabil o poveste complexă, precum și o geografie a butoaielor antice, a formelor lor, a conținutului, a tipurilor de lemn folosite, a tehnicilor de fixare a doagelor, a inscripțiilor pictate, gravate, ștampilate sau imprimate cu fierul încins, a sculpturilor în lemn, așa cum se întâmplă în cazul butoaielor actuale. Totuși dovezile arheologice și reprezentările picturale nu sunt prea numeroase pentru ca evoluția și repartiția să poată fi descrise cu precizie. Doar 257 de butoaie, întregi sau sub formă de fragmente, datând din secolul I î. Hr., au fost descoperite de la începutul secolului XX.[1] Numărul este infim, prin comparație cu nenumăratele amfore întregi sau sparte care acoperă orice șantier arheologic antic, terestru sau submarin. O schiță tipologică este totuși oferită de sinteza recentă a lui Elise Marlière[2], însă ea nu reușește încă să stabilească o geografie clară și credibilă a butoaielor antice. De-a lungul secolelor, din Evul Mediu și din perioada modernă, fiecare regiune viticolă se distinge de celelalte prin modelul său de butoi. Situația e valabilă și astăzi: un butoi din Bordeaux, de exemplu, conține 225 de litri, unul din Burgundia, 228, ecou al vechilor măsuri de capacitate, care variau de la un teritoriu la altul.

OALE, CARAFE, URCIOARE ȘI PLOȘTI CU VIN

Din Antichitate, indiferent de recipientul care servea la transportarea sa până la locul unde era consumat – burduf, amforă sau butoi –, vinul trebuia apoi transferat sau golit într-un recipient mic, apoi într-cupă, într-un vas din metal sau într-un pahar. Au fost folosite cele mai variate

---

[1] Élise Marlière, *L'Outre et le tonneau dans l'Occident romain*, op. cit., p. 41.
[2] 2002.

materiale – teracotă, metal, sticlă – și mai sunt și astăzi, în multe regiuni din lume, în special în Europa viticolă.

În Pompei pot fi vizitate mai multe taverne, în care vinurile erau stocate în *dolia* zidite în tejghea și din care negustorul scotea licoarea cu ajutorul unei măsuri fixate într-un suport. Existau și sisteme mai perfecționate, două reprezentări ale acestora, pe stele funerare[1], găsindu-se la muzeul de arheologie din Dijon. Vinul este fără îndoială stocat în spatele negustorului, într-un butoi. Acesta îl varsă printr-o pâlnie, care se află deasupra tejghelei. Clientul își pune urciorul sau oala într-o nișă a tejghelei și primește cantitatea de vin comandată. Un set de măsuri diferite, puse una într-alta, sunt suspendate deasupra negustorului. Pe lateral, sunt aliniate sticle, probabil din teracotă, care conțin cu siguranță vinuri locale, mai prețioase, sau importate.

Marile civilizații ale Antichității au creat o veselă de calitate superioară, specifică vinului, pentru servirea acestuia. Amestecarea vinului cu apă se făcea în vase de teracotă, de bronz sau de argint. Unul dintre aceste vase grecești din bronz, cel din Vix, a ajuns până în Burgundia, cu cinci secole înaintea erei noastre, din Marea Grecie, via Marsilia, Ron, Saône și apoi pe cale terestră.[2] În mormântul prințesei în care a fost pus se regăsesc și obiecte de dimensiuni mai mici, pentru servirea vinului: oenochoé din bronz, *kylix* (cupă) etc. Din Antichitate s-au păstrat și

---

[1] Christian Vernou, „Le vente au détail. Un monument attestant de la commercialisation du vin chez les Lingons", în J.-P. Brun *et al.* (ed.), *Le Vin. Nectar des dieux, génie des hommes, op. cit.*, p. 302-303.

[2] Este datat aproximativ din anul 510 î. Hr., cântărește mai mult de 200 de kilograme și conține 1 100 litri de lichid, adică mai mult de 30 de amfore. Nu e clar dacă într-adevăr a fost folosit pentru vin, în afară poate de banchetele excepționale, care adunau mulți convivi (sărbătoare religioasă, victorie, căsătorie, înmormântare).

rhytoanele, coarne veritabile sau imitații din ceramică, metal sau sticlă și multe alte recipiente pentru băut, din cele mai diverse materiale. Fresca mormântului lui Vestorius Priscus, din Pompei, și câteva vitrine din muzeul de antichități din Neapole prezintă obiecte somptuoase, din argint, destinate servirii vinului, care demonstrează stima acordată acestei licori și respectul cu care erau oficiate ritualurile care îi erau asociate, pe primul loc fiind *symposium*, în lumea elenică.

Urcioare sau carafe pentru vin din toate epocile se găsesc în muzee și în fresce, anluminuri, picturi și sculpturi din toate regiunile viticole, ca obiecte de uz casnic sau folosite în hanuri și restaurante. Unele au forme rudimentare și sunt din teracotă, ceramică, faianță, gresie (Anglia, Germania) sau porțelan, având toartă și un cioc mai mult sau mai puțin alungit. Pentru a servi vinul de Bordeaux pe mesele hanurilor și tavernelor, englezii realizează acest tip de recipiente în secolul al XVII-lea, pe care le inscripționează *claret*[1] sau *sack*. Carafele pot fi ornate cu motive decorative sau pot purta inscripții legate de menirea lor, cum ar fi mesaje care incită la băut.[2] Altele sunt din fier bătut la ciocan, din cupru cositorit sau emailat (Persia[3]), din bronz sau, mai frecvent începând din Evul Mediu, din cositor, ceea ce permite eventual o decorare mai minuțioasă.

---

[1] Victoria and Albert Museum conservă un exemplar din 1662.

[2] Astfel de carafe nu sunt necunoscute în Antichitate. Muzeul din Trier conservă un vas pentru vin din lut negru, pe care este scris cuvântul *Bibe* („bea"). Armand Debat, „*Les vases trévires à devises*", în J.-P. Brun *et al.* (ed.), *Le Vin. Nectar des dieux, génie des hommes, op. cit.*, p. 308-309.

[3] Astfel de „sticle" de vin ornate somptuos sunt fabricate în Persia, în secolul al XVII-lea. Celebrele miniaturi din această epocă le reprezintă adesea, de exemplu cea cu șahul Abbas I și paharnicul său, care se află în muzeul Luvru.

În Valais, comunitățile sătești, organizate în burghezii, dețin păduri, pășuni și vii și gestionează aceste bunuri în comun. Vinul este așadar realizat în condiții mai bune decât dacă ar fi fost produs la fiecare fermă în parte. Materialul este de calitate, un bun viticultor poate fi angajat, crama este bine întreținută. Ea constituie nucleul sociabilității masculine. Membrii burgheziilor sunt mândri de acest lucru și până și astăzi le frecventează intens. În aceste beciuri sau pivnițe sunt aranjate butoaiele. Urcioare sau carafe din cositor, cu capac cu balamale, numite „halbe metalice", sunt suspendate cu gura în jos pe rafturi din lemn.[1] Între sfârșitul secolului al XV-lea și secolul XX, exista obiceiul ca figurile publice să ofere din când în când o astfel de „halbă metalică" burgheziei, uneori gravată cu numele lor, ceea ce le dădea dreptul de a se așeza la „marea masă" sau la masa de onoare. Forma halbei este fixă, de la sfârșitul Evului Mediu. Ea este aceeași în întreaga Europă producătoare de vin și de bere. S-au folosit astfel de mici carafe din cositor, având această formă, pentru a le servi vin bolnavilor din spitalele din Beaune, până la jumătatea secolului XX. În Ayer, în Saint-Luc, în Saint-Jean, în Valais, mai multe sute de halbe metalice, de diferite mărimi, sunt aliniate cu susul în jos, pe pereții cramei burgheziei. Apoi vinul se turna pentru a fi băut – și se toarnă în continuare – în pahare din lemn, din cositor sau din sticlă groasă.

Cei care ziua lucrau în afara gospodăriei – fermieri, ciobani, artizani –, cei care merg la luptă, cei care călătoresc, în special pelerinii, au inventat, de mii de ani, mici recipiente pentru vin – sau pentru apă, pentru suc de fructe

---

[1] Samuel Pont, „Tonneaux de Bourgeoisies", în A.-D. Zufferey-Perisset (ed.), *Et le tonneau fût!*, Sierre-Salquenen, Éditions du Musée valaisan de la Vigne et du Vin, 2008, p. 133-144.

îndoit cu apă sau pentru rachiu –, de purtat asupra lor, legate cu o curea sau atârnate la cingătoare. Cel mai uşor de confecţionat sunt ploştile naturale, din fructele cucurbitaceei numite *Legendaria siceraria*. Acestea sunt uşor de obţinut din grădină. După uscare se golesc, pericarpul se întăreşte ca lemnul şi recipientele devin etanşe. Codiţa îngustă constituie un orificiu uşor de astupat. Se presupune că această plantă ciudată a fost cultivată în Africa, însă ea era deja răspândită în zona Mediteranei încă din Antichitate, fiind evocată de Pliniu. În funcţie de regiuni, ea se mai numeşte tărtăcuţă, tigvă, dovlecel-sticlă sau, în Italia, *borracia*, iar în Spania, *calabaza*. Datorită popularităţii sale, forma i-a fost reprodusă din materiale mai dure şi mai rezistente, cum ar fi metalul emailat (Siria, Persia), fierul bătut la ciocan sau aluminiul, ori mai fragile şi mai rafinate, cum ar fi faianţa şi ceramica (în toată Europa), porţelanul (Persia, China, Coreea, Japonia) sau sticla (sudul Europei). Pentru a le mări rezistenţa, se obişnuia ca ploştile să fie introduse în materiale casante, precum paiele sau răchita, iar partea de sus să fie prevăzută cu un gât, care să permită legarea la curea sau agăţarea de o creangă ori de un cui metalic sau de lemn în casă, în pod sau în pivniţă. Ploştile fragile pot fi îmbrăcate şi cu piele.

Ploştile sunt uneori din lemn, în regiuni unde dogăria este foarte perfecţionată, de exemplu în Elveţia, unde au formă alungită şi sunt numite sticle. Numeroşi viticultori europeni le cereau odinioară dogarilor lor să le facă butoiaşe care să le permită să ia cu ei unul sau doi litri de vin când mergeau la vie, pentru a-şi ostoi setea. Puţine dintre aceste recipiente s-au păstrat până azi, când sunt folosite în special pentru tărie. Ele sunt uneori instalate pe socluri, pentru a fi puse pe mese la sfârşitul petrecerilor. Vechile butoiaşe nu mai au altă funcţie decât aceea decorativă.

În sfârșit, în secolul XX s-au folosit foarte mult ploștile din metal, din fier cositorit sau emailat și din aluminiu. Armata, în special, a dat comenzi masive, în perioada conscripției și a războaielor. Astăzi, ele nu mai sunt folosite decât de cercetași și de excursioniști, care le umplu mai degrabă cu apă decât cu vin. Sunt adesea îmbrăcate cu pâslă, care le apără de fisuri și permite răcirea conținutului, atunci când sunt udate, datorită evaporării.

II

DE LA CARAFĂ LA STICLĂ

Încă din Antichitate, paharul este asociat cu vinul în diverse moduri. Anumite recipiente cu cioc și toarte au servit, în mod expres, la stocarea și la servirea vinului, așa cum se poate observa în frescele de la Herculaneum.[1] Nu există îndoieli în acest sens, întrucât vasele respective au formă de amfore[2], de butoaie, precum butoiașele frontiniene, sau de ciorchini de struguri și sunt ornate cu motive gravate sau redate în pastă de sticlă, consacrate viilor, lui Bacchus, amorașilor culegând via etc. Primele boluri sau pahare de băut vin *(skuphos, kantharos)* din sticlă provin din estul Mediteranei și datează din secolul I î. Hr.[3] Un splendid serviciu intact, cu recipiente pentru băut, datând din secolul al IV-lea d. Hr., din sticlă translucidă, ușor fumurie, este expus la muzeul din Speyer, din regiunea Renania-Palatinat. El este format dintr-o sticlă invers

---

[1] Danièle Foy, „Le verre et le vin", în J.-P. Brun *et al.* (ed.), *Le Vin. Nectar des dieux, génie des hommes, op. cit.*, p. 304-305.

[2] Există una foarte frumoasă, de 27 cm înălțime, care a fost găsită în casa lui Iulius Polybius în Pompei.

[3] Danièle Foy, „Le verre et le vin", *op. cit.*

tronconică, cu umeri pătrați și gât scurt, și din trei boluri semisferice. Aceste obiecte erau rezervate pentru elita societății. Majoritatea băutorilor se mulțumesc cu coarne sau cu recipiente din teracotă, mai mult sau mai puțin rafinate. Sticla este în continuare scumpă și dedicată, mai degrabă, parfumurilor și unguentelor cu scop cosmetic sau medicinal.

PAHARUL ȘI VINUL: PREMISELE UNEI CĂSĂTORII

Înainte de descoperirea tehnicii vitrificării, civilizațiile preistorice cunosc un material vitros natural, pe bază de siliciu topit, prezent pe toate continentele, și anume obsidianul, o rocă vulcanică. În Europa, el se găsește cu precădere în Insulele Lipari. Încă din neolitic și în epoca bronzului, el circulă în zona Mediteranei, pe cale terestră, până în Insulele Britanice, care își exportă cositorul, indispensabil la fabricarea bronzului. Obsidianul se mai regăsește și în regiuni din Burgundia din acea epocă, situate pe căile de comunicații de pe teritoriul care permite trecerea de pe valea râului Saône în bazinul Senei.[1] El permite confecționarea de lame tăioase, dar și de vârfuri de lance și de săgeți. În pofida durității sale, oamenii din Antichitate învață să îl sculpteze și să îl șlefuiască, pentru a confecționa bijuterii și mici vase cu mare căutare (cea de-a XVIII-a dinastie a Egiptului, secolele XVI-XIII î. Hr.). Pliniu cel Bătrân[2] afirmă că obsidianul a fost descoperit în Etiopia și evocă respectul pe care

---

[1] La Villars-Fontaine, mai sus de Nuits-Saint-Georges, de exemplu.

[2] Plinius, *Naturalis Historia*, XXXVI, 67. (Versiunea românească: *Naturalis Historia*, 6 vol., Editura Polirom, 2000-2005).

Jean-Robert Pitte

împărații Augustus și Tiberiu îl aveau față de statuile sculptate din acest material.

Locuitorii din deșert cunosc și un alt material vitros ciudat, dar pe care nu îl folosesc în niciun fel: fulguritul, formațiune din nisip topit, cu formă tubulară, rezultat al acțiunii trăsnetelor pe vârfurile dunelor. În sfârșit, anticii cunosc și folosesc cristalul de stâncă, siliciul cu o puritate ridicată, destul de răspândit în masivele din Antichitate și care poate fi și el tăiat. Din cele mai mari cristale se pot sculpta cupe și carafe mai mici, a căror menire este să accentueze strălucirea lichidelor care sunt turnate în ele.

Este posibil ca descoperirea sticlei să fi fost întâmplătoare. Pliniu o atribuie fenicienilor[1]:

„În Siria există o regiune numită Fenicia, la granița cu Iudeea, care închide, la poalele munților Carmel, o mlaștină ce poartă numele de Cenvedia [...] Se spune că negustorii de nitru[2] care se odihneau acolo își pregăteau masa răspândiți pe mal; pentru că nu au găsit pietre pe care să-și pună oalele, ei au folosit bucăți de nitru din desagii lor: nitrul, expus acțiunii focului, împreună cu nisipul răspândit pe sol, s-a transformat în șiroaie transparente formate dintr-un lichid necunoscut, care au stat la originea sticlei."

Menționăm că traducerea latinescului *nitrum* prin nitru este uzuală, însă greșită.[3] Trebuie folosit cuvântul natron. De fapt, nitrul desemnează salpetrul, care este un nitrat de potasiu, în timp ce natronul, substanța la care face aluzie

---

[1] *Ibid.*, 65.
[2] Este vorba despre salpetru, azotat de potasiu.
[3] Valérie Gitton-Ripoll, „Pourquoi il ne faut pas traduire *nitrum* par «nitre»...", *Bull. Soc. Hist. Méd. Sci. Vét.*, 2009, 9, p. 5-16.

Pliniu, este soda, un carbonat de sodiu hidratat, exploatat de pe malul lacurilor actuale sau fosile din regiunile deșertice. În Antichitate, acesta provenea din Libia sau din Egipt și servea mai multor scopuri: la spălatul rufelor, la bucătărie, la îmbălsămarea cadavrelor, în farmacopee și la fabricarea sticlei. Să adăugăm, ca să fim preciși, că istorisirea lui Pliniu nu este verosimilă, căci, pentru obținerea sticlei, trebuie o temperatură de 1 300 sau 1 400 °C, care nu ar putea fi produsă de un foc cu lemne, în aer liber. În stare pură și fără să fie parte dintr-un aliaj, siliciul se topește la 1 730 °C, însă punctul de fuziune poate fi scăzut prin adăugarea de diverse elemente – într-o proporție cuprinsă între 20 și 50% –, printre care natronul, dar și salpetrul ori cenușa provenită de la plante halofile sau ferigi. Pentru obținerea culorilor, sunt utilizați diverși oxizi minerali, spre exemplu oxid de fier, pentru verde. Prin adăugarea de antimoniu se obține un alb opac.

Inventarea sticlei se pare că a avut loc în Mesopotamia, în mileniul al III-lea înaintea erei noastre, datorită dezvol-tării cuptoarelor închise. Materialul s-a răspândit apoi în Egipt, unde cristalul de stâncă era deja foarte apreciat, teh-nica tăierii lui fiind bine cunoscută. Sticla din acea vreme era un material opac, întrebuințat în special pentru crearea de pietre prețioase false și de perle multicolore, tehnică utilizată în continuare în Africa. De-a lungul timpului, ea devine tot mai folosită și mai translucidă, respectiv incoloră[1], însă nu s-a renunțat niciodată la întrebuințarea cristalului de stâncă pentru confecționarea de bijuterii și

---

[1] Obiecte transparente matrițate sunt cunoscute încă din secolul al VIII-lea î. Hr. (E. Marianne Stern, „Les Verriers dans la Rome antique", în Marco Beretta, Giovanni Di Pasquale [ed.], *Le Verre dans l'Empire romain,* catalogul expoziției din Cité des Sciences et de l'Industrie, Florența-Milano, Giunti, 2006, p. 49).

Jean-Robert Pitte

de mici obiecte prețioase, chiar până în zilele noastre. La începutul secolului XX, de exemplu, Émile Gallé a folosit cristalul de stâncă pentru a modela cupe, deși el s-a remarcat ca un magician al sticlei. Compoziția acesteia variază foarte mult, în funcție de materialele disponibile, de amestecul realizat și de temperatura de coacere. În cursul mileniului al II-lea se descoperă tehnica turnării sticlei în matrițe, ceea ce permite obținerea de recipiente goale, de mărimi încă modeste.

Revoluția care a dus la apariția sticlelor datează de la jumătatea secolului I înaintea erei noastre și constă în apariția tubului de suflat sticla. Arheologia nu a stabilit încă întregul proces prin care acesta a fost inventat, însă el s-a desfășurat cu siguranță în Egipt sau în Siria. Tubul din ceramică[1], apoi, foarte curând, din fier, mai comod și rezistent, cu o lungime cuprinsă între 0,70 m și 1,60 m, a servit mai întâi la ațâțarea focului din cuptoarele folosite atât pentru sticlă, cât și în metalurgie. Fără îndoială, într-o zi, un sticlar a avut ideea de a-l înmuia în pasta de sticlă fierbinte, de a „culege" (și nu a aduna[2], în limbajul sticlarilor...) o bulă, apoi de a sufla rapid prin cealaltă extremitate, evitând refluxul sau inspirarea aerului fierbinte.[3] Datorită acestor mișcări se obține o bulă mai mult sau mai puțin voluminoasă, care poate fi modelată pe o bucată de

---

[1] *Ibid.,* p. 44. În acest remarcabil articol, Marianne Stern se minunează de această descoperire (p. 48): „Descoperirea că sticla caldă se scurge și poate astfel să fie prelucrată și suflată a fost trăită probabil ca o experiență tulburătoare, egală poate cu aceea a istoricilor sticlei, atunci când iau prima dată o bucată de sticlă pentru a o sufla."

[2] De fapt, este vorba despre două cuvinte care au aceeași etimologie: *cueiller* și *cueillir,* însemnând „a culege". Primul s-a specializat ca termen folosit de sticlari.

[3] Marco Beretta, Giovanni Di Pasquale (ed.), *Le Verre dans l'Empire romain, op. cit.,* p. 22.

marmură sau cu ajutorul unor instrumente metalice, atâta vreme cât sticla rămâne vâscoasă.

De îndată ce recipientul a fost terminat, este suficientă dezlipirea lui de tub – nu se știe prea bine cum[1], poate cu ajutorul unui cuțit, al unui clește, al unor foarfeci de tuns oi sau obișnuite – înainte ca acesta să se solidifice complet. Cleștele cu pivot sau foarfecile e posibil să fi fost inventate târziu, dacă ne uităm la toartele sticlelor a căror extremitate este îndoită de mai multe ori, pentru că nu a putut fi tăiată. Gâtul sticlei poate fi modelat prin reîncălzire într-un cuptor, după ce baza obiectului a fost fixată pe o tijă plină în interior, adică vergeaua, inventată în aceeași perioadă. Coiereta pusă uneori în jurul gâtului sticlei are rolul de a-l întări. Când există un surplus de sticlă, el este rulat în spirală, pe toată lungimea gâtului, ceea ce permite o mai bună prindere manuală a obiectului și un efect decorativ sigur. Această tehnică încă se mai folosea în Iran, în secolele al XVIII-lea și al XIX-lea, și a fost păstrată în Franța de unii sticlari, în secolul al XIX-lea, probabil în scop de prindere sau, mai probabil, estetic. Ea este practicată și astăzi, cam peste tot în lume, însă în scop strict decorativ, de exemplu în cazul sticlăriei din Orientul Mijlociu sau pentru unele sticle italienești de *grappa*.

Obiectul desăvârșit trebuie răcit lent, pe cât posibil într-un cuptor cald – sau într-un cuptor de recoacere –, în lipsa căruia materialul rămâne instabil, iar obiectele fragile riscă să se spargă spontan sau din cauza unei fluctuații de temperatură. Până în 1915, data la care a fost inventată sticla de Jena, nu se cunoștea modalitatea prin care obiectele din sticlă puteau să reziste la o creștere bruscă de temperatură,

---

[1] E. Marianne Stern, *Les Verriers dans la Rome antique, op. cit.*, p. 41.

Jean-Robert Pitte

după turnarea unui lichid fierbinte sau expunerea la căldura puternică generată de un cuptor.

Tehnica suflării permite utilizarea unei cantități mai mici de sticlă și obținerea unor vase cu diverse capacități și de o mare finețe. Cele mai complexe, pătrate, cum sunt anumite sticle, sau gudronate, sunt suflate într-o matriță. Această tehnică este perfect stăpânită încă din secolul I d. Hr. Tehnica suflării se răspândește foarte repede în întregul bazin mediteraneean, ca și modul de a obține sticlă transparentă, dar în continuare colorată, folosind nisip foarte pur, provenit fără îndoială din regiunea Sidon, din Fenicia, unde se găsește și natron.

În aceeași epocă și în aceeași regiune se fabrică din belșug primele obiecte din sticlă incoloră, datorită adăugării de dioxid de mangan, care are capacitatea de a anula efectele oxizilor coloranți. Fără acest aditiv, care ajută și la întărirea oțelului, sticla este albăstruie sau verzuie, din cauza diferiților oxizi din compoziția nisipului – chiar și a celui mai alb nisip. Se folosește încă, în acea perioadă, termenul grecesc *hyalos*, pentru desemnarea sticlei, cuvânt ce se referă la orice piatră transparentă. Stăpânirea tehnicii și materialul cer însă un nou cuvânt. La jumătatea secolului I î. Hr., în lucrarea sa *De rerum natura*, Lucrețiu creează *vitrum*, termen care rămâne pentru posteritate[1] și va deveni *vetro*, în italiană, *vidrio*, în spaniolă, *verre*, în franceză. Tot foarte devreme s-a descoperit că resturile de sticlă, numeroase, având în vedere fragilitatea materialului, pot fi topite din nou și chiar contribuie la topirea pastei în cuptor. Această reciclare este evocată pe larg în literatura

---

[1] Marco Beretta, Giovanni Di Pasquale (ed.), *Le Verre dans l'Empire romain, op. cit.*, p. 22.

latină, atât de miraculoasă pare.[1] În orice caz, pe parcursul secolului I al erei noastre se poate spune că tehnicile sticlei suflate sunt foarte bine puse la punct și că vor trece mai multe secole până când se va ajunge la alte etape: acelea ale sticlelor închise la culoare, grele și rezistente, cele din cristal. Martor al acestei lungi dăinuiri stă cuvântul *bolo*, din dialectul din Murano, folosit pentru desemnarea micii bule de sticlă extrase de sticlar din cuptor: acesta provine direct din grecescul *bolon*, care desemnează același obiect.[2] Este adevărat că, după cucerirea Constantinopolului, în 1204, mai mulți artizani sticlari greci au mers în Veneția, unde au transferat tehnicile bizantine.

În Imperiul Roman, obiectele din sticlă devin de uz curent, fiind mai răspândite decât cermica fină în Pompei sau în Herculaneum, de exemplu, sau în Valea Rinului, așa cum stă mărturie impresionanta colecție de sticlărie din Muzeul Römisch-Germanisches din Köln, multe dintre exponate fiind legate de prezentarea sau degustarea vinului. Dintre ele se remarcă frumoase carafe cu umeri pătrați, care anunță forma sticlelor englezești din secolul al XVIII-lea. Și muzeul din Speyer deține câteva exponate frumoase, în perfectă stare de conservare. Sticla este asociată cu arta băutului și a mâncatului, pentru că nu alterează alimentele solide și lichidele care sunt puse în ea și pentru că, fiind transparentă, permite vizualizarea conținutului. De altfel, e adevărat că ea e fragilă[3], însă în schimb e ușor

---

[1] E. Marianne Stern, „Les Verriers dans la Rome antique", *op. cit.*, p. 46-47.

[2] *Ibid.*, p. 47.

[3] Episodul urciorului incasabil prezentat lui Tiberius de un sticlar căruia tocmai ordonase să i se taie capul, relatat de Petroniu în *Satyricon* (LI), este poate inventat, dar poate comporta o parte de adevăr în legătură cu priceperea sticlarilor romani. V. Marco Beretta, Giovanni Di Pasquale (ed.), *Le Verre dans l'Empire romain, op. cit.*, p. 24.

Jean-Robert Pitte

de curăţat şi nu păstrează niciun miros. Petroniu îşi pune personajul, pe Trimalchio, căruia îi este servit vin, într-un magnific vas de bronz de Corint, să facă o remarcă ce demonstrează că sticla a cucerit masa amatorilor de vin încă din secolul I d. Hr.: „Să mă iertaţi, dar eu prefer vasele de sticlă, căci nu au miros. Şi, dacă nu s-ar sparge, le-aş prefera şi aurului: din păcate însă, aşa nu au mare valoare."[1] Faimosul vin de Falern centenar, cu care Trimalchio îşi serveşte oaspeţii, se află în „recipiente" din sticlă: „În curând au fost aduse amfore de sticlă migălos pecetluite la gură. Pe gâtul acestor amfore se aflau etichete cu următoarea inscripţie: «Vin de Falern din vremea lui Opimius, vechi de o sută de ani.»"[2] Este cu siguranţă vorba despre prima menţionare a unei sticle folosite pentru conservarea vinului pe o durată lungă, însă nu se ştie nimic nici despre forma ei şi nici despre modul de închidere.

Încă din Antichitate, sticla nu a încetat să fascineze. Atât de mult, încât anumiţi gânditori vor emite pe seama ei teorii legate de alchimie. Folosirea metalului – aur, argint, argint aurit, bronz, cositor – pentru băutul vinului va rămâne totuşi, în continuare, un obicei care nu s-a stins vreme de mai multe secole. El se păstrează şi în zilele noastre în bisericile creştine (ortodoxă, catolică, protestantă), pentru comemorarea Cinei Cea de Taină. Reprezintă deopotrivă păstrarea unui obicei datând din Antichitatea timpurie[3] şi un semn al misterului care este comemorat

---

[1] *Satyricon*, L.

[2] *Ibid.*, XXXIV: „Statim allatae sunt amphorae vitreae diligenter gypsatae, quarum in cervicibus pittacia erant affixa cum hoc titulo: Falernum opimianum annorum centum."

[3] Deşi se cunosc câteva calicii de sticlă, Biserica autorizându-le în anumite epoci datorită costurilor mai mici (Jacqueline Bellanger, *Verre d'usage et de prestige. France 1500-1800*, Paris, Les Éditions de l'Amateur, 1988, p. 289-294).

aici: „Beți dintru acesta toți, că acesta este Sângele Meu."
Pentru creștini, mai ales pentru cei care cred în trans-
substanțiere, nevoia de a disimula sângele lui Hristos,
care se păstrează sub aspectul vinului, se impune, cu atât
mai mult cu cât, din Evul Mediu, se folosește vinul alb.
Acesta nu pătează veșmântul liturgic și evită orice viziune
simplistă a ceremoniei Euharistiei, cea care duce cu gân-
dul la faptul că, după binecuvântare, potirul conține
sânge, imagine ce ar fi favorizată de un vin roșu. Este mai
bine ca sângele lui Hristos să nu fie văzut: „Fericiți cei ce
n-au văzut și au crezut!"[1]

S-a spus deja că romanii din epoca imperială fabrică
urcioare și recipiente din sticlă pentru a stoca vinul, dar
probabil nu și pentru a-l conserva, cu excepția amforei
lui Trimalchio. Ele sunt folosite ca măsuri și recipiente
pentru servirea la masă, după ce vinul a fost scos dintr-un
dolium sau turnat dintr-o amforă de teracotă. Unele sunt
modele reduse de amfore[2] sau de butoaie, de exemplu
butoiașele frontiniene ale galilor, din secolele II-IV d. Hr.
Altele sunt urcioare bombate.[3] Mai există și cele cilin-
drice[4], care anunță sticlele actuale, cu una sau două
toarte sau cu niciuna. Mai există și una cu înveliș din
paie, descoperită într-un mormânt egiptean, care datează
din secolul I d. Hr., ale cărei paie s-au păstrat datorită
climatului uscat.[5] În sfârșit, mai există și unele pătrate,

---

[1] *Ioan*, 20, 29b.

[2] Marco Beretta, Giovanni Di Pasquale (ed.), *Le Verre dans l'Empire
romain, op. cit.*, p. 202 și 231. Amfora de sticlă, numită *vase bleu*, găsită în
Pompei și păstrată la Muzeul din Napoli, a fost folosită, fără îndoială, pen-
tru vin, ținând cont de bogatele motive bahice cu care este ornată (p. 222).

[3] *Ibid.*, p. 212-213, 217 și 231.

[4] *Ibid.*, p. 206, 230 și 327.

[5] Johan Soetens, *In glas verpakt. Packaged in Glass. European Bottles. Their
History and Production,* Amsterdam, De Bataafsche Leeuw, 2001, p. 386.

cu sau fără toarte.[1] În latină, aceste recipiente se numesc *flasco, ampulla, amphora, ampora, lagona* sau *lagena*, iar cele mai mici, în general, destinate fardurilor și parfumurilor, dar nu este exclus să fi conținut și vin și să fi servit la măsurarea lui, *unguentarium* – în această listă nu este deci recunoscut niciun strămoș al cuvântului sticlă (butelie), care va apărea mult mai târziu.

CARAFE MEDIEVALE ȘI RENASCENTISTE

La sfârșitul Imperiului Roman, arta sticlăriei se menține la un nivel foarte rafinat în Imperiul Bizantin și în Persia. Se continuă în Constantinopol, Siria, Egipt și în metropolele persane cu tehnica suflării sticlei și cu fabricarea de sticle și de carafe – care încă nu poartă acest nume – de o mare finețe a formei și decorațiunilor. Acestea pot servi la prezentarea vinului, dar niciodată la conservarea lui pe o perioadă lungă.

În schimb, în Occident, această artă intră foarte rapid în declin, ca majoritatea tehnicilor romane. Recipientele din sticlă sunt rare, pe toată perioada Evului Mediu timpuriu, la fel ca vinul care este produs și consumat la periferia orașelor episcopale, în abații și în palate princiare. Sunt cunoscute recipiente din sticlă merovingiene și carolingiene scoase la iveală, din când în când, de săpăturile arheologice. Este vorba despre recipiente de capacitate mică, ce denotă o decădere certă a artei sticlăriei, dar care sunt de o înduioșătoare și elegantă simplitate, în aceste vremuri tulburi. Ca în toate domeniile culturii, Biserica

---

[1] Marco Beretta, Giovanni Di Pasquale (ed.), *Le Verre dans l'Empire romain, op. cit.,* p. 204 și 322-325.

este cea care păstrează, cum poate, moștenirea trecutului și o transmite mai departe.

Renașterea vine din Orient, unde sticlăria este nu numai păstrată la un nivel înalt, din punct de vedere tehnic și artistic, ci dobândește o amploare mai mare decât în primele secole ale erei noastre, ducând ornamentația la extrem. Siria și Persia au atins culmi în acest domeniu. Carafe rare, pentru servirea vinului, pot fi încă văzute în diferite muzee, în special în cel din Teheran, care e dedicat sticlei, dar și în picturi și în miniaturi.

Începând cu secolul al XI-lea, întreaga Europă redescoperă progresiv tehnicile antice de sticlărie, care fuseseră uitate, în mare parte, în perioada invaziilor. Necesitățile vor deveni rapid foarte mari, întrucât, în secolele următoare, ferestrele bisericilor și ale catedralelor trebuie ornate cu vitralii, pentru a lăsa să pătrundă lumina celestă și imaginea colorată a istoriei sfinte. Elitele redescoperă, încetul cu încetul, plăcerea manierelor la masă puțin mai rafinate. În Occident, Veneția se remarcă prin calitatea produselor sale. De fapt, Republica Serenissimă este cea care păstrează cele mai strânse legături cu Orientul, în domeniul sticlăriei, în special, fără legătură cu prezența materialelor de fuziune sau cu aceea a combustibilului de la fața locului. Astfel, în secolul al XIII-lea, elementul pe bază de sodiu care favorizează topirea provine din Siria și Palestina, fiind transportat la bordul unor nave care îl încarcă din Beirut sau din Alexandria, iar în secolul al XV-lea o parte din siliciu provine din bucăți de cuarț importate din Ticino și care trebuie mai întâi măcinate.[1] Aceasta este dovada că

---

[1] Philippe Braunstein, „Innovations italiennes et répercussions en Europe: introduction", în A.-L. Carré *et al.*, (ed.), *Les Innovations verrières et leur devenir*, Paris, Association Verre & Histoire, 2011, p. 200.

Jean-Robert Pitte

sticla – la fel ca vinul – reprezintă înainte de toate con-
cretizarea unui vis de transcendenţă şi de uimire şi că ea
justifică toate eforturile şi toate cheltuielile pentru aprovi-
zionarea cu materii prime de calitate superioară şi pentru
perfecţionarea tehnică.

Veneţienii cunosc arta sticlăriei din jurul anului 1000 şi
o perfecţionează după cucerirea Constantinopolului, la
care iau parte în 1204 şi de unde aduc meşteri artizani,
apoi, după 1453, datorită sosirii refugiaţilor greci, izgoniţi de
turci. Sticlăriile se mută spre insula Murano la finalul secolu-
lui al XIII-lea, din cauza riscurilor de incendiu. Produsele lor
sunt exportate de timpuriu spre Europa continentală. Nume-
roase obiecte care provin de aici au legătură cu vinul. Este
vorba despre magnificele pahare cu picior filigranate şi de
carafele bogat ornamentate. Muzeul Martini al Istoriei Vinu-
lui din Pessione (Piemonte) păstrează două superbe carafe
veneţiene incolore, sub formă de amfore antice, cu bază ascu-
ţită, care datează din secolul al XIII-lea.[1] În secolele urmă-
toare, această artă atinge sublimul şi toţi prinţii vor să-şi
orneze mesele de banchet cu aceste prestigioase carafe şi
cu pahare fine pentru servirea vinului. Principalele muzee
din lume au astfel de exponate. Cel din Bologna expune
două carafe pictate, foarte elegante.

Cele două scene care înfăţişează bacanalele, una pictată,
una de Tiţian[2], în secolul al XVI-lea, şi a doua inspirată din
prima şi pictată de Rubens[3], în secolul al XVII-lea, sunt
organizate în jurul unei frumoase carafe incolore, cu picior

---

[1] Există unele asemănătoare, datând din epoca romană, la Muzeul
Römisch-Germanisches din Köln. Ele se aseamănă atât de mult, încât ne
putem întreba dacă acele carafe din muzeul din Pessione nu sunt obiecte
antice, descoperite şi reutilizate în secolul al XIII-lea.

[2] Muzeul Prado, Madrid.

[3] Muzeul Naţional din Stockholm.

și toartă, îndreptată spre cer de către un băutor. Fără toartă, însă prevăzută cu un fund care îi permite tânărului amator de vin să o țină pentru a umple cu vin deschis la culoare cupa fină pe care o golește cu capul dat pe spate, carafa *Băutorului* lui Annibale Carracci, tablou pictat între 1583 și 1584[1], este una dintre cele mai elegante reprezentări care au existat vreodată. În secolul al XVII-lea, perfecționarea tehnicilor specifice sticlăriei va permite suflarea unor modele și mai elaborate. Așa se întâmplă cu cele două carafe cu toartă și cu cioc lung și subțire, care sunt păstrate la Muzeul Renașterii din Écouen: ele sunt prevăzute cu un rezervor important, care era umplut cu gheață, păstrată din iarnă în răcitoare și care nu intra în contact cu vinul, care se dorea a fi răcit în perioadele călduroase de vară.

O carafă fină și foarte simplă, din sticlă translucidă, incoloră, sferică, modelată cu fund plat și gât lung, umplută pe jumătate cu ceea ce pare a fi vin alb, este reprezentată într-una dintre cele mai vechi naturi moarte europene cunoscute[2], un tablou german anonim, datând de la începutul secolului al XVI-lea și păstrat la Muzeul Unterlinden, din Colmar. Această reprezentare ilustrează fascinația pe care a exercitat-o tot timpul sticla prin duritatea, fragilitatea și transparența sa: o frumoasă metaforă a vieții înțelepte și a timpului care trece, sugerată de sticla pe jumătate plină, cu un vin deschis la culoare, de care s-a profitat deja, dar care încă promite bucurie pentru trup și suflet. Astfel de carafe sau sticle cu fundul bombat în interior pot fi observate în diverse tablouri sau tapiserii încă de la finalul secolului al XV-lea, cum ar fi cea a sfântului

---

[1] Nathan Fine Art, Zürich.
[2] Genul există în Antichitate. Apoi decade, pentru a renaște în secolul al XVI-lea și, mai ales, în secolul al XVII-lea.

Martin, care nu lasă să se risipească sângele sfântului Mauriţiu, şi care este păstrată la Angers.[1]

Chiar şi după dezvoltarea sticlăriei pentru producerea de sticle continuă să fie fabricate carafele fine, de prezentare a vinurilor pe mesele rafinate. Ele servesc la decantarea vinurilor şi sunt adesea din cristal, uneori lucrate pentru ca lumina să se reflecte mai bine. Englezii, care în secolul al XVII-lea au pus la punct metoda cristalului cu plumb, rămân foarte ataşaţi de aceste obiecte prestigioase. În Franţa, aşa cum vom vedea în detaliu, ele sunt folosite în restaurantele luxoase şi în castelele (châteaux) viticole din zona Bordeaux, unde obiceiurile englezeşti sunt încă în vogă.

Există şi carafe mai rustice, aşa cum putem observa în numeroase miniaturi şi fresce. British Library păstrează o anluminură italiană, de la sfârşitul secolului al XIV-lea, pe care este reprezentată o cupă verticală, dintr-o casă burgheză. În pivniţă, un servitor trage vinul dintr-un butoi în pahare, în sticluţe fiasco şi în carafe. El le dă mai departe, la etaj, printr-o trapă, unui grup de bărbaţi ameţiţi, dintre care unul goleşte o sticlă transparentă, încă plină pe jumătate. O scenă pitorească similară este pictată în fresca numită *Cavalcada viciilor,* aflată pe zidurile capelei Sfântul Sebastian din Roubion (Alpes-Maritimes). Aceasta datează din 1510. Un om lacom, călărind un porc, ţine în mâna dreaptă un băţ în care este înfiptă o ciozvârtă sau o pulpă de porc, iar cu cealaltă goleşte o carafă sferică, cu vin roşu, deschis la culoare.

Această temă va rămâne recurentă mult timp după aceea. Ea este aleasă de Guido Reni, în jurul anului 1623,

---

[1] James Barrelet, *La Verrerie en France de l'époque gallo-romaine à nos jours,* Paris, Larousse, 1953, p. 61.

pentru a reprezenta uimitorul *Bacchus bând*.[1] Acesta are trăsăturile unui bebeluş rotofei, ba chiar supraponderal, cu un aer uşor ameţit, cu privirea sticloasă, îndreptată către cer (oare către Jupiter, tatăl lui?), cu o coroană de viţă-de-vie pe cap şi duce la gură un recipient ovoidal, plin pe jumătate cu vin roze, cea mai închisă culoare care putea fi obţinută în perioada respectivă, întrucât, în general, tescuirea se produce fără ca mustul şi pieliţele strugurilor să fermenteze împreună. Simbol al abundenţei şi al vieţii, butoiul din care provine vinul şi pe care se sprijină Bacchus are o gaură, prin care un jet puternic de vin ţâşneşte într-un recipient. Copilul urinează în timp ce bea, iar jetul de urină transparentă este paralel cu cel al vinului care se scurge din butoi. El alimentează un pârâiaş care fertilizează pământul... Aceasta este o perfectă interpretare a mitologiei dionisiace.

Astfel de recipiente cu formă ovoidală, fără fund plat sau picior, sunt suflate în Toscana până în plin secol XX. Neputând să stea în picioare, ele trebuie neapărat să fie introduse într-un suport de răchită. Pentru că sticla din vechime este subţire şi fragilă, „carafele"[2] şi „sticlele" medievale, chiar şi atunci când sunt destinate înaltei societăţi, sunt adesea îmbrăcate cu nuiele împletite cu

---

[1] Conservat la Gemäldegalerie Alte Meister din Dresda.

[2] Acest cuvânt apare în franceză abia în 1558, în *Les Regrets*, de Joachim de Bellay (CXIII), unde nu desemnează un recipient pentru servirea vinului, ci pe... papa Paul al IV-lea, de origine napolitană, Gian Piero Carafa: „Et dessus le tombeau d'un empereur romain / Une vieille carafe élever pour enseigne". („Şi deasupra mormântului unui împărat roman / O veche carafă ridicată drept semn de recunoştinţă.") Acest sonet arată că substantivul comun este stabilit la acea dată. Pare să provină din cuvântul italian *caraffa* şi înainte, probabil, din arabul *garrafa*, sticlă pântecoasă. *Trésor de la langue française* exprimă unele îndoieli în legătură cu această ipoteză, căci cuvântul spaniol *garaffa* nu e atestat decât în 1570, cu mult după cuvântul italian.

paie sau cu piele, tehnică pe care englezii par să o stăpâ-
nească bine. Astfel de recipiente în suport, sferice și cu
gât lung, pot fi văzute în frumoase fresce ale Oratorio
dei Buonomini di San Martino din Florența, fresce pic-
tate la mijlocul secolului al XIV-lea. Un număr de 78 de
astfel de sticle, cu suport realizat cu grijă, au fost pre-
zente pe mesele unui festin oferit la Paris, în cinstea
Caterinei de Medici, în 1559[1]. Astfel de sticle îmbrăcate
sunt reprezentate în numeroase miniaturi, fresce și
pânze din secolele XVI-XVII. Un exemplar admirabil
figurează în celebrul tablou *Desertul gofretelor*, pictat de
Lubin Baugin, în jurul anului 1631.[2] Marele pictor fran-
cez, care și-a consacrat mare parte a carierei naturii
moarte, a plasat lângă un pahar subțire, din sticlă de
Murano, filigranat și decorat, plin cu vin deschis la
culoare și strălucitor, o sticlă ovoidală, ușor turtită în
părți, îmbrăcată cu nuiele fine și prevăzută cu o sfoară,
ca o ploscă, chiar dacă nu este vorba despre un obiect
țărănesc sau de călătorie. Patru ani mai târziu, în 1635,
Georges de la Tour pictează *Trișorul cu as de caro*, scenă
în care o servitoare toarnă un vin rubiniu într-o cupă
fină, transparentă, cu gura largă, iar sticla din care pro-
vine vinul e îmbrăcată puțin mai rustic decât cea pictată
de Baugin. Ambele recipiente sunt deci foarte obișnuite
în perioada respectivă și apar în picturile realiste.

Sticlării în care se produc carafe, sticle, ploști se deschid
peste tot în Europa: în Boemia, în sudul Franței, în Aquitania,
în Poitou, în Lorraine, în Anglia etc. Modelele sunt destul
de asemănătoare unele cu altele: sunt fie sferice, fie turtite,

---

[1] James Barrelet, *La Verrerie en France de l'époque gallo-romaine à nos jours, op. cit.*, p. 71.

[2] Expus la Luvru.

ceea ce permite îmbrăcarea lor (cu nuiele sau cu paie de secară, foarte rezistente) și folosirea lor ca ploști, care sunt prinse de curea sau pe umăr cu un șnur mai lung. În 1576 sunt fabricate și butoiașe, numite în Périgord „grandes tynètes"[1]. În sud-vest, unele sticlării produc ploști rustice și destul de groase, din sticlă albă, verzuie sau albăstruie, în formă de cucurbitacee, care pot fi de asemenea îmbră-cate. Ele sunt ușor de ținut cu o mână, pentru a se bea fără a fi atinse. Pot servi și drept biberoane, pentru hrănirea copiilor, dar și a mieilor sau a vițeilor, în caz de nevoie. *Porron*-ul, carafă de dimensiuni mari, cu fundul plat, cu o capacitate de 95 cl, prevăzută cu un apendice ascuțit și găurit, care permite băutul fără ca recipientul să fie atins cu buzele, este produs atât în sud-vestul Franței, cât și în Catalonia și în Aragon, iar astăzi, în toată Spania. Fără îndoială provenit din plosca de piele, acesta este clar legat de sociabilitatea masculină și de o versiune modernă de *symposium*[2]. Spectaculos și foarte simpatic, ritualul băutu-lui din *porron* nu permite aprecierea calității vinului servit, pentru că acesta trebuie înghițit cât mai repede, pentru a se evita scurgerea lui pe față și pe haine.

Evident, toate sticlăriile din Europa produc și pahare de băut groase și fără picior, a căror modă se răspândește. Ele înlocuiesc progresiv coarnele[3], paharele din metal și cupele, mai puțin în cazul persoanelor importante, care preferă în continuare paharele de Veneția.

Una dintre principalele regiuni din Franța, renumită pentru sticlării, este Argonne, la granița cu Champagne,

---

[1] James Barrelet, *La Verrerie en France de l'époque gallo-romaine à nos jours, op. cit.*, p. 71.

[2] G. Mollevi, „Le vin: de la boisson au plaisir, de l'amphore à la bouteille", *op. cit.*, p. 174.

[3] Vizibile în „tapiseria de la Bayeux".

Jean-Robert Pitte

regiune specializată mai mult pe sticla plată și pe obiecte micuțe, cum ar fi carafele luxoase. În secolul al XVI-lea, aici se află aproximativ 20 de sticlării, care beneficiază de abundența materiilor prime și a pădurilor care furnizează combustibil. Toponimele Le Neufour, Le Four-à-Verre, Le Four-aux-Moines, Le Four-de-Paris, Le Cristallin, Le Four-Gama, Le Four-Foucault, din regiunea Sainte-Menehould, le semnalează prezența acolo.[1] Majoritatea acestor sticlă-rii, din secolele al XV-lea și al XVI-lea, sunt ambulante și se deplasează pe măsură ce lemnul se împuținează în împrejurimi. Doar cuptorul este din materiale rezis-tente, fiind adăpostit sub un acoperiș cu țiglă. Celelalte construcții sunt cabane temporare. Mai târziu, meșterii sticlari se stabilesc în văi și își ridică locuințe frumoase, pe măsură ce calitatea produselor lor crește și astfel le cresc și veniturile. Primele recipiente franțuzești din sticlă închisă la culoare și cu fundul adânc, pentru a asigura stabilitatea, apar fără îndoială în Argonne, în cea de-a doua jumătate a secolului al XVI-lea. Ele sunt folosite în vechile farmacii, în distilerie, dar și pentru scoaterea vinului și prezentarea lui la masă, însă nu și pentru conservare.[2]

Și în actuala Belgie există numeroase sticlării. De remarcat sunt cele din Surginet, din Beauwelz[3], din Hai-naut, înființate în jurul anului 1450 de familia de meșteri sticlari Colinet, care își va desfășura activitatea până la jumătatea secolului al XIX-lea. În 1506, Englebert Colinet obține de la Margareta de Austria, regentă a Țărilor de

---

[1] François Jannin *et al., Découverte de l'Argonne,* Sainte-Menehould, Centre d'études argonnais, 1978, p. 34.

[2] James Barrelet, *La Verrerie en France de l'époque gallo-romaine à nos jours, op. cit.,* p. 71.

[3] Comună unită astăzi cu Momignies.

Jos, permisiunea de a deschide o sticlărie de lux, pentru a produce obiecte în stil venețian, decorate cu emailuri.[1] Carol Quintul o va vizita în 1549, fiind încântat de calitatea realizărilor.

În secolele al XVI-lea și al XVII-lea, cu un apogeu atins în 1572, după noaptea Sfântului Bartolomeu, numeroși meșteri sticlari francezi, care erau adepții Reformei, se exilează în Anglia, unde își fac cunoscută experiența, în principal în Sussex și Surrey.[2]

CÂND ȘI-A DOBÂNDIT TERMENUL „STICLĂ/BUTELIE" SENSUL DEFINITIV?

Atunci când un obiect inventat sau o idee nouă devin uzuale, ele trebuie numite cu un cuvânt recunoscut de toată lumea. Așa s-a întâmplat și în secolul al XVI-lea cu recipientul din sticlă cu rolul de a conține un lichid, recipient care ia numele de sticlă. Acest sens principal nu va deveni niciodată exclusiv. Chiar și astăzi, în Franța, adeseori sunt numite „sticle" urcioarele din ceramică, destinate în Normandia calvadosului, butoiașele de gaz lichid sau recipientele din plastic, pentru apă minerală. Evident, s-au păstrat și încă se păstrează în recipiente din sticlă și alte lichide în afară de vin, lichide alimentare (berea, alcoolul, sucul de fructe, supele, laptele, uleiul etc.) sau nu (cerneala, parfumul, medicamentele, produsele chimice etc.).

---

[1] Willy Van den Bossche, *Antique Glass Bottles. Their History and Evolution (1500-1850)*, Woodbridge and Wappingers Falls, Antique Collectors' Club, 2001, p. 20.
[2] *Ibid., loc. cit.*

În Evul Mediu, cuvântul *botte (bote)*[1] sau diminutivul său, *butticula (buticula)*, provenite din *buttis*[2], termen din latina vulgară, desemnează un burduf sau un butoi.[3] Textele medievale evocă adesea, pentru desemnarea acestora, vocabulele *boutiaux, boutilles, bouties*[4]. În jurul anilor 1160-1170, în *Tristan și Isolda*, presupusul autor, Béroul, evocă *botele*[5]. În secolul al XIII-lea, la curtea regelui Franței, *bouteiller* este paharnicul, care are sarcina de a cumpăra vinul pentru masa regală. Cei care dețineau această funcție, în timpul lui Filip Augustus, Ludovic al VIII-lea, al Sfântului Ludovic și al lui Filip al III-lea, s-au numărat printre cei mai influenți consilieri ai suveranilor.[6]

Buticula pare să fi fost folosită pentru a desemna un recipient din sticlă, în nordul viitoarei Franțe, în jurul anului 1000. *Buticula flasca* făcea referire, în acea perioadă, la o sticlă îmbrăcată[7], sub influența cuvântului germanic occidental *flaska*, în timp ce în latină, conform dicționarului Gaffiot, *flasca* este mai degrabă sinonim cu *uter* (burduf), iar *flasco* desemnează o „sticlă de vin", fără ca sensul acestei expresii să fie foarte clar. Cuvântul „flacon" va fi

---

[1] Acesta subzistă în substantivul *bot,* care desemnează sticlă fină, cu gâtul subțire și înalt, care era folosită, în secolul al XVIII-lea, pentru a păstra *kirsch*-ul de Fougerolles, în Haute-Saône.

[2] Bute, butie (n. tr.).

[3] Claude Thomasset, „Le tonneau dans la littérature médiévale", în D. James-Raoul, Claude Thomasset (ed.), *De l'écrin au cercueil. Essais sur les contenants au Moyen Âge,* Paris, Presses de l'Université Paris-Sorbonne, 2007, p. 118.

[4] Eugène Viollet-le-Duc, *Dictionnaire raisonné du mobilier français de l'époque carolingienne à la Renaissance,* t. 2, fasciculul 1: ustensile, Paris, A. Morel, 1871, p. 40.

[5] *Trésor de la langue française.*

[6] R. Dion, *Histoire de la vigne et du vin en France, op. cit.,* p. 410-411. Dion evocă și un sfetnic al regelui Arthur, menționat într-un roman din secolul al XIII-lea, numit Lucans li Bouteilliers.

[7] *Trésor de la langue française.*

ulterior destinat, în limba franceză, pentru a indica sticle mici, cu rolul de a conține parfum. Folosirea sa pentru desemnarea unei sticle de vin este ușor prețioasă; el se poate aplica, în mod excepțional, unor vinuri celebre. De exemplu, Gide scria: „Știam toate mișcările necesare pentru a găsi un flacon în pivniță, pentru a-l deschide și a-l bea."[1] Limba germană va păstra cuvântul *flasche* până astăzi, pentru a desemna sticla, mai puțin în regiunea Franconia, unde sticla tradițională turtită, asupra căreia vom reveni, este numită *bocksbeutel*. Cuvântul *beutel* nu are de altfel nimic de-a face cu termenul *buticula*, din latina vulgară, deoarece acesta definește un sac, iar *bocks* înseamnă țap. Numele acestei sticle face deci referire la asemănarea sa cu o ploscă din piele. În limba italiană, cuvântul *fiasco* (devenit *fiasque* în franceză) și-a păstrat sensul de sticlă ovoidală îmbrăcată cu paie. Cuvântul *fiaschetteria* desemnează în Toscana taverna unde se servește vinul. În franceză, cuvântul *flasque* se păstrează și desemnează o sticluță plată, cu o capacitate de aproximativ 20 cl, ușor curbată, pentru a putea fi pusă în buzunar, și care conține alcool, cel mai adesea coniac, uneori kirsch, rom, Porto sau vin de Madeira simple. Aceste sticluțe umplu raioanele de lângă casele magazinelor duty-free din aeroporturi.

În schimb, în sudul Franței și în țările mediteraneene, *buticula* va continua mult timp să desemneze un urcior, înțeles care se păstrează în spaniolul *boteja*. Cuvântul *botella*, care, în spaniolă, înseamnă sticlă, ca și cuvântul din italiană, *bottiglia*, provin mai recent din franceză.

---

[1] André Gide, *Les Nouvelles Nourritures,* Paris, Gallimard, 1935, p. 257. Citat în *Trésor de la langue française.*

Vocabularul franţuzesc se clarifică în secolul al XVI-lea. În 1532, în *Pantagruel*, Rabelais evocă „flacoane, butelci, sticle, fiole, butii, butoaie, buţi, urcioare, pinte, poloboace, vase"[1], dificil de definit şi de distins unele de altele, însă în 1534, în *Gargantua*, scria:

> „Ce diferenţă este între sticlă şi sticluţă? Mare, căci sticla este închisă cu dop, iar sticluţa [sic] cu dop care se înşurubează."[2]

În acea perioadă, dopurile sunt din lemn, iar etanşeizarea este relativ asigurată prin înfăşurarea într-o bucată de cânepă sau o fâşie de ţesătură, aşa cum mai procedează şi astăzi, în cazul butoaielor, unii viticultori. Nu este imposibil ca termenul *sticlă* să desemneze în continuare, în egală măsură, un recipient de sticlă sau de teracotă. Acest sonet de Ronsard[3] lasă loc ambiguităţii:

> Corydon merge înainte;
> Căci ştie unde se vinde vinul bun.
> Clăteşte sticla
> Caută un culcuş din viţă verde
> Înflorită, ca să mă culce în el.

De fapt, ne putem imagina cu greu o sticlă fină sau îmbrăcată în piele, pusă la răcit într-un izvor sau în râu ori o sticlă cu înveliş de nuiele, mai ales că învelişul nu ar fi

---

[1] James Barrelet, *La Verrerie en France de l'époque gallo-romaine à nos jours, op. cit.*, p. 71.

[2] Édition de Mireille Huchon, Paris, Gallimard, colecţia „Folio Classique", 2007, p. 71. M. Huchon comentează această frază: „Echivoc liber între *flaccon* şi *flac* („flasque") *con*, între *vis* şi pluralul lui *vit*, membrul viril."

[3] Pierre de Ronsard, *Odes,* II, 18 ianuarie 1550.

rezistat prea mult în aceste condiții. În schimb, nu era nicio problemă pentru un recipient din ceramică arsă, cu compoziție bogată într-un siliciu, precum gresia, și introdusă în cuptor la temperatură ridicată (peste 1 000 °C). De altfel, în ediția postumă a *Celei de-a cincea cărți*, de Rabelais, apărută în 1564, este reprezentată o sticlă din teracotă, sub formă de ploscă, prevăzută cu inele în părți, prin care să fie trecută o sfoară. Faimosul oracol al sticlei divine este înscris pe ea, într-o caligramă:

O, butelcă,

Păstrătoare

De mistere,

N-ai pereche!

Vezi, cu zel că

'N-ascultare

Cu-o ureche

Sunt, spre-a-ți cere,

Fără-ntârziere,

Vorba. Te implor!

Căci Bacchus, zeu-nvingător,

Ți-a dăruit lichidul cărui

– Cu pântecele-ți rotunjor –

Ești gazdă: în el tot adevăru-i.

Vin mult-divin, în spusa mea eu stărui:

Te lepezi de minciuni și viclenie.

Lui Noe bucurie tu să-i dărui:

Ne-a dăruit prin tine bucurie!

Rostește vorba care, mie,

Leac o să-mi deie și putere!

Dă-mi sfatul așteptat, astfel ca

Să nu pierd picur din licoare,

O, Butelcă,

Păstrătoare

De mistere!

[…]

Câteva decenii mai târziu, utilitatea sticlelor este, evident, pe cale să evolueze. Unii încep să le folosească nu numai pentru servirea vinului, ci și pentru păstrarea lui și pentru procesul de învechire. Aflăm asta din jurnalul pe care Pierre de L'Estoile îl ține despre domnia lui Henric al III-lea. Din 28 noiembrie și până în primele zile din decembrie 1582, regele îi primește membrii unei importante misiuni diplomatice, formate din deputații cantoanelor elvețiene, pe care dorește să îi convingă să nu se declare în favoarea Ligii. Aceștia sunt copleșiți de suveran cu cadouri, dar și de către starostele negustorilor și autoritățile orașului Paris, care le-au „prezentat, în numele Orașului, o mare cantitate de ypocras[1], alb și clairet, cu mai multe lumânări din ceară [...] și, în fiecare dimineață, *numeroase sticle de vin vechi și nou, ypocras,* drajeuri și paté de jambon de Mainz"[2]. Să reținem expresia *vin vechi,* care indică reapariția practicii antice a învechirii, ce ameliorează vinurile. Se găsesc deja mențiuni pe această temă în secolul precedent, fără a se ști însă ce tehnică se ascunde în spatele acestor cuvinte, pentru că nu este vorba despre recipientul în care are loc conservarea, în expresia *vin vielz* a lui Clément de Fauquemberge din 1421[3], și nici în versurile lui Charles d'Orléans, scrise tot în prima jumătate a secolului al XV-lea: „Și el bea vin vechi și nou."[4] Poate fi vorba, pur și simplu, despre un vin rămas în butoi, timp de peste un an, respectiv doar câteva luni.

---

[1] Vin amestecat cu miere și condimente, foarte apreciat din Evul Mediu până în secolul al XIX-lea. Putem considera că vermuturile și alte vinuri aromatizate, servite ca aperitiv, precum Lilet de Bordeaux, sunt urmașele acestui vin, chiar dacă nu se mai utilizează mierea pentru îndulcire.

[2] Pierre de l'Estoile, *Registre-journal du règne d'Henri III,* tom IV (1582-1584), introducere și note de M. Lazard și G. Schrenck, Geneva, Droz, 2000, p. 46, și nota 109, p. 62.

[3] Articolul „vieux", *Trésor de la langue française.*

[4] *Ibid.*

III

TRIUMFUL BUTELIEI DIN STICLĂ

La începutul secolului al XVII-lea, majoritatea regiunilor din Europa stăpânesc bine arta sticlăriei, însă, având în vedere compoziția și tehnicile de suflare, produsele rămân mici și fragile și nu servesc la transportarea lichidelor pe distanțe mari. Carafele și sticlele din această perioadă nu sunt folosite deci decât la scoaterea vinului din butoi, eventual la transportarea lui, cu atenție, de la un cârciumar la domiciliul unui client, pentru a-l pune pe masă. Cel mai adesea, în acest caz, ele sunt protejate de un înveliș din nuiele împletite. Prima podgorie din lume care și-a livrat vinurile în recipiente din sticlă groasă este cea din Shirâz, Persia.

PODGORIA DIN SHIRÂZ, PIONIER AL EXPORTULUI DE STICLE

Până la revoluția islamică din 1979 – și, foarte discret, de atunci –, persanii, ca de altfel și turcii, până în prezent, au dat întotdeauna dovadă de o anumită toleranță față de consumul de vin și de alcool distilat. De-a lungul istoriei, poeții care au preamărit vinul și beția au fost numeroși.[1] Mult timp, în această zonă cu specific șiit, evreii și creștinii – dintre aceștia din urmă, mai ales armenii – aveau voie să producă vin, eventual din struguri cumpărați, și să-l servească în tavernele lor, frecventate de musulmani cu asiduitate, fără a fi pedepsiți. Numeroase miniaturi de la începutul secolului al XVII-lea îl reprezintă pe șahul Abbas I cel Mare, dar foarte pios, se spune, în timp ce bea vin care îi este servit de tineri care îi toarnă în pahare și de compania cărora se bucură. Într-una dintre ele este reprezentată o carafă cu gât alungit, pe jumătate plină, din sticlă, care lasă să se vadă vinul roșu, deschis la culoare, dinăuntru. Curtea șahului din Ispahan era mare consumatoare de vin, cumpărând aproape un sfert din producția podgoriei din Shirâz, respectiv 2 000 hl pe an[2]!

Din Antichitatea timpurie se produce vin în împrejurimile orașului Shirâz, la peste 1 400 m altitudine, aceasta fiind una dintre regiunile unde a fost inventată viticultura. În secolul al XVII-lea, în principal familiile de evrei, 600 la număr, sunt cele care produc vinul, apoi negustorii creștini – francezi, englezi, olandezi și portughezi – sunt cei care au licență și care îl comercializează, aceste două activități, supuse unor taxe mari, fiind strict interzise musulmanilor. Încărcătura coboară din munții Zagros, pe drumuri pietroase și abrupte, spre Kangan și poate spre alte porturi de pe coasta Golfului Persic. De acolo este încărcată pe corăbii care au ca destinație orașe din Orient,

---

[1] Vezi, în legătură cu acest subiect, Xavier de Planhol, *Le monde islamique. Essai de géographie religieuse*, Paris, PUF, 1957, p. 54-58, și J.-R. Pitte, *Le Désir du vin à la conquête du monde, op. cit.*, p. 129-158.

[2] Informație dată de Jean-Baptiste Tavernier, citat de Xavier de Planhol, „Le vin de Chirâz", în A. Huetz de Lemps *et. al.*, *Les vins de l'impossible*, Grenoble, Glénat, 1990, p. 58.

Jean-Robert Pitte

unde sunt stabiliți misionari europeni, pe malurile golfului, în Egipt și în India. Una dintre cele mai vechi mărturii cunoscute până în zilele noastre este aceea a călătorului francez Jean-Baptiste Tavernier, care străbate Levantul, Persia și India de șase ori, între 1631 și 1668: „Am spus că acest vin se transportă în sticle, iar ele sunt învelite în paie și puse în cutii atât de bine, încât foarte rar se întâmplă să se spargă."[1] Călătorul englez John Fryer, care vizitează regiunea în 1667, confirmă acest lucru: „Vinul este pus în sticle și astfel ambalat în cutii."[2] Așa cum subliniază Xavier de Planhol, „este o aventură pe care niciun alt vin nu a cunoscut-o vreodată".[3]

De ce s-a optat deci, în această parte a lumii, pentru sticle, și nu pentru burdufuri sau ulcele, recipiente comune pe aceste meleaguri? Pur și simplu, pentru că persanii stăpânesc la perfecție arta sticlăriei și știu să fabrice de mult timp sticle foarte groase și foarte rezistente, din sticlă de culoare verde. Ele servesc, mai ales, la conservarea siropurilor de fructe, care sunt apoi turnate peste gheață rasă sau peste zăpadă, pentru a produce sorbeturile foarte apreciate în tot Orientul Mijlociu.[4] O parte dintre aceste sticle sunt sferice și au gâtul lung, după modelul carafelor din faianță sau din metale prețioase din perioada safevidă, însă majoritatea sunt turtite, cu formă de ploscă. În jurul gâtului lor

---

[1] *Ibid.*, p. 57.

[2] *Ibid.*

[3] *Ibid.*

[4] Cuvântul *sorbet* este de origine persană. Vezi numeroase referințe, cu privire mai ales la Iran, în Xavier de Planhol, *L'Eau de neige. Le tiède et le frais,* Paris, Fayard, 1995. O colecție de astfel de sticle a fost constituită de M. Muneyoshi (Soetsu) Yanagi (1889-1961), care a creat Muzeul Artizanatului Japonez din Tokyo (Nippon Mingeikan). Vezi catalogul *Persia no mingei garasu* („Sticlele artizanale din Persia"), *The Mingei,* nr. 344, showa 56 (1982), p. 28-47.

foarte gros, cel mai gros din toate epocile și din toate zonele de proveniență, se găsește adesea o spirală din sticlă. Unele au dop de sticlă, dar, acesta nefiind ermetic, impune folosirea unei cârpe sau a unui smoc de cânepă și, fără îndoială, ceară, pentru a-și îndeplini în totalitate rolul.

Aceste sticle, care în acea perioadă sunt produse peste tot în Iran, sunt folosite de viticultorii și de negustorii de vin din Shirâz, unde trei sticlării le furnizează la sfârșitul secolului al XVII-lea.[1] Acestea sunt mari; Jean-Baptiste Tavernier estimează exporturile anuale doar către India la 2 000 hl, ceea ce permite evaluarea numărului de sticle cu vin la 200 000 sau 300 000 și capacitatea fiecărei sticlării la mai multe sute de produse pe zi.

Pe subcontinentul indian, clientela este constituită din colonii de europeni din principalele birouri comerciale. De ce apreciau aceștia atât de mult vinul din Shirâz? Explicația trebuie căutată în calitățile intrinseci ale zonelor montane din Zagros, care fac posibilă producerea de vin bun, de 14 până la 15 grade alcool, deci suficient de stabil pentru a fi conservat și transportat, dar, mai ales, în faptul că această podgorie este cea mai apropiată de India, al cărei climat nu favorizează la acea vreme o vinificare reușită.[2] Acest comerț fructuos a durat două secole. De la începutul secolului al XIX-lea, acesta intră în declin, întrucât vinurile din Europa și în special din Franța ajung mult mai ușor în sudul Asiei.

Câteva sticle de vin din Shirâz ajung în această perioadă în Europa. De exemplu, o sticluță foarte frumoasă, cu gâtul

---

[1] Xavier de Planhol, „Le vin de Chirâz", *op. cit.,* p. 57, citându-l pe călătorul Jean Struys.

[2] *Ibid.,* p. 58-60. Astăzi, progresele viti-viniculturii au permis crearea unui număr de domenii, în special în Deccan, ca și la alte latitudini tropicale (Thailanda, Taiwan, Amazonia, Polinezia franceză).

Jean-Robert Pitte

înconjurat de o spirală cu 10 inele, este oferită în 1708 reginei Angliei, Anne Stuart, de o delegație venită din Persia.[1]

STICLA NEAGRĂ ENGLEZEASCĂ

În secolul al XVII-lea, lumea vinului se schimbă mult. Europa de Nord, afectată de „mica eră glaciară", nu mai produce vin și trebuie să se aprovizioneze exclusiv din sud. Podgoriile situate lângă porturile de la Atlantic și de la Marea Mediterană scot profit din această nouă piață. Astfel începe dezvoltarea și prosperitatea tot mai mare a podgoriilor din Bordeaux, Alto Douro (Porto), Jerez, Madeira, Malaga, Frontignan etc. La acestea se adaugă cea din Saintonge, care perfecționează arta de a distila, de a asambla și de a elabora diferite tipuri de „tării" și care se specializează în producția de coniac. Comercianții englezi, olandezi, germani vin să se aprovizioneze de aici și transportă vinul sau licorile mai tari în baricuri până în Londra, Bristol, Anvers, Amsterdam, Bremen, Hamburg. Ei cumpără și comercializează și vinuri aduse pe Rin, pe Moselle, pe Sena, pe Loara. În acea perioadă, Anglia importă foarte multe urcioare din gresie, fabricate în Valea Rinului, numite bellarmine[2], care servesc la scoaterea, transportarea pe distanțe scurte și comercializarea vinului, care este consumat din ce în ce mai mult.

---

[1] Vezi fotografia publicată în *The Mingei, op. cit.,* p. 47. Actualmente păstrată în colecțiile regale (www.early-glass.com).

[2] Hugh Johnson, *Une histoire mondiale du vin,* Paris, Flammarion, 2002, p. 193. Aceste urcioare pântecoase își trag numele de la medalionul ștanțat pe gât care îl caricaturizează pe cardinalul Bellarmin (1542-1621), ardent apărător al doctrinei catolice și mare critic al ideilor Reformei protestante, care mai târziu va fi canonizat.

Nevoia de sticle se face simțită, însă în Anglia au avut loc defrișări masive de-a lungul secolelor precedente, regele Jacob I Stuart lăsându-se convins de amenințarea reprezentată de cuptoarele pe lemne ale sticlăriilor în ceea ce privește aprovizionarea cu lemn necesară marinei regale, dar și pentru domeniul construcțiilor. Sir Robert Mansell, trezorier al flotei, îl determină așadar în 1615 să emită un edict de interzicere a acestora[1]: „Având în vedere că, în ultimii ani, risipa copacilor din păduri și a lemnului, de către sticlari, a fost masivă și intolerabilă, [...] ar fi un rău mai mic să revenim, mai degrabă, la vechea metodă de a bea din recipiente din piatră[2] și la ferestrele cu ochiuri mici, decât să fim afectați de pierderea unei astfel de comori. [...] În consecință, [...] dăm ordin ca [...] nimeni din acest regat [...] să nu mai topească, să nu mai fabrice sau să nu mai contribuie la topirea sau la fabricarea oricărui tip de sticlă cu ajutorul lemnului."

Robert Mansell, care se gândește, pe bună dreptate, la viitorul marinei, nu își neglijează totuși nici propriul interes și obține de la rege, în 1623, plătind o rentă, monopolul asupra producției de sticlă în cuptoare cu cărbune, cu posibilitatea de a încheia subcontracte cu alți sticlari. El își instalează fabricile în regiunea Newcastle-upon-Tyne, în mijlocul principalelor zăcăminte de cărbune din nordul Angliei. Noul combustibil permite o termperatură de fuziune mai ridicată și deci obținerea unei sticle mai solide. Newcastle va rămâne, timp de două secole, principala regiune din lume specializată în sticlărie. Sticlării pe bază de cărbune se deschid și pe continent, în 1616,

---

[1] Citat în *ibid., loc. cit.* Vezi și W. Van den Bossche, *Antique Glass Bottles, op. cit.,* p. 21. Van den Bossche estimează că e nevoie de 2 400 kg de lemn pentru a produce 1 kg de sticlă.

[2] Din piatră de nisip.

la Rouen, datorită cărbunelui importat din Anglia, sau în 1627, la Liège, datorită cărbunelui local.[1]

În Belgia și Olanda, cele mai uzuale modele de sticle sunt în formă de „puits et globe" și de ceapă, deci au formă semisferică, cu un fund ușor adâncit și cu gât tronconic, lung, în primul caz, scurt – în al doilea. Modelul acestor sticle va fi preluat în Anglia, în anii 1630.[2] Ele sunt foarte stabile când sunt așezate în picioare. Nu pot fi culcate. Aranjarea lor în navete, pentru transport, trebuie să se facă în picioare și să se folosească multe paie, dacă se dorește dispunerea lor pe mai multe rânduri suprapuse. Atunci când dopul este foarte bine pus, ele pot fi culcate, însă trebuie inversate unele față de celelalte, folosindu-se multe paie în jurul fiecăreia.[3] Astfel ele ocupă mai puțin spațiu. Sticlele de tip ceapă au însă o problemă: fiind suflate fără matrițe, capacitatea lor nu poate fi controlată riguros. De aceea ele nu vor avea succes în Franța, unde statul monitorizează tot ce ar putea trece drept fraudă în privința volumului din recipiente.

Anglia va înregistra un mare progres tehnic datorită lui Sir Kenelm Digby (1603-1665), un cavaler catolic, aventurier excentric, pe rând pirat, diplomat, filosof, apreciat de Descartes și savant cu personalitate universală, pasionat de alchimie. El este cel care va perfecționa tehnica pe care Mansell a început s-o pună la punct.[4] Conform actului din 10 aprilie 1662, *Legea parlamentară a sticlelor*, el ar fi deschis

---

[1] W. Van den Bossche, *Antique Glass Bottles, op. cit.,* p. 21.

[2] *Ibid.*

[3] Vezi reconstituirea unei schimbări în A.J. Van der Horst, „Wijflessen uit scheepswraken uit de zeventiende en achttiende eeuw", *Antiek,* decembrie 1991, p. 240. Îi mulțumesc lui Joji Nozawa pentru că mi-a atras atenția asupra acestei referințe.

[4] Roy Digby Thomas, *Digby: The Gunpowder Plotter's Legacy,* Londra, Janus Publishing Company, 2001, p. 188-189.

încă din 1632[1] o sticlărie, care funcționa pe cărbune, la Newnham on Severn, în apropiere de Gloucester.

În 1642, la întoarcerea dintr-o călătorie cu peripeții în Franța, el este încarcerat doi ani la Winchester House, fost palat episcopal din Londra, situat în Southwark, pe malul Tamisei. Condițiile blânde din captivitate îi permit să scrie și să facă diverse experimente științifice și tehnice. Pe acest domeniu se află și o fostă sticlărie. Acolo a pus la punct un cuptor cu tunel și suflătorie, care permite, datorită cărbunelui, atingerea unei temperaturi foarte ridicate și deci o proporție mai mare de siliciu în pasta de sticlă decât în cuptoarele tradiționale. Digby produce acolo recipiente din sticlă groasă (între 3 și 7 mm), neagră, care au în plus forme și mărimi regulate, fără îndoială datorită matrițelor, cu baza convexă, adică înfundată, care conferă stabilitate mai mare. Acestea vin în întâmpinarea nevoilor negustorilor de vin. Culoarea lor închisă protejează vinul de lumină, iar grosimea permite stocarea și transportul. Forma lor este în același timp adaptată prezentării și servirii. Forma regulată a gâtului și grosimea lui, ajutată de un inel din sticlă, vor permite foarte repede ameliorarea astupării cu dop. Unii sticlari englezi profită de această descoperire și merg până acolo încât să și-o atribuie. John Colnett, nume provenit din Colinet, un membru emigrat al celebrei dinastii de sticlari belgieni, primește în 1661 patente pentru fabricarea de sticle cu diverse capacități, marcate cu numele său. Parlamentul anulează această decizie, iar în anul următor revocă și patentul, recunoscându-l pe Digby drept inventator, cu trei ani înainte de moartea sa, argumentând că John Colnett ar fi lucrat pentru acesta, ca asistent, în anii 1630.[2]

---

[1] W. Van den Bossche, *Antique Glass Bottles, op. cit.*, p. 22.
[2] *Ibid., loc. cit.*

Jean-Robert Pitte

INVENTAREA DOPULUI DE PLUTĂ

Să dispui de sticle solide este una. Dar mai trebuie să le asiguri și o dopuire ermetică, pentru a le putea umple în siguranță cu vin de calitate și pentru a le putea culca întru optimizarea aranjării, transportului și conservării. Soluția este contemporană cu inventarea sticlelor „în stil englezesc", iar englezii sunt pionieri în acest domeniu.

Urcioarele, carafele și sticlele din Evul Mediu și din Renaștere sunt astupate cu diverse materiale.[1] Cel mai rustic este un șomoiog de paie, de ierburi uscate sau de rămurele, în franceza veche *bousche*, care derivă din termenul *bosca*, din latina vulgară, adică mănunchi de ierburi, și din *bosci*, pluralul lui *boscus*, lemn. Aceasta este etimologia cuvântului *boucho* („dop"), care desemnează mănunchiul de paie cu rolul de a fricționa și de a curăța un cal, precum și pe cel de a obtura o sticlă. Lamartine evocă acest procedeu arhaic referindu-se la un „urcior de vin alb, aurit, din Ischia, închis cu un dop de rozmarin și ierburi aromatice, care parfumează vasul, în loc de dop din plută."[2] Cel mai uzual caz era o bucată de lemn, înfășurată în câlți de cânepă sau de in, înmuiați în seu, o bucată de țesătură, tot din cânepă, din in, sau o bucată de piele, totul fiind acoperit cu ceară de sigiliu, în situația în care se dorea conservarea pe o perioadă mai lungă.[3]

---

[1] *Trésor de la langue française*. „Bouchon" (=dop) desemna altădată o tavernă sau o cârciumă, care erau semnalate printr-un buchet de frunze sau de ramuri suspendat pe fațadă. Cuvântul supraviețuiește cu acest sens în Lyon.

[2] *Les Confidences*, Paris, Perrotin, 1849, p. 213. Citat în *Trésor de la langue française* la cuvântul „bouchon" (=dop).

[3] Jean-Pierre Devroey, *L'Éclair d'un bonheur*, Paris, La Manufacture, 1989, p. 76. Conservarea fără degradare a vinului nu putea fi prea lungă în aceste condiții de astupare.

Uneori se foloseau doar câlți îmbibați în ulei, care se putea scurge în vin, ceea ce nu era în totalitate neplăcut, deoarece constituia o protecție antioxidantă, însă în același timp ducea la o prezentare în pahar și o degustare puțin agreabile. În Italia se obișnuia să se toarne, chiar și în secolul al XIX-lea, câțiva centimetri de ulei peste vin, în sticlele cu gât neregulat și neîntărit, printr-un inel din sticlă pus în apropierea orificiului, și deci imposibil de astupat cu plută. Înainte ca vinul să fie consumat, uleiul trebuia pompat, operațiune care era efectuată cu gura, cu ajutorul unei sticluțe numite *sculmador* sau *cavaolio*, prevăzută cu două pipete, dintre care una, încovoiată, putea fi introdusă în sticlă.[1] Cel mai uimitor lucru este că se reușea exportarea vinurilor astfel stocate, cu ulei, în recipiente învelite în paie, până în Anglia secolului al XVIII-lea[2]!

În aceste condiții aleatorii de astupare, nici nu se punea problema ca sticlele să fie culcate sau puse unele peste altele. Etanșeizarea este incompletă și, în plus, forma bombată a sticlelor vechi nu permite asta. În Franța, dopurile din lemn poartă uneori numele de *clavelot* sau *broquelet* (în Champagne). Acestea au fost adaptate după modalitatea de închidere a vranelor butoaielor, cu cepuri numite și ele *bonde* sau *bondons*[3], rondele din lemn tare (stejar) – astăzi, mai degrabă, din silicon, dar uneori și din sticlă –, cu formă ușor tronconică, pentru a putea fi introduse forțat, obținându-se astfel o etanșeizare aproximativă. În 1694-1695,

---

[1] Vezi o fotografie comentată a operațiunii, cu o sticlă și un flacon din secolul al XIX-lea, în W. Van den Bossche, *Antique Glass Bottles, op. cit.*, p. 234-235.

[2] André L. Simon, *Bottlescrew Days. Wine Drinking in England During the Eighteenth Century*, Boston, Small Maynard & Co., 1927, p. 235-236.

[3] Brânza de Neufchâtel-en-Bray sau de Poitou poartă acest nume datorită formei sale, care seamănă cu recipientul.

abația din Hautvillers (Champagne) comandă 500 de dopuri suplimentare, din lemn, de tip *broquelet*, la un artizan din orașul vecin, Épernay.[1] Dopul de tip *broquelet* din Champagne este cilindric, însă are un cap mai larg decât gâtul, eventual pătrat, pentru a putea fi împins și apoi scos mai ușor, așa cum este cazul exemplarului aflat la muzeul Châlons-en-Champagne.[2]

O altă metodă constă în folosirea unui dop de sticlă, care se lipește de gâtul sticlei datorită pastei de șmirghel, o rocă metamorfică foarte dură, folosită încă din Antichitate pentru proprietățile sale abrazive. Aceasta poate fi transformată în praf, care este amestecat cu apă sau ulei. Este o metodă foarte eficientă, care însă poate duce uneori la spargerea gâtului sticlei, atunci când se dorește deschiderea recipientului.[3] Te poți mulțumi să mătuiești gâtul și dopul cu șmirghel, ceea ce permite o lipire destul de bună, dar va duce destul de des la spargerea gâtului, în momentul deschiderii, atât timp cât sticla rămâne instabilă și fragilă. Chimiștii și farmaciștii au folosit acest procedeu până de curând, pentru sticluțele lor. În universul vinului, el s-a menținut în cazul anumitor carafe, însă s-a renunțat la el, în secolul al XVIII-lea, pentru sticle. Sticle de vin Château-Lafite, datând din 1820 și 1825, fuseseră încă astupate cu șmirghel, cu siguranță de un comerciant, însă este vorba despre un caz excepțional.[4]

---

[1] Nicole Fierobe, „Le bouchage avant-hier, à l'époque de Dom Pérignon", în N. Fierobe *et al.*, *Champenoises. Champagne 2000*, Trélon, Atelier-Musée du Verre de Trélon, Écomusée de la région de Fourmies-Trélon, 2000, p. 13.

[2] *Ibid.*

[3] Gilbert Garrier, *Histoire sociale et culturelle du vin*, Paris, Larousse-Bordas, 1998, p. 135; H. Johnson, *Une histoire mondiale du vin, op. cit.*, p. 195.

[4] David Cobbold, Sébastien Durand-Viel, „Les aventures du bouchon perdu", *L'Amateur de Bordeaux*, Cahiers 98 *(Le Bouchon)*, mai 1998, p. 8.

Pluta este un material natural unic. Este obținut din scoarța lui *Quercus suber L.*, stejarul care, în franceză, este numit *chêne-liège* (stejar de plută). În limba franceză, etimologia numelui – latinescul *levis* înseamnă ușor – conține una dintre marile sale calități, la care se adaugă durabilitatea și, mai ales, flexibilitatea, datorată aerului cuprins în celulele sale, și etanșeitatea, chiar și în cele mai omogene celule. Stejarul de plută este un arbore din zona mediteraneeană, este foarte calcifug și crește pe solurile acide din Pirineii Orientali și din Catalonia, din Maures și din Esterel, din numeroase regiuni din Spania, din nordul Portugaliei, din Italia și din Maghreb. Bine cunoscută din Antichitate, pluta servea deja drept dop pentru amfore, astuparea fiind completată cu rășină, cu var sau cu alte materiale, toate acestea permițând, așa cum s-a spus, o învechire de mai mulți ani, de mai multe decenii, respectiv secole. Atunci când condițiile de conservare au permis-o, spre exemplu în mediul subacvatic, încă mai sunt descoperite uneori dopuri din plută grecești sau romane în stare bună. Nimic uimitor deci în faptul că sticlele de vin descoperite în epave au putut păstra intact vinul pe care îl conțin de mai multe secole, datorită dopului de plută și, mai ales, stratului de calitate superioară care îl acoperă.

La sfârșitul Imperiului Roman, folosirea plutei se pierde timp de secole întregi. Englezii sunt cei care redescoperă virtuțile sale, în prima jumătate a secolului al XVII-lea, mai degrabă pentru astuparea sticlelor cu poțiuni, apoi cu tărie, înainte de a fi folosită pentru sticlele de șampanie care se dorește a fi efervescentă.[1] În engleză, cuvântul *cork*, ce desemnează pluta, dar și dopul din plută, este și mai vechi. El apare în secolul al XIV-lea, fiind împrumutat

---

[1] A.L. Simon, *Bottlescrew Days, op. cit.*, p. 235.

Jean-Robert Pitte

din cuvântul spaniol *alcorque*, fără îndoială provenit din termenul arab *al-qurq*, la rândul lui provenit din latinescul *quercus*[1], în momentul în care a fost nevoie de găsirea unei soluții pentru astuparea recipientelor din sticlă. Cu siguranță acesta, foarte folosit în Spania și în Portugalia, unde este utilizat în special pentru a desemna plutele plaselor de pescuit, a sosit cu aceleași nave care transportau vinul de Porto, de Jerez sau de Malaga. În *Dicționarul* său, Furetière menționează înțelesul englezesc în 1690, fără a ști, se pare, că materialul vine din Peninsula Iberică: „Există un fel de plută de Anglia, care este un lemn presat și mai puțin poros ca pluta comună[2], din care se fac dopuri pentru sticle, sticle în care se poate pune vin, fără a exista riscul ca acesta să se oxideze."[3]

Dopurile de plută încep să fie folosite în regiunea Champagne în jurul anului 1665.[4] Ceara, în general amestecată cu rășină și seu, este colorată cu albastru de Prusia sau cu ocru. Încă din 1740, primii meșteri catalani care produc dopuri se stabilesc în Champagne, pentru a răspunde cererii tot mai mari de vin spumant, însă probabil nu fac decât să vândă dopuri fabricate în țara lor.[5] Începând cu 1839, mai mulți astfel de meșteri spanioli își deschid ateliere în Épernay[6]: Gaëtan Gallice, Josep Barris i Buixó, Pierre Ferrer, Étienne Peiro etc.

---

[1] *Online Etimology Dictionary.*

[2] La ce material face aici aluzie *Furetière*? Poate la pluta de calitate mai proastă, venită de la mauri sau din Esterel?

[3] Citat de J.-P. Devroey, *L'Éclair d'un bonheur, op. cit.,* p. 176.

[4] Nicole Fierobe, „Le bouchage avant-hier, à l'époque de Dom Pérignon", *op. cit.,* p. 13; Francis Leroy, „Les bouchonniers de champagne", în G. Dorel-Ferré (ed), *Le Patrimoine des caves et des celliers, Vins et alcools en Champagne-Ardenne et ailleurs,* Reims, CRDP, 2006.

[5] Francis Leroy, „Les bouchonniers de champagne", *op. cit.,* p. 30-33.

[6] *Ibid.*

Cu toate acestea, pluta nu se impune atât de uşor. Ea este criticată în diverse lucrări, spre exemplu de către Sir Kenelm Digby, pentru lipsă de etanşeitate, dovada faptului că gâturile sticlelor nu au încă formă regulată, dar şi pentru gustul pe care l-ar transmite băuturilor, semn că oamenii încă nu ştiau să aleagă părţile din scoarţă potrivite pentru a realiza un dop bun[1].

Atât timp cât dopurile folosite sunt uşor conice sau de mărimea aproximativă a gâtului sticlei şi nu sunt împinse înăuntru complet, o simplă tijă metalică înfiptă lateral este suficientă pentru a le scoate. Dovadă că pe unele sticle vechi există una sau mai multe ciobituri, pe marginea gâtului, provocate de presiunea exercitată de tija metalică. Din momentul în care dopurile devin cilindrice şi lungi, după modelul gâturilor care sunt din ce în ce mai regulate, datorită progreselor înregistrate de industria sticlăriei, tirbuşonul devine indispensabil. Hugh Johnson citează una dintre primele menţiuni ale acestui instrument, într-un eseu publicat la 1700, *Spionul londonez*.[2] Un pasaj din carte descrie o cină: „În sfârşit, am ajuns şi la o frumoasă [...] sticlă de *claret* [...], însă dopul era înfundat atât de mult, încât deschiderea ei nu era posibilă fără un tirbuşon." Toată lumea caută unul, iar un preot prezent printre invitaţi scoate un tirbuşon din buzunar, unde stătuse lângă o carte de rugăciuni, preotul oferindu-le glumeţ şi o explicaţie celorlalţi invitaţi, miraţi de situaţie: „Având în vedere că evlavia alină sufletul şi că vinul consumat cu moderaţie păstrează sănătatea corpului, de ce o carte care vorbeşte despre unul şi un instrument care deschide calea celuilalt nu ar avea dreptul, la fel ca sufletul şi trupul, să-şi

---

[1] H. Johnson, *Une histoire mondiale du vin, op. cit.,* p. 195-198.
[2] *Ibid.,* p. 198.

țină companie?" Acest instrument este deci cunoscut, însă trebuie să aștepte până în 1718, să ajungă în Franța și să capete definitiv denumirea de *tire-bouchon*[1], și până în 1720, pentru ca, în Anglia, să devină *cork-screw*[2]. În jurul anului 1730, câte un tirbușon se regăsește în toate casele personalităților din Bordeaux.[3]

În 1726, breasla producătorilor de dopuri primește statut oficial[4] și mai multe ateliere se dezvoltă în Var, în Roussillon, în Catalonia și, mai târziu, în Portugalia.[5] *Enciclopedia* lui Diderot și d'Alembert descrie tehnicile exclusiv manuale de tăiere a dopurilor cu cuțitul. Aceasta a devenit o meserie și o activitate economică majoră pentru filiera vinului. Ea se va dezvolta continuu până la sfârșitul secolului XX. Portugalia a devenit primul producător de plută și de dopuri la nivel mondial, pe parcursul secolelor al XIX-lea și XX, cu consecințele peisagistice evidente. De la 300 000 ha în 1893, pădurile de stejar de plută (denumite în franceză *suberaies)* au ajuns, în 2004, la o suprafață de 860 000 ha.[6] Până la jumătatea secolului al

---

[1] *Trésor de la langue française.*

[2] *Online Etymology Dictionary.* Vezi pe această temă A.L. Simon, *Bottlescrew Days, op. cit.* Îi datorez această referință lui René Pijassou.

[3] Philippe Meyzie, „De la conservation à la dégustation du vin: verre, innovations et distinction sociale (XVIIIe – début XIXe siècle)", în Ch. Bouneau, M. Figeac (ed.), *Le Verre et le vin de la cave à la table du XVIIe siècle à nos jours, op. cit.*, p. 39.

[4] Philippe Bachy, „Les bouchages de la bouteille de vin. Évolution du XVIIe au XIXe siècle", în Ch. Bouneau, M. Figeac (ed.), *Le Verre et le vin de la cave à la table du XVIIe siècle à nos jours, op. cit.*, p. 281.

[5] D. Cobbold, S. Durand-Viel, „Les aventures du bouchon perdu", *op. cit.*, p. 9.

[6] Philippe Bachy, „Les bouchages de la bouteille de vin. Évolution du XVIIe au XIXe siècle", *op. cit.*, p. 281. Portugalia produce azi 160 000 de tone de plută, adică 52,5% din producția mondială. Este urmată de Spania, cu 75 000 de tone (29,5%), Maroc (12 000 t, 3,7%), Italia (11 000 t, 3,6%), Algeria (10 000 t, 3,3%), Tunisia (8 000 t, 2,5%) și, în fine, de Franța (4 000 t, 1,1%). Sursa: Planeteliege.

XIX-lea astuparea sticlelor se efectuează cu ciocanul cu
două capete, ulterior se trece la metoda brevetată de
Charbonnier, numită *à mouton* sau *à la guillotine*, mult mai
eficientă și mai rapidă.[1]

În cea de-a doua jumătate a secolului al XVIII-lea,
obiceiul arderii în butoaie a unui fitil de sulf, numit chibrit
olandez *(Dutch match)*, definitivează progresele aduse de
sticlă și dop la conservarea vinului. Prima mențiune a
metodei apare într-un text din 1765, însă, cu siguranță,
ea nu reprezintă o noutate.[2] Trebuie să se ardă puțin mai
mult sulf în baricurile pentru vin alb, mai ales licoros, decât
în cele care vor fi umplute cu vin roșu. Datorită acestei
tehnici, vinurile se pot învechi bine, iar virtuțile *terroir*-ului
și ale anilor de producție își pot revela personalitatea
unică. Numeroase podgorii din sudul Europei vor profita
de acest lucru, Franța în principal, mai ales sub impulsul
piețelor din nordul Europei și, în primul rând, al celei din
Marea Britanie.

FĂRĂ STICLĂ NU EXISTĂ VIN SPUMANT

Istoria sticlei de vin spumant este una dintre acele
treceri de la producția artizanală la cea industrială, care au
marcat secolele al XVIII-lea și al XIX-lea în Europa. Totuși
ea nu este liniară.

Încă din Evul Mediu, vinurile tinere din nordul Franței
pișcă în mod plăcut limba, din cauza bulelor pe care le
produc în momentul consumării lor, atunci când sunt abia

---

[1] N. Fierobe, „Le bouchage hier, au XIXe siècle", în N. Fierobe *et. al.*,
Champenoises..., *op. cit.*, p. 15.
[2] René Pijassou, *Un grand vignoble de qualité. Le Médoc*, Paris, Tallan-
dier, 1980, p. 491-499.

Jean-Robert Pitte

scoase din butoi. Ele conțin, de fapt, dioxid de carbon, care face dovada ultimei etape a fermentării încetinite de răcoarea toamnei, a fermentării malolactice, care a urmat-o, sau a reluării fermentării, care transformă ultimele urme de zahăr în alcool, în primăvara următoare. De aceea vinul de Marna, care face să sară cepurile butoaielor, este supranumit „domnul Pétars" în *Bătălia vinurilor,* lucrare scrisă de Henry de Andelys în 1223, și numeroase texte din secolele următoare sunt dovada acestei particularități a vinurilor din Champagne și Burgundia, prezentată drept aducătoare de bucurie. Soiul fromenteau, vechiul nume al pinot beurot și pinot gri, face bule foarte repede. Gustul unor astfel de vinuri nu este specific Franței. El îi binedispune și pe italieni, în secolul al XVI-lea, așa cum o demonstrează această descriere găsită de Benoît Musset, un foarte bun istoric al șampaniei, într-o lucrare de Alessandro Petronio, scrisă în 1592[1]: „Când vinul este eliberat [din butoi] și este pus într-un recipient din sticlă[2] oarecare, el își trimite până la suprafață spiritele până atunci reprimate și aproape furioase, ca și cum s-ar fi deschis porțile sau un zăgaz s-ar fi rupt, și aruncă la suprafața sticlei o mare cantitate de spumă, plină de aceste spirite aprinse care, alergând și sărind de colo-colo, se izbesc unele de altele; [...] ele pișcă ușor limba." Frumoasă descriere făcută de strămoși vinului *frizzante, prosecco* sau *spumante*!

În secolul al XVII-lea, în Champagne vinul este foarte rar pus în sticle și, atunci când se face asta, el nu este descris niciodată drept spumant, întrucât în epocă nu se cunoștea astuparea ermetică, virtuțile plutei nefiind încă

---

[1] Benoît Musset, *Vignobles de Champagne et vins mousseux. Histoire d'un mariage de raison. 1650-1830,* Paris, Fayard, 2008, p. 53-54.

[2] O carafă sau o sticlă de prezentare.

(re)descoperite în Franța. Este practic sigur că foarte celebrul Dom Pérignon nu a produs niciodată și nici nu a gustat vin spumant în perioada în care a fost stareț și pivnicer al abației din Hautvillers, între 1668 și 1715. El ar fi putut bea, eventual, vinuri ușor perlante în momentul scoaterii lor. Cea mai mare parte a producției de vin a mănăstirii, mai ales alb, este vândută în butoaie. Cu toate acestea, abația folosește un model de sticlă recognoscibil după sigiliul său ornat cu o cruce și vinde câteva sute de astfel de sticle în fiecare an. De exemplu, în perioada 1691–1692, abația trage în sticle două butoaie și jumătate de vin, a câte 228 de litri, dintr-un total de 306 butoaie vândute, ceea ce înseamnă mai puțin de o mie de sticle. Unul dintre clienți este orașul Épernay, care oferă astfel de sticle vizitatorilor săi de seamă.[1]

Vinurile albe sau deschise la culoare (gri și diferite tipuri de roze) din Champagne sunt apreciate în Anglia din secolul al XVI-lea. Ele ajung acolo în baricuri transportate pe mare, după ce au coborât pe Marna și pe Sena până la Rouen. Este frig de foarte devreme toamna, în timpul „micii ere glaciare". Iar vinurile nu și-au terminat încă fermentarea atunci când sunt livrate. Încă de la mijlocul secolului al XVII-lea, negustorii englezi încep să ambaleze vinurile în sticle negre și groase, pe care le astupă cu plută. În primăvara următoare, drojdia intră din nou în acțiune și se reia fermentarea, ceea ce crește conținutul de alcool, dar duce și la degajarea de dioxid de carbon, ceea ce face ca vinul să devină spumant. Vivacitatea acestor vinuri albe, venite din frig, îi determină pe unii negustori să le tempereze și să le crească alcoolizarea adăugând zahăr obținut din trestie-de-zahăr, pe care englezii îl importă din Antile.

---

[1] B. Musset, *Vignobles de Champagne et vins mousseux, op. cit.,* p. 87.

Jean-Robert Pitte

O parte din acesta – totul depinde de doza adăugată – fermentează în sticlă. Astfel tratat, vinul nu numai că are acid, dar devine și foarte spumant; presiunea dioxidului de carbon este controlată de grosimea sticlei și de calitatea dopului de plută, introdus forțat, deci lipit de pereții unui gât cu formă regulată. Ea este atât de puternică, încât așa-zisul dop trebuie legat cu o sfoară de cânepă, fixată pe colereta gâtului sticlei, fiind înlocuită mai târziu cu un fir de cositor, de alamă și apoi de fier și, începând cu 1844, de o armătură. Acest procedeu permite combinarea acidității normale a acestor vinuri cu gustul dulce al zahărului de trestie, ceea ce rămâne caracteristica șampaniei cu dozaj din zilele noastre, a vinurilor demiseci care nu mai sunt la modă pe piața franțuzească. Este posibil ca dozajele să difere de la un negustor la altul, respectiv de la un client la altul, în funcție de gustul fiecăruia. Prezența zahărului în vin era atunci foarte apreciată în nordul Europei, fiind atașată unor savori moștenite din Evul Mediu, pe care Franța încerca să le îndepărteze.

Șampania Veuve Clicquot, produsă și dozată la ordinul doamnei Clicquot însăși, licoare care datează din jurul anului 1839 și a fost regăsită pe fundul Mării Baltice, în 2010, conține 160 g de zahăr per litru, la fel ca un vin de Sauternes! Acesta era destinat pieței rusești. Vivacitatea sa, care încă s-a păstrat, este, evident, un semn al *terroir*-ului, la fel ca și parfumul său floral. În schimb, nota de parmezan vechi exprimă o oxidare, peste care se poate trece cu vederea dată fiind vârsta sa, iar cea de rom, cu savoare de ambră, indică fără îndoială doza impresionantă de zahăr de trestie, probabil brun, care i-a fost adăugată.

Aceste practici sunt atestate încă din 1662, într-un mesaj al lui Christopher Merret către Royal Society, care arată că zahărul și melasa permit tuturor vinurilor să

devină spumante.[1] În 1675, un tratat despre vinificare apă-
rut la Londra arată: „În ultima perioadă, comercianții noș-
tri de vin folosesc cantități enorme de zahăr și de melasă
pentru toate tipurile de vin, pentru a le face cât mai vii și
mai acidulate și a le mări conținutul de alcool, dar și pen-
tru a le ameliora gustul."[2] Nu este deloc sigur că vinul ast-
fel tratat provine din Champagne, dar cel care provine cu
certitudine de acolo se prestează destul de bine acestui
exercițiu și este suficient de abundent pe piața londoneză
pentru ca licoarea „cu dop săritor" să fie considerată
șampanie și să devină băutura cea mai la modă în înalta
societate din vremea respectivă. În același an, 1675, apare
comedia *The Man of Mode*, de Sir George Etheredge, în care
un tânăr exclamă: „Reunim, cu înțelepciune, plăcerile
dragostei și bucuriile vinurilor bune, pentru a ne crește
gradul de fericire; atunci, vinul din Champagne efeves-
cent îi animă rapid pe bieții iubiți languroși. El ne face
voioși și bucuroși și ne îneacă toate supărările."[3] Iar în
1698 George Falquhar, în comedia sa *Love and a Bottle*,
pune următoarele cuvinte în gura lui Mockmode, un
tânăr dandy, care pretinde că este la curent cu noutățile
și îi strigă valetului său Club: „Înțelepciune, Club! Adu-ne
o sticlă de vin care să ne ofere înțelepciune. Aceasta este
deci licoarea care ne dă înțelepciune? Vino, umple-ne
paharele." După ce îi servește, Club răspunde: „Uitați,
uitați, stăpâne, cum se joacă și face spumă în pahar!"
Saint-Évremond, gânditor libertin francez, exilat în Londra,
nu a contribuit la celebritatea șampaniei cu mare lucru, în
ciuda legendei; se pare că acesta prefera vinurile liniștite

---

[1] www.english-wine.com/sparkling.html.
[2] Citat de Jean-Pierre Devroey, *L'Éclair d'un bonheur*, op. cit., p. 174-175.
[3] Citat de François Bonal, *Anthologie du champagne. Le champagne dans
la littérature universelle,* Langres, Dominique Guéniot, 1990, p. 17.

din Aÿ![1] Totuși el a avut un rol important în popularizarea vinului francez în Marea Britanie.

Sticlele englezești din acei ani au forme variate: de ceapă, de pară, iar uneori sunt cilindrice, cu umeri mai pătrați. Gâtul lor este întotdeauna întărit cu un filet sau cu o coleretă mai groasă, ceea ce permite introducerea forțată a dopului, fără a sparge sticla, și, eventual, fixarea sforii, evitându-se astfel ca dopul să sară spontan. Începând cu secolul al XVIII-lea, pe aceste sticle sunt adesea marcate însemne din același material, pe care figurează blazonul proprietarului, numele comerciantului ori al clientului sau anul de producție, dovadă că lumea începea să înțeleagă importanța învechirii, oricare ar fi fost originea vinului.

Încă din ultimii ani ai secolului al XVII-lea, vinul efervescent începe să pătrundă timid pe piața franțuzească, însă nu e sigur că este vorba despre șampanie. Prima mențiune certă apare într-o comandă dată în 1711 de mareșalul Montesquiou lui Adam Bertin, din Rocheret, un comisionar din Épernay. Acesta dorește ca vinul să fie scos „cu spumă" și pretinde că „este tot timpul mai bun în sticlă decât în butoi", părere care nu-l convinge pe Bertin.[2] Acesta va reuși să-i explice onorabilului său client că este vorba despre o modă venită din Anglia, inventată doar ca să amuze tinerele generații. Mareșalul îi va accepta, într-un final, argumentele.

În schimb, mărturia lui Jean Godinot, cleric din Reims și proprietar de podgorii, datând din 1718, este de necombătut. Producția de vin spumant se răspândește rapid în Champagne[3]: „Folosirea flacoanelor rotunde este foarte

---

[1] B. Musset, *Vignobles de Champagne et vins mousseux, op. cit.,* p. 60.

[2] Citat în *ibid.,* p. 61.

[3] J. Godinot, *Manière de cultiver la vigne et de faire le vin en Champagne, op. cit.* Citat de Jean-Pierre Devroey, *L'Éclair d'un bonheur, op. cit.,* p. 176.

obișnuită în Champagne; pentru că în provincie se găsește mult lemn, au luat naștere numeroase sticlării care, în majoritate, produc sticle. Fiecare sticluță este astupată [...], cu multă grijă, cu un dop bun de plută bine ales, care să nu fie găunos, ci rezistent și compact. [...] Pentru a alege bine, trebuie multă atenție: vinurile nu se strică în anumite sticle decât atunci când dopurile sunt defecte. [...] Atunci când toate sticlele care au servit la golirea unui butoi sunt umplute, se leagă cu sfoară rezistentă dopul de gâtul sticlei; dacă este vin fin, se pune un sigiliu deasupra, cu ceară din Spania, pentru ca vinul să nu poată fi schimbat și nici sticla și să existe certitudinea că acesta a fost livrat, precum și ca dovadă a loialității servitorilor. Există chiar și seniori care dau comandă să se facă sticle cu blazonul lor."[1] Plecând din orașul Épernay pe Marne, livrarea de sticle cu o capacitate aproximativ similară cu cea a unei pinte din Paris (0,93 l) începe încă din primii ani ai noului secol: de la câteva sute, la început, la câteva zeci de mii, în anii următori, cu un apogeu la 50 000 în 1722, 1724 și 1725.

În 1724, reprezentanții orașului Reims atrag atenția regelui asupra nevoii de a permite dezvoltarea acestui transport de marfă care rămâne încă ilegal.[2] Potrivit lor, „comerțul de vinuri gri[3] din Champagne a crescut considerabil de câțiva ani, prin grija avută în ceea ce privește vinul care este tras în sticle în timpul primei luni pline din

---

[1] Vezi, de exemplu, foarte frumoasa sticlă cu blazonul familiei Créquy păstrată la Musée National de la Céramique din Sèvres. Reprodusă în J. Bellanger, *Verre d'usage et de prestige, op. cit.*, p. 155.

[2] Citat de R. Dion, *Histoire de la vigne et du vin en France, op. cit.*, p. 41-42.

[3] Dovadă că exista deja, în epocă, șampanie roze.

luna martie de după recoltă, pentru a le face spumante.[1] Cei care consumă vinul gri din Champagne îl preferă pe cel spumant celui nespumant. De altfel, vinul gri nu poate fi transportat în butoaie, nici în regat, nici în țările străine, fără a-și pierde complet calitatea."

În baza acestor argumente, pe 25 mai 1728, printr-o decizie a Consiliului Regelui, se autorizează transportarea în coșuri de 50 sau de 100 de sticle pe Marna și pe Sena către Rouen, Caen, Dieppe și apoi în străinătate, adică, în această epocă, în principal, spre Anglia.[2] Expunerea motivelor arată că argumentele autorităților din Reims au fost auzite[3]: „Având în vedere documentele prezentate de primarii și consilierii municipali din orașul Reims[4] [...], Majestatea Sa, dorind să [...] favorizeze comerțul și transportul vinului gri din Champagne, [...] permite [...] primirea lui în sticle în provincia Normandia [...] pentru a fi îmbarcat și trimis în străinătate."

De atunci, producerea și comercializarea vinului spumant în regiunea sa de origine progresează mult și începe declinul activității „în stil englezesc" din Londra și din alte porturi din Insulele Britanice sau din nordul Europei. Totuși abia după 1775 livrările de sticle din Épernay depășesc în mod regulat 50 000 de unități pe an. La Reims,

---

[1] Data ideală pentru punerea în sticle este confirmată câteva decenii mai târziu, în 1768, de *La Nouvelle Maison Rustique*: „Cu cât suntem mai aproape de recolta care a produs vinul, când îl punem în sticlă, cu atât mai multă spumă face. [...] Suntem totdeauna siguri că avem un vin perfect spumant, dacă îl punem în sticle între zilele de 10 și 14 ale lunii lui martie." Citat de J. Barrelet, *La Verrerie en France de l'époque gallo-romaine à nos jours, op. cit.*, p. 101.

[2] R. Dion, *Histoire de la vigne et du vin en France, op. cit.*, p. 645.

[3] Citat de Louis Latour, *Vin de Bourgogne. Le parcours de la qualité. Ier siècle-XIXe siècle. Essai d'oenologie historique*, Précy-sous-Thil, Éditions de l'Armançon, 2012, p. 494.

[4] Textul emanând de la reprezentanții orașului Reims este redat aici integral.

ele ating în acea perioadă între 100 000 și 200 000 de sticle pe an. Dacă se adaugă și calea terestră, se ajunge la un număr de circa 350 000 de sticle, ceea ce nu reprezintă decât o mică parte din vinul care este încă trimis, în special în baricuri, de la podgoria din Champagne[1], însă care dovedește totuși faptul că moda venită din Anglia s-a impus.

Ea apare mai întâi la Curte și în înalta societate pariziană. Voltaire nu este ultimul care o adoptă; el scrie în 1736, în *Mondenul*:

Chloe, Egle îmi toarnă cu mâna lor
Vin de Ay, a cărui spumă presată,
Din sticla cu forță lansată,
Ca un fulger îi fură dopul;
El sare, râdem, lovește tavanul.
Spuma acestui vin proaspăt
Este imaginea sclipitoare a francezilor noștri.

Regentul și, mai ales, Ludovic al XV-lea apreciază vinul spumant pe care unchiul și străbunicul lor, Regele Soare, nu l-a băut niciodată în viața lui. Cu excepția zilei încoronării sale, nu a băut prea mult vin *liniștit* din Champagne, care totuși e foarte întâlnit în Paris, întrucât medicul său, Fagon, îi recomanda vinul de pe Côte de Nuits, din Burgundia, aparent mai bun pentru tratarea fistulei sale. *Le Déjeuner de jambon*, de Nicolas Lancret, și *Le Déjeuner d'huîtres*, de Jean-François de Troy, pictate pentru Ludovic al XV-lea, în 1735, pentru a decora micile apartamente de la Versailles, unul pentru sala de mese de

---

[1] B. Musset, *Vignobles de Champagne et vins mousseux, op. cit.*, p. 111-122.

vară, celălalt, pentru cea de iarnă[1], exprimă pasiunea pe care înalta societate din Secolul Luminilor o are pentru vinul spumant. Sticlele în care este pus acesta sunt cilindrice, dar îndesate, cu umerii puțin mai largi decât baza, posibil semn al folosirii jumătăților de matrițe[2], și cu gâtul scurt, mai evident în primul tablou decât în cel de-al doilea. În acesta din urmă, dopul sare până la jumătatea înălțimii camerei, pictorul reprezentându-l în manieră burlescă. Trei comeseni uimiți și amuzați își ridică ochii spre această mică atracție. Capacitatea sticlelor nu este ușor de stabilit. O sticlă din această perioadă[3], asemănătoare celor din *Le Déjeuner de jambon*, conține exact o pintă pariziană, adică 93 cl. În schimb, o sticlă comparabilă cu cele din *Le Déjeuner d'huîtres*[4] nu conține decât 85 cl, adică o pintă fără jumătate de pahar, ceea ce este, așa cum vom vedea, o măsură obișnuită în anii 1730.[5]

Problema sticlelor începe să se rezolve în timpul Regenței și al domniei lui Ludovic al XV-lea. Dacă Franța a rămas în urmă față de Anglia, nu este numai din cauza tehnicilor de sticlărie, care erau aici mai puțin perfecționate, ci și din cauza reglementărilor referitoare la capacități. Dopurile de plută se răspândesc, provenind de la comercianți parizieni, apoi, la jumătatea secolului al XVIII-lea, de la negustori din Champagne.[6] Ele sunt indispensabile la cea de-a doua fermentare. Sfoara legată de inelul gâtului și înmuierea

---

[1] Achiziționate de ducele d'Aumale, în secolul al XIX-lea, sunt păstrate astăzi în castelul Chantilly.

[2] Cum vom vedea mai departe, forma invers tronconică (umeri mai lați decât fundul) poate fi obținută fără matriță, dar operațiunea de fasonare a sticlei pe marmură cere dexteritate.

[3] Colecția autorului.

[4] Colecția autorului.

[5] B. Musset, *Vignobles de Champagne et vins mousseux, op. cit.*, p. 95.

[6] *Ibid.*, p. 89.

într-un amestec de ceară, smoală și terebentină măresc etanșeitatea. Fermentarea în sticlă poate fi totuși greu de stăpânit și se întâmplă ca unele dopuri să sară spontan, în cramă sau în timpul transportului, iar unele sticle chiar să explodeze. Alteori, dimpotrivă, cea de-a doua fermentare nu are loc, iar vinul își pierde valoarea. Prețul ridicat al vinului spumant a fost deci mult timp legat de instabilitatea procesului de producție. Chiar și astăzi, el este în continuare dificil și costisitor. La costul său se adaugă și valoarea foarte ridicată a terenului și deci a strugurilor cumpărați, legea ofertei și a cererii, cheltuielile generate de campaniile de promovare luxoase și creative, rentabilitatea așteptată de marii investitori, care au cumpărat majoritatea caselor prestigioase, în sfârșit, remunerarea comisionarilor și importatorilor. Puține filiere economice ies atât de înfloritoare dintr-o istorie marcată de contraste, formată din perioade de creștere importantă și de crize uneori dramatice. Cea a șampaniei datorează mult unui umil obiect: sticla groasă.

Primele sticle franțuzești destinate transportului sunt fabricate în cea de-a doua jumătate a secolului al XVII-lea, în cantități foarte mici. Cererea crește la începutul secolului al XVIII-lea, imediat după ce proprietarii și comercianții primesc comenzi pentru vinuri spumante. Domeniul pe care abația Saint-Pierre-aux-Monts din Châlons îl deține la Pierry și care este administrat de fratele Jean Oudart trebuie, de exemplu, să livreze 208 sticle intendentului, în 1716, și 3 100, în 1718, unuia dintre comisionarii săi, domnul Chovet.[1] Sunt necesare, de acum înainte, sticle cât mai regulate posibil, cu capacitate garantată și, mai ales, cu o grosime și o calitate a materialului suficiente pentru a

---

[1] *Ibid.*, p. 93.

Jean-Robert Pitte

face față unei presiuni de trei atmosfere, uneori mult mai mari, și care să reziste la introducerea forțată a unui dop din plută cu un diametru de o dată și jumătate sau de două ori mai mare decât cel al gâtului.

Acesta este începutul dezvoltării sticlăriilor din Argonne. Vreo zece astfel de sticlării își desfășoară activitatea în jurul anului 1730. Ele folosesc diverse tipuri de nisip și varul disponibil pe plan local, potasă obținută prin arderea de ferigi uscate și ierburi, mai târziu sodă provenită de la malul mării, obținută prin combustia algelor și a plantelor halofile sau, începând cu secolul al XIX-lea, prin procedeele Leblanc, care permit extragerea ei din apă de mare, și apoi prin metoda Solvay, din ape provenind din straturi de argilă saliferă triasică.[1] Iată o descriere a activității sticlăriei din regiunea Clermont-en-Argonne, în 1709, făcută de Mathieu, subdelegat din Sainte-Menehould[2]: „Fiecare sticlărie (cu patru deschizături[3]) dă de lucru, între șase și șapte luni pe an, unui număr de opt meșteri (suflători), plătiți cu 100 de centime pe zi, plus masă. Cei doi maiștri (muncitor la foale și topitor) câștigă 40 de soli, au fiecare câte un ajutor și nu au masa inclusă. Patru *platisseur*-i câștigă 20 de soli. Nu mai punem la socoteală personalul auxiliar (valeți și servitoare pentru lemn, cei care se ocupă de ambalare etc). Producția este de aproximativ 250 de sticle pe zi și pe deschizătură. Majoritatea sticlăriilor sunt instalate în regiunea Clermont, unde muncitorii nobili sunt scutiți de impozite, taxe și audituri și unde sarea albă

---

[1] F. Jannin, „L'Industrie du verre en Argonne", în M. André, M. De Paepe (ed.), *La Verrerie champenoise. Charbonneaux-BSN. Reims, de 1870 à nos jours,* Die, La Manufacture, 1984, p. 42.

[2] Citat în *ibid.,* p. 49.

[3] „*Ouvreau*" este o deschizătură în peretele cuptorului, prin care sticlarul extrage topitura de sticlă.

este ieftină, deși oamenii sunt obligați să plătească dreptul de intrare în Champagne, căci lemnul este mai ieftin decât în împrejurimile localității Sainte-Menehould."[1] Fiecare sticlărie produce aproape jumătate de milion de sticle pe an.[2]

Principala provocare tehnică a sticlăriilor care produc recipiente pentru șampanie este aceea de a evita spargerea, care va rămâne mult timp frecventă, ba chiar masivă, în funcție de anii de producție și de loturile de sticle a căror compoziție variază de la o sticlărie la alta, dar și în funcție de alegerea materiilor prime și a aprovizionărilor disponibile. De exemplu, în 1735, Malavois de La Ganne, proprietar din Aÿ, se plânge în jurnalul său: „Volumul spumei [...] nu le-a lăsat multora decât cioburile sticlelor sparte și altora, un mic rest din banii cheltuiți." În 1739, tot el notează: „Extrem de multe sticle sparte anul acesta, din cauza marii licori a vinului și, din cele trei butoaie mari din care am tras, nu au mai rămas decât 250 de sticle", ceea ce reprezintă o rată de spargere de 50%[3]! Încă din anii 1730, punerea în sticle nu se mai face la cererea clientului, care își asumă propriul risc, ci în contul producătorului, care decide să achite pagubele provocate de spargeri, care, în afara vreunui an excepțional, ca 1739, nu depășesc, în medie, 10% din producție.

În anii 1790 totuși, vinul dintr-un anume an de producție – sursa nu menționează cu exactitate despre care an este vorba – a favorizat a doua fermentare, generând spargerea sticlelor într-un număr dramatic de mare. Astfel ne facem o idee cu privire la temerile locuitorilor din Champagne, care se vor menține până la începutul secolului XX: „Domnul Colnet, proprietar al unei sticlării

---

[1] Clermont e situat în Lorraine, în timp ce Sainte-Menehould este în Champagne.
[2] B. Musset, *Vignobles de Champagne et vins mousseux, op. cit.*, p. 94.
[3] *Ibid.*

Jean-Robert Pitte

din Quiquengrogne, de lângă La Fère, dorind să se distingă printr-un proces de fabricație de calitate, îi oferă domnului Moët sticle, cu garanția că va plăti tot ce se sparge peste 2%. Oferta fiindu-i acceptată, i s-au trimis domnului Moët 6 000 de sticle care, prin formă, aspect și modul în care erau fabricate, erau cele mai frumoase sticle pe care le văzuse vreodată. El s-a grăbit să le umple cu un tip de vin care i s-a părut că ar fi avut cele mai mari șanse să fermenteze, și asta în anotimpul cel mai propice pentru acest lucru. A mai umplut, cu același vin și în același sezon, 15 000 de sticle produse de o altă sticlărie, cunoscute ca fiind cele mai bune. După o lună, fermentarea acționează atât de violent asupra acestor ultime sticle, încât rata de spargere a fost de 30 până la 40%. Nu s-a reușit încetinirea ei decât prin aranjarea sticlelor în picioare, în cramă. Operațiune care alterează radical calitatea vinului, deoarece dopul, nemailuând contact cu vinul, se usucă, aerul pătrunde în sticlă, temperează fermentarea, uneori o oprește de tot și transmite vinului un gust neplăcut, cunoscut sub numele de „gust de vin răsuflat". Cele 6 000 de sticle ale domnului Colnet, în schimb, au avut o rată de spargere mai mică de 1%, deși spuma a fost atât de furioasă, încât, de îndată ce se îndepărta firul de fier care ținea dopul, vinul rupea sfoara și ieșea din sticlă în jet, până la ultima picătură."[1] Calitatea produselor lui Colnet se datora atât folosirii unei excelente sode din Spania, cât și a unui proces de coacere dublă și prelungită[2] a sticlelor. S-ar părea însă că

---

[1] Acest text este extras dintr-o notiță despre pagubele de la Moët, apărută în 1829. Este citată de André Orsini („Le dialogue des maisons de négoce et des maîtres de verreries entre 1800 et 1865", *Verre*, vol. 6, nr. 5, sept.-oct. 2000, 61-62).

[2] În 1806, sticlăria Colnet îi declară doamnei Clicquot că sticlele sale sunt ținute la cuptor 36 de ore (*ibid.*, p. 59).

el nu a continuat pe această cale, calitatea sticlelor sale scăzând rapid, apropiindu-se de cea a concurenților săi.

Pentru a fi în același timp rezistente la presiune, dar și propice pentru scoaterea rapidă a dopului desprins de sfoara sa, grosimea și forma sticlelor din Champagne evoluează de-a lungul secolului al XVIII-lea, de la o formă plată sau de măr către o formă de pară. Gâtul lor se alungește și ele se înalță, păstrându-și o grosime suficientă, până să ajungă la forma actuală, în anii 1770-1780.[1] Producătorii de șampanie au foarte mare grijă la sticle, dar obțin cu greu ceea ce-și doresc până la începutul secolului XX. În 1790, domnul Moët le cere[2] furnizorilor săi din Argonne sticle care să aibă „mai puțin formă de măr. Este ridicol, ele seamănă cu jumătăți de sticlă. Marele defect al acestora este că nu au un fund suficient de mare, ceea ce înseamnă că forma este și mai nepotrivită. [...] Fără să vrem sticle prea mari, dorim ca ele să arate astfel încât să nu lase loc de îndoieli privind micimea lor." Doamna Clicquot, care își exprimă întotdeauna dorințele în mod sincer, adresează, în 1827, o scrisoare sticlăriei Darche, din Haumont (Nord): „Cea de-a doua dumneavoastră scrisoare mă informează în legătură cu uimirea dumneavoastră că aceste două sticle pe care vi le-am trimis ca model nu provin din sticlăria dumneavoastră [...], însă nu țineam neapărat ca acestea să aibă forma clopotelor din sate, așa cum au cele produse de dumneavoastră."[3] În 1833, ea îi

---

[1] B. Musset, *Vignobles de Champagne et vins mousseux, op. cit.*, p. 94.

[2] N. Fierobe, „La champenoise, histoire ou légende?", în G. Dorel-Ferré (ed.), *Le Patrimoine des caves et des celliers, op. cit.*, p. 27; A. Orsini, „Le dialogue des maisons de négoce et des maîtres de verreries entre 1800 et 1865", *op. cit.*, p. 57.

[3] A. Orsini, „Le dialogue des maisons de négoce et des maîtres de verreries entre 1800 et 1865", *op. cit.*, p. 57.

scrie unui alt furnizor al său, sticlăria din Trélon (Nord): „Am plăcerea de a vă anunța că cele 1 300 de sticle produse de dumneavoastră imită destul de bine forma Maubeuge[1] [...], însă curbura[2] urcă puțin cam mult: aceasta nu trebuie să urce sub formă de pară sau de clopot și să se piardă în gât, la un deget de inel. Strangulând curbura puțin mai devreme, gâtul devine mai lung, ceea ce conferă sticlei mai multă frumusețe și amplitudine, deși, în realitate, conține mai puțin lichid.“

Această ultimă remarcă arată că, dacă forma sticlelor este supusă unei atenții constante, nici capacitatea sa nu este ignorată de comercianți. Industria sticlăriei a trebuit să se supună unei reglementări stricte. De fapt, la începutul secolului al XVIII-lea, era încă dificil să obții sticle cu capacitate fixă, ceea ce ducea la fraude și contestări pe întregul lanț, începând de la sticlărie și mergând până la crâșmă și la consumatorul final. În fața acestei probleme, deschiderea de noi sticlării este interzisă în timpul Regenței, iar una dintre ele este chiar închisă în 1724, la Sainte-Menehould.[3] Un decret regal, inspirat în mare parte de regiunea Champagne, este așadar publicat la 8 martie 1735, fixând capacitatea „sticlelor și clondirelor“ din regatul Franței la o pintă de Paris, adică la 93 cl. Și, pentru a evita ca sticlarii să își fragilizeze producția subțiind pereții sticlelor, greutatea lor nu poate fi mai mică de 25 de uncii, adică în jur de 980 g.

Iată câteva fragmente din Decretul Regelui privind regulamentul de fabricarea sticlelor și clondirelor din sticlă, apărut la Versailles la 8 martie 1735 și înregistrat în Parlament[4]:

---

[1] Sticlă înaltă cu gât lung.
[2] Este partea convexă, care unește corpul sticlei cu gâtul.
[3] F. Jannin, „L'industrie du verre en Argonne“, *op. cit.*, p. 49.
[4] Reprodusă în N. Fierobe *et. al.*, *Champenoises, op. cit.*, p. 24.

„[...] Plângerile care ne-au fost adresate, referitoare la abuzurile făcute în fabricarea sticlelor și clondirelor, ce au rolul de a conține vinuri și alte licori, fie prin pregătirea inadecvată a materialului din care sunt făcute, ceea ce afectează vinurile și licorile, fie prin lipsa de material suficient pentru a realiza acest tip de obiecte solide, fie, în sfârșit, prin defectele de capacitate sau de cantitate ale sticlelor și clondirelor, ne-au determinat, în interesul public, să emitem acest regulament precis [...]."

Materia vitrificată care servește la fabricarea sticlelor și clondirelor cu rolul de a conține vin și alte licori va fi bine rafinată și topită, astfel încât fiecare sticlă sau clondir să aibă o grosime egală pe întreaga circumferință.

II. Fiecare sticlă sau clondir va avea capacitatea unei pinte, măsura din Paris, și nu va putea avea o greutate mai mică de douăzeci și cinci de uncii, jumătățile și sferturile fiind adaptate proporțional; în ceea ce privește sticlele și carafele duble și mai mari, greutatea lor va fi de asemenea proporțională cu mărimea.

III. Vrem ca toți antreprenorii și proprietarii de sticlării, negustorii faianțari și alții, care vând sticle, să respecte greutatea și capacitatea sau cantitatea menționate în articolul precedent. Aceștia nu au voie să fabrice, direct sau indirect, să aducă în regat, să vândă sau să debiteze nicio sticlă sau clondir care nu au greutatea și mărimea menționate mai sus, fie că acestea au fost fabricate în regat, fie în străinătate, fiecare dintre cei care încalcă legea riscând confiscarea produselor și o amendă de două sute de livre. Restricția de mai sus nu include totuși sticlele fabricate în Alsacia și al căror conținut este consumat acolo, ci se referă doar la cele care riscă să fie introduse în restul regatului.

IV. Dorim de asemenea ca toții negustorii de vin, proprietarii de crâșme, hangiii și alții care vând vin, cidru și bere

Jean-Robert Pitte

la sticlă, chiar și comisionarii din provincie, să nu poată folosi și trimite nicio sticlă care să nu aibă greutatea și capacitatea menționate în articolul II, altfel riscând o amendă de 400 de livre și confiscarea vinurilor, cu excepția sticlelor care vor intra în regat, umplute cu vin fortificat și lichioruri tari.

V. Dăm ordin ca toți comercianții faianțari și alții care vând sticle, toți negustorii de vin, proprietarii de crâșme, hangiii și alții care vând vin, cidru și bere, să fie obligați să declare, în termen de cincisprezece zile, începând cu data publicării celor prezente, la grefierul poliției din fiecare oraș din regat, cantitatea de sticle și de clondire pe care o au în prăvălii, atât cu greutatea și mărimea stabilite de articolul II, cât și inferioare acestora, fie din fabrici din regat, fie din țări străine, în caz contrar riscând o amendă de 200 de livre și confiscarea sus-menționatelor sticle și clondire, pe care nu le-au declarat până la termenul respectiv.

VI. Și, cu toate acestea, pentru a facilita vânzarea și transportul sus-menționatelor sticle și clondire, le permitem faianțarilor și altora care comercializează așa ceva să își vândă produsele și să le distribuie în decurs de un an, începând tot cu ziua publicării prezentului decret; după acest termen, toate sticlele și carafele mici care nu vor fi conforme cu acest regulament vor fi confiscate și sparte, iar cei care le dețin vor fi condamnați la plata unei amenzi de 200 de livre fiecare.

VII. Amenzile și confiscările care vor fi pronunțate pentru încălcarea celor prezente vor fi aplicate; mai exact, o treime în beneficiul nostru, o treime în beneficiul denunțătorului și o treime în beneficiul săracilor din spitalul cel mai apropiat de locul unde au fost pronunțate deciziile. Dorim ca aceste amenzi să nu poată fi reduse sau modificate, indiferent de orice motiv se invocă.“

Remarcăm că acest caz a fost analizat serios, textul fiind de o precizie minuțioasă, iar amenzile aplicate contravenienților, mari. Regulamentul evocă atât capacitatea, pentru prevenirea fraudelor, cât și calitatea pastei de sticlă, grosimea și greutatea sticlelor, recomandări care au o legătură directă cu vinul efervescent. La acea dată, într-adevăr, în Franța se îmbuteliază în principal șampanie. Suntem chiar la începutul punerii în sticle a marilor vinuri de Bordeaux sau de Burgundia. În cuprinsul articolului III aflăm că sunt fabricate sticle în Alsacia, însă acestea sunt ușoare, lucru permis cu condiția ca ele să nu părăsească această provincie, iar cele din alte provincii, care ajung aici, să respecte regulile indicate. Celelalte sticle ușoare, obținute prin tehnica suflării, care se regăsesc pe alocuri astăzi, sunt fie de dinainte de 1735, fie de după, dar au fost destinate să conțină vinuri fortificate sau alcooluri tari, așa cum se menționează în articolul IV, deși acesta face aluzie la sticlele importate. Este și cazul *bot*-ului sau *bô*-ului din Fougerolles, o elegantă sticlă verde, fină, ușoară, și cu o capacitate atipică, de 80 cl, datând de la sfârșitul secolului al XVIII-lea[1], menită să conțină celebrul kirsch din această regiune. Este vorba despre o excepție tolerată din Franche-Comté, datorită licorii pentru care sticla a fost special suflată.

A fost nevoie de o anumită perioadă, de confiscări și de amenzi pentru ca aceste reguli să fie cât de cât respectate. La 20 decembrie 1740, o decizie a Consiliului de Stat îl citează pe Thevenot du Vivier, proprietar a două sticlării,

---

[1] Producția de „boteilles" în Vôge pornește cel puțin de la 1554. O duzină de sticlării, cu 136 de suflători, erau situate, către 1780, în împrejurimile pădurii Darney, în Vôge. Vezi Gabriel Ladaique, „Verrières et verreries (1369-1789)", în J.-F. Michel (ed.), *La Forêt de Darney hier et aujourd'hui*, Steinbrunn-le-Haut, Association pour la découverte et la sauvegarde de la Saône Lorraine, 1985, p. 164-218.

una în Orléans și celalaltă în Fay-aux-Loges, și îi impune să se conformeze decretului din 1735. Decizia trebuie publicată și afișată de locotenentul general de poliție al orașului Paris și de toți intendenții și comisarii din regat „peste tot unde va fi nevoie".

În Champagne, cererea cunoaște o creștere atât de mare în acea perioadă, încât tentația de a fabrica sticle de mărime inferioară pintei pariziene este mare. În anii 1760, fraudele sunt încă numeroase. O jumătate de pahar mai puțin nu se vede cu ochiul liber și, la cantități mari, înșelătoria poate fi foarte lucrativă. De asemenea, sticlarii își permit anumite libertăți în privința reglementărilor legate de greutate, lungind gâtul sticlelor, cu consecințele evocate, adică o rată mare a spargerii sticlelor. O recoacere prea scurtă sau care are loc într-un cuptor insuficient încălzit, cu scopul de a economisi lemn, are aceleași efecte.

O persoană din Reims, pe nume Legras, care dorește să devină inspector al sticlăriilor, redactează la 5 februarie 1747 un memoriu, prin care atrage atenția controlorului general de finanțe din Champagne la neregulile de care se fac vinovați 11 sticlari din Sainte-Menehould și din Argonne. Aceștia nu respectă capacitatea sticlelor și le subțiază pereții exagerat de mult, aducând prejudicii serioase tuturor profesioniștilor din domeniu, din cauza ratei de spargere. Aceasta a fost agravată de necesitatea curățării cu ajutorul unor lanțuri metalice, înainte de umplere, a sticlelor goale trimise spre podgorie în navete umplute cu paie, navete în care acestea se murdăresc.[1] Acest caz ajunge până la Paris, Academia de Științe examinând problema și analizând diverse sticle care provin din regiune.

---

[1] Amintire păstrată în Arhivele Naționale și analizată de B. Musset, *Vignobles de Champagne et vins mousseux, op. cit.*, p. 96-98.

Grosimea lor variază de la 1 la 7! În cele din urmă, Legras nu a fost numit inspector, însă sticlarii își modifică tehnicile și sticlele, realizându-le cu o cantitate suficientă de pastă de sticlă cu o compoziție mai bună, trecându-le printr-un procedeu de recoacere mai bun, ele devenind astfel mai groase și mai rezistente. La aceste escrocherii se adaugă și fraudele frecvente vizând cantitățile de sticle livrate de sticlari și, indirect, de comercianții de la țară.

Lucrurile intră în normal în anii 1770. Sticlăriile din Argonne produc atunci în jur de 2,5 milioane de sticle în fiecare an, majoritatea pentru șampanie spumantă. În acea perioadă, probabil niciun negustor englez nu produce șampanie în cramele sale și tot acest vin deja faimos, consumat în Europa, provine din cramele și pivnițele din Champagne. Un depozit de sticle a căror calitate este garantată este deschis în Reims, în 1779.[1] Și alte sticlării sunt deschise în alte masive împădurite, pentru a ține pasul cu cererea în creștere, spre exemplu cea de la Folembray, din apropierea pădurii Coucy, din regiunea Laon, care produce 300 000 de sticle pe an, înainte de Revoluție[2].

Perfecționarea industriei sticlăriei a permis progresul spumantelor, dar răspândirea modei acesteia și controlul statului sunt de asemenea factori care au stimulat industria sticlăriei.[3] În Franța, imensele păduri din nord-estul bazinului parizian au permis mult timp satisfacerea nevoii

---

[1] *Ibid.*, p. 99-100.

[2] Jérôme Buridant, *Espaces forestiers et industrie verrière: XVIIᵉ-XIXᵉ siècle*, Paris, L'Harmattan, 2005, p. 195. Această sticlărie consumă în fiecare an 8 000 de steri de lemne tăiate (bucăți de 60 cm în lungime și 6 cm în diametru) și 13 000 de steri de cărbune de lemn. Sticlele sale cele mai răspândite, destul de pântecoase, poartă numele de „thévenotes", probabil de la numele unui sticlar. V.J. Bellanger, *Verre d'usage et de prestige, op. cit.*, p. 276.

[3] Istoria detaliată a industriei de sticlărie din Argonne, până în secolul al XIX-lea, este relatată de François Jannin („L'industrie du verre en Argonne", *op. cit.*).

de combustibil a sticlăriilor, în timp ce în Anglia, țară defri-șată mult mai devreme, trecerea la sticlăriile pe cărbune s-a realizat încă din secolul al XVII-lea.

Cu toate acestea, tehnicile de sticlărie care folosesc jumătăți de matrițe nu vor permite obținerea unei capa-cități riguroase, înainte de punerea la punct a matrițelor întregi. Până în acest moment, doar adâncitura permite ajustarea capacității, însă, în ciuda măiestriei sticlarilor, regularitatea dorită este imposibil de obținut. În timpul Monarhiei din Iulie, doamna Clicquot reclamă în conti-nuare lipsa de precizie a furnizorilor săi.[1] Aceasta scrie, în mai 1834, sticlăriei Darche, din Maubeuge: „Vă atrag aten-ția că mărimea și capacitatea sticlelor dumneavoastră au scăzut considerabil, astfel încât ultimele primite erau la 10 per veltă[2], în timp ce nu trebuiau să fie decât de 9,5: este o diferență de 5% și, veți vedea, consumatorii mei se vor plânge de acest lucru." Arhivele sale stau mărturie pentru numeroasele reproșuri făcute furnizorilor, care îi livrează sticle cu o capacitate insufcentă sau, dimpotrivă, prea mare: „Și veți înțelege", scrie ea, în octombrie 1844, sticlă-riei Deviolaine, din Vauxrot, din apropiere de Soissons, „că acest surplus de capacitate mi-ar cauza o pierdere considerabilă. Vreau să le ofer, cu loialitate, clienților mei cantitatea de vin care li se cuvine [...] și, pentru a nu vă lăsa în incertitudine cu privire la modul de a măsura, puteți reține că, pentru mine, capacitatea de 83 cl înseamnă o sticlă plină ochi." Doamna Clicquot este atentă, de ase-menea, și la culoare. Ea scrie, de exemplu, sticlăriei din Folembray (Aisne), în 1828: „Am examinat căruța cu

---

[1] Dominique Dabas, André Orsini, „La contenance des bouteilles", *Verre*, vol. 14, nr. 6, dec. 2008, p. 60.
[2] Doamna Clicquot folosește aici o măsură premetrică, echivalentă cu 8 pinte, adică 7,62 litri.

eşantioane primită ieri şi, spre marele meu regret, am observat că nuanţa lor închisă şi un pic gălbuie nu se potriveşte cu vinurile mele... Sticla este un mare dezavantaj, pentru că îi dă vinului o tentă galbenă, ceea ce constituie un foarte mare inconvenient în Rusia, unde se cere ca şampania să fie foarte albă. [...] Vedeţi aşadar că sunt obligată să insist să obţin sticle verzi, transparente şi strălucitoare.[1] Se poate observa aici extrema grijă pe care Barbe-Nicole Clicquot-Ponsardin o avea în producerea vinului şi atenţia pe care o acorda mulţumirii clientelei sale răspândite în toată Europa.[2]

Până la dezvoltarea, în secolul XX, a maşinilor complet automate, capacitatea sticlelor nu va putea fi niciodată cu adevărat stăpânită şi garantată de sticlari. În 1868, Georges Bontemps, în cartea sa *Ghidul sticlarului*, scrie foarte clar[3]: „Vom adăuga de altfel că sticla nu poate avea niciodată o măsură legală riguroasă, cum este cea din metal[4]; în sticlării sunt fabricate recipiente cu capacitatea de un litru şi de o jumătate de litru, însă procesul nu este decât aproximativ. Pot exista şi există întotdeauna diferenţe cuprinse între 1 şi 3 sau 6 cl de la o sticlă la alta; căci, pe de o parte, sticlarul nu poate măsura la 5 g cantitatea de sticlă pe care o culege şi, pe de altă parte, modul în care materialul este repartizat prin suflare în două sticle care la exterior arată la fel poate duce la diferenţe privind capacitatea lor."

---

[1] Citat de N. Fierobe, „La champenoise, histoire ou légende?", *op. cit.*, p. 27.

[2] Fabienne Huttaux, „L'action de madame Clicquot dans la définition d'un modèle de bouteille champenoise", în Ch. Bouneau, M. Figeac (ed.), *Le Verre et le vin de la cave à la table du XVIIᵉ siècle à nos jours, op. cit.*, p. 313-322.

[3] Citat de D. Dabas, A. Orsini, „La contenance des bouteilles", *op. cit.*, p. 61.

[4] Măsurile din cositor sunt, în general, etalonate.

Este de reținut că Bontemps descrie capacitatea în litri sau jumătăți de litru, adică în conformitate cu sistemul metric.[1] Va fi nevoie de mult timp pentru ca acesta să se impună în universul vinului și al sticlelor, din mai multe motive. Mai întâi, legislația a cunoscut momente de ezitare: sistemul metric e stabilit în 1791, la propunerea lui Talleyrand, este suspendat în 1812, apoi e restabilit prin legea din 4 iulie 1837, care îl face obligatoriu în redactarea de acte oficiale. Legea respectivă nu a impus totuși folosirea sticlelor conținând un litru întreg. Doamna Clicquot este deci îndreptățită să ceară sticle cu o capacitate uzuală în Champagne și pe care o exprimă în centilitri.

NEW FRENCH CLARET DATOREAZĂ MULT STICLEI

În Bordeaux, secolul al XVIII-lea este secolul de aur al vinului.[2] Este momentul în care apar vinurile *new French claret*, lăsate să fermenteze mult timp și să se învechească în lemn, de culoare roșu-închis, puternice și bogate în taninuri, care, în cei mai buni ani de producție, necesită mai mulți ani de învechire în sticle negre și bine închise, pentru a-și revela finețea. Aceste vinuri apar în primii ani ai secolului al XVIII-lea, iar marile vinuri de Haut-Brion, Latour, Lafite și Margaux, apar, în mod clar, tot în acea perioadă.[3] Înainte de punerea lor în sticle, s-a instaurat obiceiul de a le păstra pentru o perioadă lungă în baricuri, datorită calității acestora, dezinfectării prin arderea unui fitil de sulf, localizării „vranei pe lateral", extragerii și

---

[1] Un litru se definește astăzi ca a mia parte dintr-un metru cub.

[2] R. Pijassou, *Un grand vignoble de qualité. Le Médoc, op. cit.*, p. 408.

[3] *Ibid.*, p. 374-379.

transferului vinului în alt recipient, pentru a-l separa de
depuneri la fiecare șase luni, în aprilie și în octombrie,
urmate de o umplere cu vinuri păstrate în damigene sau
sticle. Astfel, în acea vreme, o perioadă de 5 până la 8 ani
de păstrare a vinului în baricuri nu pare o durată anor-
mală pentru marile vinuri, înainte de punerea lor în sticle,
după limpezirea cu albuș bătut.[1] Există pe această temă
mărturii foarte precise ale administratorilor succesivi de la
castelul Latour, de la începutul secolului al XIX-lea.[2] Unul
dintre ei, Poitevin, îi scrie în decembrie 1812 contelui de La
Pallu, unul dintre coproprietari, cu privire la un baric din
acest an: „Este nevoie de șase ani înainte să poată fi băut și
de un an de stat în sticlă." Și, în 1815, Lamothe estimează
că vinul din 1807 trebuie în sfârșit scos în sticle, căci
„există un termen pentru baric dincolo de care vinul se
strică dacă nu este pus în sticlă, unde se conservă mai bine
și se reînnoiește. Sticla este salvarea [sic] vinului, deoarece
acesta nu mai este supus contactului cu aerul." Cu toate
acestea, la jumătatea secolului al XIX-lea încă se păstrează
obiceiul ca vinul să fie conservat mai mult timp în butoaie.
În 1835, Guillaume Lawton încă deține în cramele sale
15 baricuri de vin roșu din 1825![3]

Încă din secolul al XVII-lea, progresele înregistrate de
industria sticlăriei din Anglia au permis punerea vinurilor
în sticle în cazul comercianților stabiliți în Londra, în
Bristol sau în alte mari porturi ale insulelor britanice, care

---

[1] S-ar părea că abundența de gălbenușuri, inutile în pivniță, s-ar afla
la originea rețetei de *cannelés*, aceste savuroase dulciuri bordeleze, care,
de altfel, stau mărturie cu privire la legăturile de peste mări ale marelui
port, căci ele au nevoie de zahăr de trestie și de rom.

[2] R. Pijassou, *Un grand vignoble de qualité. Le Médoc, op. cit.*, p. 588-589.

[3] M. Figeac-Monthus, „Les caves des élites bordelaises de la fin du
XVIIIe siècle au Second Empire", *op. cit.*, p. 147.

importau baricuri de *claret* bordelez, dar și vinuri din Spania, din Portugalia sau din insulele din Atlantic. *Wine merchants,* care deservesc o clientelă formată din amatori rafinați, renunță la urcioare și la sticlele turtite, puse în suport de nuiele, pentru a trece la sticla a cărei formă ovoidală se apropie de cilindru și al cărei gât se alungește.[1] În cursul secolului al XVII-lea, în orice caz, negustorii englezi importă vin în butoaie și îl îmbuteliază în cramele lor, înainte de a-l comercializa. Există dovezi, spre exemplu, cu privire la o plată efectuată în 1660 de Trezoreria Regală, pentru o comandă de Haut-Brion: „S-a plătit lui Joseph Batailhe, pentru 169 de sticle de vin Hobrion, care să fie livrate de el însuși, pentru Majestatea Sa și invitații săi, prețul de 21 de șilingi și 4 penny per sticlă, bine umplută."[2]

Până la începutul secolului al XIX-lea, cea mai mare parte a vinurilor de Bordeaux sau din alte părți ale lumii sunt puse în sticle de către destinatarii englezi, olandezi, germani, dar și parizieni. Să adăugăm că, în Londra și poate și în altă parte, obiceiul curent este de a amesteca vinul de Bordeaux cu vinuri mai colorate și mai bogate în alcool, provenind, de exemplu, din Beni Carlo, din Spania, sau de la Hermitage.[3]

Totuși, așa cum comercianții din nord au venit să se stabilească în Chartrons și încep să investească în terenuri cu viță-de-vie, să planteze și deci să dezvolte lanțul de producție, tot așa ei se lansează progresiv în punerea în sticle în cramele din Bordeaux. Încă de la sfârșitul secolului al XVII-lea, acest oraș importă un număr deloc neglijabil de sticle din Rouen, din Calais, din Olanda și din alte părți

---

[1] R. Pijassou, *Un grand vignoble de qualité. Le Médoc, op. cit.,* p. 405-406.
[2] Pierre Chevrier, *Le Vin d'hier. Vins historiques et d'exception,* Genève, Slatkine, 2009, p. 174.
[3] R. Pijassou, *Un grand vignoble de qualité. Le Médoc, op. cit.,* p. 590.

(sud-vestul Franței): 110 000, în perioada 1698-1699[1], și 71 844, între 1714 și 1715.[2] O mare parte dintre acestea nu sunt folosite pentru păstrarea vinului în scopul expedierii, ci pentru servirea lui la comercianți sau în crâșme, unde înlocuiesc teracota și cositorul, considerate desuete. Ele sunt adesea din sticlă deschisă la culoare și subțire și trebuie puse în suport din nuiele. Capacitatea lor este aproximativă sau corespunde unor măsuri din alte provincii sau țări, însă ea este tot timpul... în avantajul comerciantului, ceea ce obligă municipalitatea din Bordeaux, în 1709, să promulge un edict, anterior edictului regal din 1735, care impune sus-numitelor sticle o capacitate riguroasă de un urcior sau de o jumătate de urcior.[3] Argumentele sunt foarte precise[4]: „S-au strecurat abuzuri atât de mari în locurile în care se vinde vin en detail, încât, în loc să fie vândute măsuri[5], aproape că nu se mai vând decât sticle aduse din alte provincii și care nu au nicio legătură și nicio dimensiune în comun cu sus-numitele măsuri; și, cum nu sunt vândute decât o sticlă mare sau două mici la un urcior, se întâmplă nu numai ca publicul să fie privat de avantajul celui mai mic detaliu, dar și gazdele și crâșmarii – cărora le este permis prin lege să vândă vin doar oaspeților –,

---

[1] Christian Huetz de Lemps, *Géographie du commerce de Bordeaux à la fin du règne de Louis XIV*, Paris, Mouton, 1975, p. 448.

[2] Caroline Le Mao, „Bouteille contre barrique, un nouveau conditionnement pour le vin de Bordeaux à la fin du XVIIe siècle", în Ch. Bouneau, M. Figeac (ed.), *Le Verre et le vin de la cave à la table du XVIIe siècle à nos jours, op. cit.*, p. 24.

[3] A. Orsini, „Les premières verreries industrielles à bouteilles en terres bordelaises au XVIIIe siècle", în Ch. Bouneau, M. Figeac (ed.), *Le Verre et le vin de la cave à la table du XVIIe siècle à nos jours, op. cit.*, p. 63-64.

[4] Citat de C. Le Mao, „Bouteille contre barrique, un nouveau conditionnement pour le vin de Bordeaux à la fin du XVIIe siècle", *op. cit.*, p. 27-28.

[5] Urcioare oficiale, pe care sunt gravate stema orașului Bordeaux și capacitatea.

găsind ocazia de a-și satisface lăcomia, cer fabricarea de sticle plate și mici, trei dintre acestea abia ajungând la capacitatea unui urcior, dar fiind vândute ca având capacitatea unei jumătăți de urcior." Această decizie nu va rămâne fără efecte. Jurații ordonă efectuarea unei inspecții de proporții în toate crâșmele, aceasta având loc la 4 ianuarie 1709. Toate sticlele cu o capacitate mai mică de o jumătate de urcior sunt confiscate și sparte în șanțurile orașului.

Cu câțiva ani înainte, în 1693, jurații din Bordeaux interziseseră intrarea în oraș a vinului deja îmbuteliat, căci sosea atunci, astfel ambalat, vin din Languedoc, probabil *via* Canal du Midi și pe Garonne, vin care venea să concureze, înainte de Sfântul Martin, cu cel din jurisdicție, protejat de faimosul privilegiu din 1224 (din Anglia), devenit regal în 1241 și rămas în vigoare până în 1776.[1]

Degeaba însă. Va fi nevoie de un secol întreg, dar sticla se va impune, atât în Bordeaux, cât și în alte părți. Una dintre primele dovezi ale îmbutelierii în Bordeaux pentru transport și ameliorare datează din 1714. Este vorba despre o comandă cu circuit complex, de „patru baricuri de vin de Margaux bun, vechi, negru și catifelat", dată de un comisionar parizian pe nume Carme unui comerciant din Bordeaux, numit Wishfold, pentru o livrare în Londra, către un comerciant numit Paul Hovart". Acesta îi precizează și modul de ambalare dorit: „Trebuie puse în sticle cu suport din nuiele, cu dopuri din plută bine fixate, sigilate cu ceară și așezate în cutii mici, a câte 50 de sticle fiecare, în stilul italian la modă."[2] René Pijassou consideră că acesta este momentul în care comercianții descoperă

---

[1] C. Le Mao, „Bouteille contre barrique, un nouveau conditionnement pour le vin de Bordeaux à la fin du XVII siècle", *op. cit.,* p. 26; J.-R. Pitte, *Bordeaux-Bourgogne, les passions rivales, op. cit.,* p. 52-57.

[2] R. Pijassou, *Un grand vignoble de qualité. Le Médoc, op. cit.,* p. 372.

virtuțile îmbutelierii celor mai bune vinuri din Médoc. Eticheta comenzii, pe care se menționează „sticle în suport din nuiele", deci ușoare și fragile, care necesită îmbrăcarea cu răchită sau paie de secară, demonstrează că în Bordeaux, în acea perioadă, nu se descoperiseră încă meritele recipientelor grele și negre, din sticlă obținută în cuptoare pe cărbune. Acestea sunt folosite în mod curent în Anglia și pot fi datate cu ușurință, întrucât anul de producție este adesea imprimat în simbolul de sticlă lipit pe lateralul fiecărui recipient, alături de blazonul sau inițialele comerciantului sau ale cumpărătorului.[1]

Acesta este momentul în care un sticlar irlandez, pe nume François-Patrice Mitchell, alege să se stabilească în 1723 în Chartrons, unde deschide o sticlărie cu cuptoare pe bază de cărbune de pământ, fără îndoială importat din Marea Britanie și de bună calitate[2], adus cu navele care sunt adesea goale atunci când merg să încarce vin în Bordeaux. Mitchell produce sticle groase, închise la culoare și cu capacitate garantată.[3] Poate că există o legătură între această deschidere și fraza din *Dicționarul universal de comerț, arte și meserii*, al lui Savary des Brûlons, publicat în același an: „În unele sticlării sunt fabricate doar recipiente din sticlă groasă, care au început să fie folosite mai ales după ce s-a constatat că vinurile se conservă mai bine în sticle decât pe depunerile lor."[4] În solicitarea sa

---

[1] W. Van den Bossche, *Antique Glass Bottles, op. cit.*, p. 65-72.

[2] O mare parte din cărbunii francezi de la marginea Masivului Central sunt mediocri și inutili pentru a obține sticle de calitate (A. Orsini, „Les premières verreries industrielles à bouteilles en terres bordelaises au XVIIIe siècle", *op. cit.*, p. 67).

[3] Henri Enjalbert, *Histoire de la vigne et du vin. L'avènement de la qualité*, Paris, Bordas, 1975, p. 103.

[4] A. Orsini, „Les premières verreries industrielles à bouteilles en terres bordelaises au XVIIIe siècle", *op. cit.*, p. 64.

Jean-Robert Pitte

de autorizație, Mitchell precizează că deține „un secret deosebit pentru fabricarea unei sticle proprii pentru aceste recipiente, cu asemenea rezistență și grosime încât ele rezistă presiunii aerului".[1] Autorizația care îi este acordată arată importanța problemei combustibilului într-o regiune bordeleză aflată atunci într-o fază acceptabilă de defrișare.[2] „Solicitantul se angajează să nu consume lemn și să folosească doar cărbune pentru această fabrică." În 1738, Mitchell obține un privilegiu de exclusivitate pe o rază de 10 leghe de jur împrejur și dreptul de a-și numi fabrica „Sticlărie regală din Bordeaux". El o reconstruiește în anul următor, în apropiere de castelul Trompette, pe actuala Stradă a Sticlăriei, cu un șemineu conic, inspirat din arhitectura sticlăriilor din Marea Britanie. Instalația este descrisă de un inspector al manufacturilor, Lemarchand, care o vizitează în 1749 pentru a verifica dacă edictul regal din 1735 este respectat: „De acolo am trecut în pavilionul în care se află cuptorul de coacere, care este un pavilion pătrat, construit în stil englezesc, pentru ca muncitorii să aibă suficient aer. Acoperișul este ridicat direct, iar în mijloc este deschiderea care servește drept șemineu, cuptorul fiind construit în mijloc, cu gura de deschidere pe partea dinspre răsărit."[3] Scopul unui asemenea cuptor, înălțat pe o lucrare din cărămizi cu profil conic *(cone glass)*, este acela de a obține, datorită unui tiraj mai bun, o temperatură mai ridicată, ceea ce dublează efectele folosirii cărbunelui. Riscul de incendiu este îndepărtat; munca sticlarilor este mai ușoară, deoarece ei nu se mai află într-o atmosferă

---

[1] *Ibid.*, p. 66.

[2] C. Le Mao, „Bouteille contre barrique, un nouveau conditionnement pour le vin de Bordeaux à la fin du XVIIe siècle", *op. cit.*, p. 23.

[3] A. Orsini, „Les premières verreries industrielles à bouteilles en terres bordelaises au XVIIIe siècle", *op. cit.*, p. 64.

încărcată de fum iritant. Performanța tirajului se manifestă în mod clar datorită norului vertical de fum care se degajă din sticlărie și e reprezentat într-o gravură din Chartrons, datând din acea perioadă.[1]

În jurul anului 1750, sticlăria Mitchell, condusă după moartea fondatorului, din 1744, de văduva acestuia și, ulterior, de fiul său, produce anual[2] 200 000 de sticle, în detrimentul sticlarilor englezi, care încep să piardă din cota de piață, pe măsură ce îmbutelierea înregistrează – deși încă lent – progrese în Franța[3]. Este vorba atunci despre Bordeaux, însă, cu siguranță, mai mult despre Champagne și mai puțin despre Burgundia și Valea Ronului. Sticlăria Mitchell, considerată poluantă și periculoasă pentru împrejurimi, se va muta în Bacalan, în 1822, însă între timp alte sticlării se instalează lângă Bordeaux. Un sticlar pe nume Jean-Baptiste Sansanné justifică astfel cererea sa pentru obținerea autorizației, în 1753[4]: „Nu mai există burghez care să nu fie obligat să aibă, pentru simpla folosire în familie, oricât de puțin numeroasă ar fi aceasta, cinci sau șase sute de sticle; văduva Mitchell a atestat această nevoie arătând Măriei Tale că vinul, fie cel consumat în oraș, fie cel trimis în afara regatului, se conservă mult mai bine în aceste vase mici decât în butoi și deci fiecare locuitor își pune proviziile în sticle; pentru fiecare baric sunt necesare 250[5]; și cum

---

[1] *Ibid.*, p. 70-71.

[2] Patrick Clarke de Dromantin, *Les réfugiés jacobites dans la France du XVIIIe siècle: l'exode de toute une noblesse „pour causes de religion"*, Bordeaux, Presses Universitaires de Bordeaux, 2005, p. 318-319.

[3] A. Orsini, „Les premières verreries industrielles à bouteilles en terres bordelaises au XVIIIe siècle", *op. cit.*, p. 64-65.

[4] *Ibid.*, p. 66.

[5] Sticlarii, obligați să respecte reglementările regale din 1735, fabrică sticle cu capacitatea de o pintă pariziană, adică 93 cl. Baricurile bordeleze au capacitatea de 225 litri.

Jean-Robert Pitte

aceste recipiente sunt fragile, nu există an în care același burghez să nu fie nevoit să cumpere o sută și mai mult, pentru a le înlocui pe cele sparte."

Această cerere din 1753 conține un pasaj care confirmă că, la jumătatea secolului al XVIII-lea, meritele învechirii vinului în sticlă tocmai ce fuseseră descoperite în Franța: „Cu ocazia înființării sticlăriei Mitchell, în 1723, sau dacă ne raportăm la anul 1738, consumul era mai mic cu jumă-tate; unii burghezi, dar în număr redus, își puneau proviziile de vin în sticle, iar această măsură de precauție părea un lux în ochii a numeroase persoane; au existat puțini armatori care au înțeles că transportarea celui mai bun vin în țări străine trebuia să se facă mai degrabă în aceste vase decât în butoaie; nu sunt mai mult de cinci-sprezece ani de când avantajul de a folosi sticle duble[1] a fost recunoscut, iar metoda a fost folosită la nivel mon-dial." În cea de-a doua jumătate a secolului al XVIII-lea, toți amatorii de mari vinuri, cu educație în acest domeniu, își păstrează licorile în sticle.[2] La moartea sa, în 1788, unul dintre aceștia, Jean-Baptiste de Pontual, deține 2 000 de

---

[1] Această expresie nu e foarte clară. Desemnează, fără îndoială, mai degrabă sticle grele decât *magnum*.

[2] Ph. Meyzie, „De la conservation à la dégustation du vin: verre, innovations et distinction sociale (XVIIIᵉ – début XIXᵉ siècle)", *op. cit.*, p. 37-41; Stéphanie Lachaud, „Le verre et le vin à la table du haut clergé bordelais sous l'Ancien Régime", în Ch. Bouneau, M. Figeac (ed.), *Le Verre et le vin de la cave à la table du XVIIᵉ siècle à nos jours, op. cit.*, p. 49-62. Cultivatorii din insule, ei înșiși ajunși prosperi și rafinați, doresc de asemenea vin vechi de Bordeaux, în sticle. Vezi C. Le Mao, „Un établissement pionnier dans la capitale du vin: la verrerie Mitchell au XVIIIᵉ siècle", în A.-L. Carré *et. al.*, *Les innovations verrières et leur devenir, op. cit.*, p. 2.

astfel de sticle în crama casei sale bordeleze.[1] În același an, Thomas Jefferson, care vizitase numeroase podgorii franțuzești în anul precedent, adresează ambasadei sale din Paris mai multe comenzi, în special pentru 250 de sticle de Lafite, din anul de producție 1784.[2] El va rămâne fidel vinurilor care i-au plăcut atât de mult în Franța și în anii următori va da comenzi pentru cele mai bune vinuri, din cei mai buni ani de producție, închise cu grijă, marcate cu inițialele sale și destinate Casei Albe sau domiciliului său privat din Monticello. Din Philadelphia, el comandă, în 1791, doamnei Briet de Rauzan 500 de sticle de „rauzan" 1785 și două baricuri de 250 de sticle[3] din 1790.

În acea epocă s-a descoperit și că lungile călătorii pe mare accelerează învechirea vinurilor și le ameliorează calitatea. Amatorii englezi și, mai târziu, francezi apreciază vinurile de Bordeaux sau pe cele fortificate, din peninsula Iberică, „întoarse din Indii", adică acele licori care au făcut drumul Europa-India și retur. Conform lucrării *Le voyageur françois*, din 1790, vinurile de Bordeaux „sunt dure, însă devin excelente după ce au fost transportate pe mare".[4] Se cunoaște de asemenea tehnica păstrării sticlelor în cele

[1] M. Figeac-Monthus, „Les caves des élites bordelaises de la fin du XVIIIe siècle au Second Empire", *op. cit.*, p. 136. Vezi la p. 144 conținutul celor patru pivnițe ale unor bordelezi înstăriți, la sfârșitul Vechiului Regim, printre care cea a lui Jean-Baptiste de Pontual: vinurile din regiunea Bordeaux reprezintă 56,14% dintre sticle, cele din Midi, în ansamblu, 67,88%, cele franceze, 94,97%. Proporția este sensibil aceeași în pivnița lui Lodi-Martin Duffour-Dubergier, în 1860 (p. 146). Pivnițele englezești sunt dintotdeauna mai internaționale și mai eclectice decât cele franceze și așa au rămas și azi.

[2] Bernard Ginestet, *Thomas Jefferson à Bordeaux et dans quelques autres vignes d'Europe*, Bordeaux, Mollat, 1996, p. 88.

[3] Ceea ce implică, pentru un baric de 225 litri, o capacitate per sticlă de 0,9 l, foarte aproape de pinta pariziană.

[4] Citat de Ph. Meyzie, „De la conservation à la dégustation du vin: verre, innovations et distinction sociale (XVIIIe – début XIXe siècle)", *op. cit.*, p. 35.

mai bune condiții în pivnițe adânci, unde, la nevoie, sunt îngropate în nisip, pentru ca temperatura lor să nu varieze.[1]

În 1790, în Bordeaux există cinci sticlării, fiecare producând în jur de 400 000 de sticle pe an.[2] Producția totală din regiune (Bordeaux, Bazas, Blaye, Pauillac, Bourg, Sainte-Foy-la-Grande, Libourne, Nérac, Langon etc.[3]) este estimată la trei milioane de sticle pe an.[4] Comercianții cumpără sticle și din alte sticlării din sud-vest, precum și din Rouen, din Anglia și chiar din Rive-de-Gier, din apropiere de minele de cărbune din Saint-Étienne, de unde coboară pe Ron și ajung la Bordeaux, după o lungă călătorie pe apă via Marsilia și turul Spaniei sau, poate, de-a lungul Canalului du Midi.[5]

Totuși acestea sunt în final destul de puține în comparație cu producția din zona Bordeaux, care livrează în continuare masiv vin vrac, la începutul secolului al XIX-lea. Cumpărătorii englezi nu acordă mare importanță sticlelor, întrucât taxele de intrare pe piața britanică sunt mai mari pentru butoiașe (*casks*) decât pentru baricuri[6], iar profitul lor crește dacă îmbuteliază vinul ei înșiși. Ca dovadă că îmbutelierea în Chartrons este încă o excepție, Poitevin îi scrie, la 9 decembrie 1801, contelui de La Pallu, proprietarul castelului Latour, care îi cere administratorului său să îi expedieze acasă, în Normandia, mai multe vinuri vechi de la diverse castele: „Aș vrea să pot realiza

---

[1] Ph. Meyzie, „De la conservation à la dégustation du vin: verre, innovations et distinction sociale (XVIIIᵉ – début XIXᵉ siècle)", *op. cit.*, p. 36.

[2] J. Barrelet, *La Verrerie en France de l'époque gallo-romaine à nos jours*, *op. cit.*, p. 101.

[3] J. Bellanger, *Verre d'usage et de prestige, op. cit.*, p. 149-150.

[4] Philippe Roudié, „Ombres et lumières d'une réussite", în G. Aubin *et al.*, *Bordeaux vignoble millenaire*, Bordeaux, L'Horizon chimérique, 1996, p. 204.

[5] *Ibid.*

[6] René Pijassou, *in litteris*, 18 ianuarie 1999.

sortimentația de mari vinuri pe care le doriți; totuși nu este atât de ușor precum credeți, domnule, pentru că negustorii care cumpără fac livrarea în butoaie și nu folosesc deloc sticle; ar trebui să iau câte un baric din fiecare fel și să vi le trimit în sticle sau în natură; acest lucru v-ar costa foarte scump și nu am prea multă încredere în puritatea licorilor."[1] El reușește să satisfacă solicitarea stăpânului în 1813 și îi trimite două butoiașe, a câte 50 de sticle fiecare, de vin Lafite și Margaux din anul 1802, precizând că primul este mai bun decât al doilea. Sticlele nu sunt etichetate, iar administratorul anunță conținutul primului și celui de-al doilea butoiaș[2] în scrisoarea sa.

Eticheta[3], scrisă de mână sau imprimată, nu este, în mod evident, o garanție absolută a originii, chiar și când este semnată de proprietar sau de negustor, așa cum este cazul și astăzi[4], ea fiind atât de ușor de lipit și de falsificat. Eticheta apare la jumătatea secolului al XVIII-lea, în Anglia.[5] Una dintre cele mai vechi etichete cunoscute este aceea a unui *vinho tinto do Douro*, altfel spus un porto din 1756, care se pare că a fost tras în sticlă în Portugalia[6], ceea

---

[1] René Pijassou, *Un grand vignoble de qualité. Le Médoc,* op. cit., p. 589-590.

[2] *Ibid.,* p. 590.

[3] Cuvânt care derivă din vechiul verb *estiquier,* adică *a atașa, a lipi.* Roland Moser („Les étiquettes anciennes du vin d'Alsace", *Revue d'Alsace,* nr. 137, 2011, p. 109) evocă o etimologie pe care nu o regăsim în literatura lingvistică. El leagă acest cuvânt de expresia latină *est hic questio,* înscrisă pe documentația reprezentând proceduri juridice.

[4] Practică utilizată îndelung pe cărți, autentificate de semnătura manuscrisă a autorului sau a editorului.

[5] Cuvântul englezesc care o desemnează este *label,* fragment de țesătură sau de hârtie, și vine din franceză, unde subzistă în cuvântul *lambeau* (=bucată de stofă sau de hârtie).

[6] A.L. Simon, *Bottlescrew Days,* op. cit., p. 242. Cât despre sticlă, care nu este reprodusă în această ilustrație a lucrării lui André Simon, era foarte probabil englezească.

ce este plauzibil, căci, ca și bordeaux-ul, porto-ul dato-
rează mult perfecționării sticlelor, petrecută în aceeași
perioadă.[1] La Schloss Johannisberg, eticheta apare în 1822.[2]
În Franța, etichetele din hârtie lipite pe sticle par să se
ivească în jurul anilor 1815–1820. Aceasta este impresia lui
Jean-François Bazin[3], confirmată de un poem simpatic al
lui Désaugiers, scris în timpul Restaurației[4]:

> Prieteni, trebuie să preferăm sticla
> În al carafei loc,
> Ca pe ignorant să-l transformăm în geograf deștept foc
> Beaune, regiune mult lăudată,
>
> Chablis, Mâcon, Bordeaux, Grave...
> Plin de voluptate de îndată
> Vă plimb prin crama mea în pas grav!

În schimb, ștanțarea cu fier pe fundul sticlei sau pe
partea inferioară a dopului este mai sigură, însă nu cu
mult mai mult decât eticheta, și ea nu se folosește încă
în Bordeaux, la începutul secolului al XIX-lea. În această
privință, regiunea Champagne pare că deține un avantaj.
Doamna Clicquot supraveghează cu grijă ștanțarea

---

[1] Vezi, pentru acest subiect, Antonio Barros Cardoso, „La préserva-
tion du vin de Porto. Caves, tonneaux et verres", în Ch. Bouneau, M.
Figeac (ed.), *Le Verre et le vin de la cave à la table du XVIIe siècle à nos jours*,
op. cit., p. 188-189. El evocă sticlele de porto, vândute recent la Christie's,
datând din anii de producție 1765, 1768, 1775.

[2] Site-ul de pe internet al domeniului.

[3] Jean-François Bazin, „Le respect de l'étiquette", în É. Caude, A. Pou-
getoux (ed.), *La Cave de Joséphine. Le vin sous l'Empire à Malmaison*, Paris,
RMN, 2009, p. 31-33.

[4] Extras din poemul *Ronde de table*, de Marc Antoine Madeleine
Désaugiers (*Chansons et poésies diverses*, Paris, Ladvocat, ediția a șasea,
t. 1, 1827, p. 61). Îi datorez această referință lui Xavier de Planhol.

dopurilor sale, realizată pe partea inferioară a fiecăruia dintre ele.[1] În registrul său de contabilitate se regăsesc desenele care se schimbă des, pentru a preveni falsificarea, Haut-Brion fiind fără îndoială unul dintre primele castele din zona Bordeaux care le oferă acest tip de garanție unora dintre clienții săi, care doresc să primească un vin mai bun îmbuteliat chiar la castel. Talleyrand, care a deținut o perioadă scurtă acest castel, începând cu 1801, primea vin la Paris în sticle care aveau un însemn din sticlă cu literele CMT (Charles Maurice de Talleyrand).[2] În arhivele castelului se găsește o scrisoare trimisă pe 6 aprilie 1850 de Loreille, negustor din New Orleans, lui Joseph-Eugène Larrieu, proprietarul de atunci: „Sticlele trebuie etichetate, capsulate, marcate cu foc pe dop, capsulate cu numele dumneavoastră și cu un alt însemn din sticlă pe gâtul sticlei."[3] O etichetă din aceeași perioadă, a casei de comerț cu vinuri Rey de Paule et Delhomme, cu textul „Bordeaux. Châteaux-Margaux. Calitate superioară" nu oferea, fără îndoială, aceeași garanție[4]...

Începutul celui de-al Doilea Imperiu este momentul în care sticla triumfă definitiv asupra butoaielor. Jacques Ferrier, autor al unui *Ghid al consumatorului de vinuri bune sau eseu despre produsele viticole din departamentul Gironde*, publicat la Bordeaux, în 1857, recomandă îmbutelierea vinurilor bune și recurgerea la serviciile unui specialist, deoarece, scrie el, „trebuie să te asiguri prin intermediul văzului, mirosului și al unei degustări atente" că vinul

---

[1] Oglinda este fața circulară a dopului, care se află în contact cu vinul.

[2] Emmanuel de Waresquiel, *Talleyrand. Les dernières nouvelles du diable,* Paris, CNRS Éditions, 2011, p. 72.

[3] Élisabeth Caude, Alain A. Pougetoux (ed.), *La cave de Joséphine. Le vin sous l'Empire à Malmaison, op. cit.,* p. 116.

[4] Colecția personală.

„este limpede, strălucitor și că nu s-a alterat cât timp a stat în baric". Autorul adaugă că sticlele „trebuie plasate orizontal, astfel încât vinul să atingă dopul; fără această măsură de precauție, dopul uscat se contractă, lasă să intre aerul, iar vinul înflorește și se acidifică".[1] Această remarcă demonstrează, în mod indirect, interesul față de sticla cilindrică, rezultat al perfecționărilor tehnice realizate în Anglia și în Franța, între cea de-a doua jumătate a secolului al XVII-lea și prima jumătate a secolului al XIX-lea.

---

[1] Citat de M. Figeac-Monthus, „Les caves des élites bordelaises de la fin du XVIIIᵉ siècle au Second Empire", *op. cit.*, p. 137.

IV

NAȘTEREA MARILOR MODELE DE STICLE
DE VIN ÎN EUROPA

La sfârșitul secolului al XVII-lea, cuvântul *bouteille* (sticlă) și-a căpătat sensul definitiv în franceză, ceea ce Furetière exprimă fără ambiguitate în exemplele sale, legându-l, în mod clar, de vin, semn al rolului decisiv jucat de această băutură în perfecționarea industriei sticlei: „Vas ușor de purtat, menit să conțină anumite băuturi; acesta este realizat sub diverse forme, din diverse materiale și are diferite capacități. [...] Acest vin a fost tras la sticlă și a fost transportat în sticle. Este interzis, de către ordonanțele orașului, să vinzi vin en detail, în sticle, poți să vinzi doar în urcioare de cositor marcate și etalonate."[1] Mai multe decenii mai târziu, în 1765, *Enciclopedia* lui Diderot

---

[1] Antoine Furetière, *Dictionnaire universel, contenant généralement tous les mots français [...]*, La Haye, A. și R. Leers. 1690. Istoria sticlei de prestigiu este foarte diferită de cea a sticlei de consum. Timp de secole, Veneția a deținut monopolul sticlelor de prestigiu, situație atent supravegheată de administrația Serenissimei. Apoi tehnicile venețiene au fost copiate, ameliorate și diversificate. Industria cristalului s-a dezvoltat atunci în Anglia, în Boemia, în Franța și în alte zone. Vezi pentru acest subiect J. Bellanger, *Verre d'usage et de prestige, op. cit.*

și d'Alembert este și mai clară[1]: „Vas din sticlă groasă, negricioasă[2], care este aproape singurul în uz pentru vin în rândul nostru."

Ca urmare a presiunilor locuitorilor din Champagne și apoi ale bordelezilor, ezitanta legislație franceză a evoluat simultan cu tehnicile care îi garantează utilizatorului un recipient solid, cu o capacitate fixă, cu o foarte mică marjă de eroare. Ca și în multe alte domenii ale economiei sau ale istoriei științei și tehnicii, chiar și în cea a vinului în sine, cererea a modificat oferta. Această stabilizare a sensului cuvântului este generală în acea parte a Europei care stăpânește fabricarea sticlei închise la culoare și groase. Când Furetière scrie dicționarul său, cuvântul *bouteille* are exact același sens ca și englezescul *bottle*, germanul *flasche* și olandezul *fles*. Termenul spaniol *botella*, împrumutat din franceză[3], și italienescul *bottiglia* capătă mai lent sensul lor actual, pur și simplu pentru că în aceste țări sunt folosite puține sticle pentru vin. Cu atât mai puțin este cazul în Grecia și în Europa de Est, cu excepția Tokaj-ului. În Portugalia se va folosi în continuare termenul vechi, *garrafa*, până în zilele noastre. Se pare că nicio sticlă nu a fost vreodată fabricată acolo, în

---

[1] Ediția I, t. II.

[2] Dovadă că această culoare a devenit dominantă în producerea sticlelor.

[3] O sticlă neagră, cilindrică și cu umerii drepți apare într-un tablou de Francisco de Goya, *La Era o El Verano*, datat 1786, păstrat astăzi în muzeul Fundației Lázaro Galdiano din Madrid. O altă versiune se găsește la Prado. Această sticlă este ciudată într-o scenă care reprezintă niște țărani săraci, care se odihnesc și se răcoresc bând vin în timpul recoltei. Forma și culoarea ar putea da de înțeles că este englezească, ceea ce nu este imposibil, ținând cont de relațiile dintre Anglia și podgoriile din Jerez și Malaga. Este totuși evident că acești țărani nu beau o sticlă de vin vechi, ci utilizează flaconul ca pe o carafă, pentru a-și oferi bucuria unui vin tras dintr-un butoi.

secolele al XVII-lea și al XVIII-lea.[1] Tot vinul din Porto era atunci exportat spre Anglia în baricuri, poate, în mod excepțional, îmbuteliat de vreun negustor englez din Porto în sticle importate din Anglia, pentru consum personal sau pentru prieteni.

La sfârșitul secolului al XVIII-lea, elita europeană își conservă vinurile de calitate în pivnițe îngrijite și bine amenajate. Doar vinul servit zilnic mai este comandat în baricuri. În afară de Champagne, fiecare regiune viticolă renumită continuă să livreze în butoaie, dar din ce în ce mai mult în sticle care trebuie diferențiate prin formă, în scop identitar și comercial. Crama excepțională a lui Turgot, inventariată după moartea acestuia, în 1781, nu conține decât un butoi; este vorba despre unul cu o capacitate de aproximativ 10 vedre de vin din Joigny.[2] Celelalte 32 de vinuri (din Burgundia, Champagne, Roussillon, puțin din Bordeaux, din Spania, Madeira, Insulele Canare, Cipru) sunt conservate în 4 185 de sticle numite „clondire".[3] În inventarul cramei lui Joséphine de Beauharnais din Malmaison, realizat la moartea sa, în 1814, sunt menționate 13 286 de sticle. Fosta împărăteasă este foarte avansată în raport cu vremea sa: 45% dintre recipiente conțin vin de Bordeaux (dintre care 12 baricuri, conținând 280 de sticle, nu sunt încă îmbuteliate) și doar 3% vin de Burgundia, proporție care va fi întâlnită în cramele și în meniurile de la banchetele pariziene, doar în timpul celui

---

[1] A. Barros Cardoso, „La préservation du vin de Porto. Caves, tonneaux et verres", *op. cit.*, p. 187.

[2] Adică aproximativ 200 de litri.

[3] Jean-Pierre Poussou, „Approches pour une étude de la consommation et du commerce du vin à Paris du début du XVIIe siècle au milieu du XIXe", în Ch. Bouneau, M. Figeac (ed.), *Le Verre et le vin de la cave à la table du XVIIe siècle à nos jours"*, *op. cit.*, p. 120-121.

de-al Doilea Imperiu sau al celei de-a Treia Republici, și încă nu în mod atât de contrastant.[1] În schimb, ea păstrează obiceiurile Vechiului Regim, cu 13% dintre vinuri provenind din Peninsula Iberică, 13% de pe Rin și 11,5% din Languedoc. Cele 469 de sticle de rom și lichioruri din insule reprezintă omagiul pe care aceasta îl aduce locurilor natale și o ajută la prepararea punch-urilor, care îi înnebunesc pe toți oaspeții săi.

În timpul Restaurației, a devenit un obicei ca elita pariziană să-și cumpere vinul la sticlă. Catalogul casei A. Soupé et Cie, „negustori de vin ai regelui și ai LL.AA.RR. doamnei ducese de Berry și al monseniorului ducele de Bordeaux", care are câte un magazin pe strada Saint-Honoré din Paris, la Versailles și în Sèvres, datând din acea epocă[2], conține 69 de vinuri din întreaga lume – 175, dacă luăm în considerare toate categoriile fiecărei apelațiuni –, toate vândute în sticle (de la 60 de centime, pentru cel de Orléans, și până la 48 de franci, pentru Tokay [sic!]).[3] În catalog se menționează: „Pentru 3 franci și mai mult, sticla este inclusă." În partea de jos a paginii se mai precizează: „Ei păstrează și în butoaie și butoiașe toate

---

[1] Pivnița ideală pe care o recomandă Alexandre Dumas în 1870, în *Grand dictionnaire de cuisine* (apărut în 1873, după moartea sa) are, din 140 de tipuri de vin, 28 burgunde, 15 bordeleze, 22 iberice și atlantice, 11 din Languedoc-Roussillon, 10 din Italia, 9 din Rhône, 8 șampanii, 8 vinuri de pe Loara etc. Pare, în mare măsură, inspirată de aceea, mai vastă, propusă în lucrarea anonimă, atribuită lui Maurice Cousin de Courchamps, intitulată *Néophysiologie du goût. Dictionnaire général de la cuisine ancienne et moderne* (Paris, 1839, p. 511 *et sq.*).

[2] Reprodus în É. Caude și A. Pougetoux (ed.), *La Cave de Joséphine*, *op. cit.*, p. 45.

[3] Adică un raport de 1 la 80, mai slab decât cel care separă astăzi micile vinuri de apelațiuni generice de un *grand cru*. De exemplu, găsim astăzi vinuri de Bordeaux simple la 4 euro sticla, în timp ce un *Château-Cheval-Blanc* sau un *Château-Lafitte-Rotschild* depășește cu ușurință 1 000 de euro, în anumiți ani de producție.

vinurile și rachiurile detaliate mai sus și fac livrări în Franța și în străinătate", ceea ce ne face să credem că vinurile propuse ajung în Paris în butoaie și sunt puse în sticle în Soupé. Acest lucru nu este valabil și pentru „Aÿ-ul spumant, sau pentru „vinul de Persia (Schiraz)".

Aceste nevoi, care cresc între sfârșitul secolului al XVII-lea și jumătatea secolului al XIX-lea, generează o cerere de asemenea crescută în industria sticlăriei, care își va perfecționa tehnicile și se va răspândi peste tot unde este rentabilă, fie în apropierea surselor de materii prime și combustibil, fie în apropierea negustorilor care pun vinul în sticle (în principal, în sudul Angliei, în Flandra, în Champagne, în Bordeaux).

STĂPÂNIREA TEHNICII SUFLĂRII

Compoziția materialului din care se fac sticlele este un subiect complex, deoarece ea a variat enorm în timp și spațiu, inclusiv de la o sticlărie la alta, fiecare păstrându-și cu grijă secretele de aprovizionare, dozaj și fabricație. Baza a fost și rămâne siliciul, în proporție de jumătate la trei sferturi din amestec, plasat în creuzetul cuptorului, însă celelalte elemente sunt numeroase.[1] *Enciclopedia* descrie compoziția sticlei ca „sticlă și cărbune" și expune detaliat modurile de procurare a ingredientelor, precum și problema proporțiilor.[2]

Așadar, potrivit *Enciclopediei*, nisipul poate fi obținut „din pământ, din munți, din râuri și mări". El poate fi

---

[1] Jacquelin Bellanger este autoarea celui mai complet și accesibil text pe acest subiect: *Verre d'usage et verre de prestige, op. cit.*, p. 13-75.

[2] Ediția I, vol. 17, 1765.

nisip natural (care se găseşte, spre exemplu, în pădurile din Île-de-France) sau provenit din roci sfărâmate: gresie, în Lorraine sau în Germania, ori bucăți de cuarț, în unele văi alpine, cum ar fi Ticino, furnizor al Veneției. Compoziția lui influențează culoarea sticlei, la fel şi combustibilul. Cu cât siliciul este mai încărcat cu oxizi metalici, cu atât sticla este mai colorată, de o nuanță care ajunge până la negru. Oxidul de fier dă o culoare mai mult sau mai puțin verde[1], oxidul de cupru, o nuanță albăstruie, iar oxidul de mangan[2] permite decolorarea. Faptul că nisipul este argilos nu pune nicio problemă; în schimb, dacă este prea silicos şi pur, trebuie amestecat cu o cantitate suficientă de var, de cretă sau de marnă, care stabilizează sticla şi o face rezistentă chimic, în caz contrar, aceasta este solubilă în apă şi nepotrivită pentru fabricarea de obiecte. Pot fi folosite şi metale, ca plumbul, astfel luând naştere cristalul. Singura sticlă în uz din cristal este cea creată în 1876 pentru Roederer, de către un sticlar flamand, pentru o şampanie specială, destinată țarului Rusiei.[3] Un ultim element din compoziție este calcina, numită – în *Enciclopedie* – *cassons*,

---

[1] Frecvența sa în materialele care compun sticla explică faptul că verdele este culoarea dominantă a recipientelor, de unde şi expresia *„vert bouteille"* (=verde ca sticla).

[2] *Enciclopedia* semnalează că sursa cea mai bună pentru acest minereu (magneziul) este Piemonte.

[3] Bernard Burtschy, „Jean-Baptiste Lécaillon, Louis Roederer", *Vigneron*, nr. 7, iarna 2011-2012, p. 72. Ea reflectă contextul politic al Rusiei în epocă. E transparentă, astfel încât orice colorație insolită, datorată vreunei otrăvi, să poată fi văzută dintr-o privire, şi nu are adâncitură (adică fundul retras spre interior), astfel încât să fie evitată disimularea vreunui dispozitiv exploziv. Cristalul o face strălucitoare; este o marcă a distincției impusă de țarul Alexandru al II-lea. Astăzi este din sticlă transparentă, simplă, dar păstrează fundul plat. Unele case au dorit de asemenea să creeze un model transparent, fie pentru tipuri de roze, fie din aceeaşi grijă pentru distincție, ca şi a aceea a casei Roederer. Vranken, de exemplu, a creat recent tipul Diamant.

constituită din cioburi de sticle și din alte obiecte sparte, precum și rebuturile rezultate din procesul de fabricație, foarte utile la accelerarea topirii. Reciclarea sticlelor sparte din greșeală[1] odinioară, astăzi întregi după o singură folosire, este o constantă a istoriei sticlăriei încă din Antichitate. Același lucru este valabil și pentru industria teracotei. Mult timp, argila nouă a fost amestecată cu resturi de vase sau de țiglă spartă, cu scopul de a da mai multă densitate pastei, numită în acea perioadă șamotată.

În afară de siliciu, este necesar un element de topire alcalin, care permite ca fuziunea să se realizeze în jurul a 1 400 °C în loc de cele 1 800 °C necesare cu siliciu pur și care ușurează munca meșterului sticlar. Acest element poate fi potasiul, pe bază de cenușă nouă, pe cât posibil provenind din lemn de esență tare, cum ar fi cel de stejar, de fag, de carpen ori din ferigă, muri sau urzici, care sunt materiale excelente. Primele sunt recuperate de colectori din gospodării. Aceștia le adaugă adesea materii impure, pentru a le crește greutatea, ceea ce le face mediocre. Se utilizează de asemenea și cenușă folosită la spălarea rufelor și care a fost ulterior uscată și cernută. Cenușa de ferigă permite obținerea de sticlă fină și ușoară, însă foarte fragilă. Recipientele din sticlă obținută pe bază de ferigi trebuie neapărat să aibă înveliș din nuiele. În Franța, practic s-a oprit fabricarea lor, la sfârșitul secolului al XVIII-lea.[2] Materialul care produce topirea poate fi și pe bază de sodiu și poate proveni de la arderea anumitor plante

---

[1] Trebuie să așteptăm sfârșitul secolului XX pentru ca în lumea viticolă să înceteze recuperarea, spălarea și reciclarea sticlelor folosite. Obiceiul acesta a persistat în unele regiuni, care nu ajunseseră la comercializarea la distanțe mari, până în anii 1990: de exemplu, în regiunea Loarei, în Jura și în Bugey, în Hautes-Côtes de Nuits și Beaune.

[2] J. Bellanger, *Verre d'usage et verre de prestige, op. cit.*, p. 20.

halofite, specifice litoralului, uscate în prealabil: alge brune (*kelp*, în engleză), diverse tipuri de *Salicornia, Salsola kali* (din belşug în estul Mediteranei), *Salsola soda (barilla,* în spaniolă, apoi în engleză) etc.[1] În secolul al XIX-lea, aşa cum am văzut, se va descoperi modul de extragere a sodei din apă de mare, prin procedeul Leblanc, introdus în 1789, şi apoi din izvoare din regiuni cu argilă saliferă, prin procedeul Solvay, după 1870. De atunci, cenuşa vegetală nu va mai fi necesară.

Cele mai bune sticlării folosesc drept combustibil cărbunele de pământ, care necesită un tiraj puternic, dar în unele regiuni forestiere, îndepărtate de minele de cărbune, cum ar fi Franche-Comté, va fi în continuare utilizat lemnul, pentru încălzirea cuptoarelor, până la începutul secolului XX. Pentru a-şi păstra clientela, fabricanţii folosesc argumentul (frecvent, în industria agroalimentară a secolului XXI) unui procedeu de fabricare „pe stil vechi", care se pretinde că e mult mai bun. În 1874 încă, sticlăria din Vieille-Loye, din Jura, se laudă cu acest lucru într-un lung text imprimat pe marginea documentului său cu antet, având deasupra blazonul meşterilor sticlari Duraquet din Orne şi menţiunile „Concesiune a lui Marguerite de Burgundia, din 1506. Confirmată de Carol Quintul în 1551"[2]: „Sticlele care provin din sticlării alimentate cu lemn nu trebuie spălate cu substanţe acide sau alcaline pentru a le degresa, cum se procedează cu acelea care ies din cuptoare încălzite cu huilă. Este suficientă o

---

[1] Asupra evoluţiei compoziţiei sticlei (ca material) în secolul al XIX-lea, vezi articolul erudit şi tehnic scris de Marie-Hélène Chopinet, „Évolution des mélanges vitrifiable et de la composition chimique des bouteilles de champagne", *Verre,* vol. 6, nr. 5, sept.-oct. 2000, p. 63-70.

[2] Raymond Kuster, *Les Bouteilles de Frédéric l'Ancêtre,* Nancray, Éditions de Folklore Comtois, 2005, p. 58-59.

simplă spălare cu apă rece. Ele nu rețin niciodată depune-
rile formate de materii străine vinului, iar buchetul vinuri-
lor pe care le prezervă nu se alterează deloc, ceea ce nu
este valabil de fiecare dată când sunt folosite sticle fabri-
cate cu huilă." Urmează o lungă explicație a sintagmei
„recoapte pe bază de lemn", folosită de anumite sticlării
pe cărbune și care, potrivit celei din La Vieille-Loye, nu
înseamnă nimic. Textul se încheie amintind „scrisorile de
noblețe" ale sticlăriei: „Situația sticlăriei din Vieille-Loye
din mijlocul imensei păduri din Chaux, unde a fost înfiin-
țată în urmă cu trei secole și jumătate, i-a permis să rămână
una dintre rarele sticlării din Franța și singura din regiune
care încă fabrică sticle în cuptoare încinse cu lemn."

Într-o sticlărie care folosește lemnul, consumul era
enorm: de exemplu, 42 ha de pădure „defrișate complet",
în fiecare an, pentru cele patru sticlării din zona Lyons,
din Normandia, în secolul al XVII-lea.[1] În schimb, așa cum
am mai spus, Anglia și Țările de Jos, defrișate masiv, vor
folosi de timpuriu cărbunele de pământ, chiar dacă
acesta era adus de departe, de pildă din regiunea borde-
leză, încă de la începutul secolulului al XVIII-lea. Primele
sticlării pe cărbune au fost deschise în prima jumătate a
secolului al XVII-lea în Rouen (1616), în Anglia, în Liège
(1632) și în Namur (1643).[2] Tirajul sticlăriilor englezești,
foarte bine gândit, datorită construcției lor conice, reali-
zate din cărămizi, și a unui amplu curent de aer, venit
prin partea inferioară, permite obținerea mai rapidă a
căldurii necesare și evacuarea fumului în afara halei, așa
cum este descris foarte bine în *Enciclopedie*, ceea ce înles-
nește treaba celor care ațâță focul. Așa cum am spus,

---

[1] J. Bellanger, *Verre d'usage et verre de prestige, op. cit.*, p. 16.
[2] *Ibid., loc. cit.*

Mitchell este primul care a introdus această tehnică în Franța, deschizându-și, în 1723, sticlăria din Bordeaux.

Topirea diferiților compuși se realizează adesea în două etape. Prima se desfășoară la marginea cuptorului principal sau în cuptorul pentru reîncălzire. Ea constă în uscarea compușilor și permite clorurii de sodiu să se evapore, iar materiilor combustibile, să se calcineze. Impuritățile mai mari sunt, eventual, îndepărtate de la suprafață. Produsul acestei operațiuni se numește zgură[1]; aceasta este răcită, apoi măcinată sau transformată în praf, pentru a fi pusă în creuzetul final. Odată amestecul topit în interiorul cuptorului boltit, la o temperatură adecvată – căci, în caz contrar, se formează bule –, un tânăr ucenic, numit *puștiul* sau *băiețelul*, încălzește până la incandescență capătul unui tub și culege[2], în ceea ce meșterii sticlari numesc *metal*, o bulă de sticlă. El revine de mai multe ori să „culeagă" în cuptor pentru a mări bula, în funcție de modelul de sticlă dorit (mărime, grosime) și de vâscozitatea materialului, care depinde de compoziția sa și de temperatură. După ce a făcut aceste lucruri, el trebuie să învârtă continuu tubul, pentru ca sticla să nu curgă și să nu cadă pe jos nicio picătură, dar și să sufle de mai multe ori prin tub, pentru ca sticla să nu pătrundă în interior.

Bula formează o pară cu tentă roșiatică. Această muncă obositoare este adesea încredințată copiilor mici, care sunt angajați în sticlării de la vârsta de 8 ani și lucrează peste 10 ore pe zi. Va fi nevoie de legea din 19 mai 1874, pentru ca vârsta minimă de angajare să ajungă la 12 ani. Fotografiile reprezentând grupuri de angajați ai sticlăriilor de

---

[1] Aspect al procedeului fabricației detaliat în *Encyclopédie.*
[2] De la verbul „cueiller", dar în *Enciclopedie* se folosește „cueillir".

la începutul secolului XX arată că un mare număr de ado-
lescenți încă muncesc acolo.

Intervine apoi băiatul mare care ia tubul, culege ultima
oară, răcește, eventual umezind tubul sau introducându-l
rapid în apă, și începe să modeleze bula pe o masă de
lucru, în general, din fontă, executând o rotație. El poate
folosi un ciocan mai mare, o unealtă din lemn concavă,
care schițează forma sticlei, sau o foarfecă din metal. Apoi
începe suflarea propriu-zisă, realizată de băiatul mai mare
sau chiar de sticlar, adesea de staroste, care își iau ca
măsură de precauție, având în vedere temperatura meta-
lului, plasarea la capătul tubului a unui muștiuc din lemn.[1]
Se obține astfel o bulă rotunjită sau ovală, mai mult sau
mai puțin alungită și cilindrică, în funcție de măsura în
care sfera a fost sau nu rotită pe masa de lucru. Acesta este
momentul în care se alege lungimea și forma gâtului sticlei.
Operațiunea poate fi rapidă, dacă sticlarul este experimentat,
însă ea necesită forță de suflare și dexteritate.

Este de asemenea posibilă trecerea în poziție verticală
și plasarea bulei deja parțial suflate într-o jumătate de
matriță, ce va permite obținerea unei serii de sticle aproape
uniforme. Această tehnică, existentă din epoca romană,
reapare în Anglia, în Bristol, se pare, în jurul anului 1730.
Cu ajutorul ei au fost produse, mult timp, sticle mai mult
sau mai puțin invers tronconice, datorită ușurinței cu care
sunt scoase din matriță, grație unui mic „unghi de încli-
nare".[2] Vinurile din Jura sau de la castelul Haut-Brion sunt
întotdeauna puse în sticle de acest tip, din dorința de a se

---

[1] R. Kuster, *Les Bouteilles de Frédéric l'Ancêtre, op. cit.*, p. 60.
[2] Stéphane Palaude, Gérard Caudrelier, „L'innovation au service
du souffleur en bouteilles dans le nord de la France au XIXe siècle et au
début du XXe siècle", în A.-L. Carré *et al.*, (ed.), *Les Innovations verrières et
leur devenir, op. cit.*, p. 2.

păstra tradiția și de a le oferi distincție. *Enciclopedia* ne arată o matriță îngropată, metodă care îi crește durata de viață, pământul rezistent la temperaturi înalte fiind protejat de presiunea solului care-l înconjoară. Începând cu 1790, sticlăria Quiguengrogne, din Wimy (Aisne), și cea din Sèvres instalează postamente înalte în hala unde se află cuptorul. Meșterul-suflător lucrează la o distanță mai mare de matrițe, care sunt acum puse pe sol și încercuite cu fier, ceea ce le consolidează.

Toate aceste operațiuni necesită o rotire constantă a tubului în mâinile sticlarului, lăsând adesea urme de răsucire pe sticlă, ceea ce, estetic vorbind, o însuflețește și îi dă eleganță. Uneori este necesar ca sticla aflată în plin proces de suflare să fie reîncălzită, însă tubul poate deveni atunci fierbinte și trebuie răcit cu puțină apă. Această meserie este periculoasă, necesită multă îndemânare și deci o lungă perioadă de învățare.

Ulterior, meșterul-suflător pune sticla modelată după bunul plac pe o altă masă din fontă, asemănătoare celeilalte. Cu mâna stângă, el ține în continuare tubul, iar cu mâna dreaptă, cu ajutorul unei unelte scurte, numite moletă, împinge rapid fundul, mai mult sau mai puțin, în funcție de modelul ales, formând o „adâncitură". Acest lucru îi va permite sticlei să stea în picioare. Argumentul potrivit căruia aceasta ar aduna depunerile de vin în grosime, și nu pe o suprafață mare și deci ar proteja vinul, nu e viabil, deoarece, atunci când sticlele au început să fie folosite pentru învechirea vinurilor roșii, ele erau deja cilindrice și deci culcate în crame, ceea ce înseamnă că depunerile formau un șir, care se întindea de la fundul sticlei până spre umerii acesteia. Moleta este ascuțită sau rotunjită. Adâncirea este o operațiune care necesită multă experiență și întâlnim numeroase sticle vechi, care stau într-o parte, atunci când

Jean-Robert Pitte

sunt puse în picioare, întrucât sticlarul a împins moleta cu stângăcie.

Sticla poate fi atunci separată de tub, fie printr-o lovitură scurtă, fie cu ajutorul foarfecii. Chiar înainte de asta, un ajutor îi aduce meşterului-suflător o ţeavă lungă din oţel, vergeaua, după ce capătul acesteia a fost introdus în cuptor, pentru a „culege" de acolo o picătură de sticlă incandescentă. Vergeaua este fixată în fundul sticlei, ceea ce permite modelarea gâtului aplatizându-l cu o bucată de fier şi încercuindu-l cu un fir din sticlă cald sau cordeluţă, pentru a crea o coleretă de întărire. Aceasta este lăsată aşa, ca o bucată lungă de spaghetti, sau este modelată cu un fel de cleşte zimţat, care este învârtit în jurul gâtului. Ca în cazul sticlelor de vin de Shiraz, firul este învârtit de mai multe ori în jurul gâtului, atât în scop de întărire, cât şi în scop estetic, dar şi atunci când cordeluţa este prea lungă, pentru a se evita tăierea ei. Firul este indispensabil, dacă trebuie ulterior să se introducă forţat un dop de plută, iar în cazul şampaniei, să se ruleze pe acesta o sfericică de fixare a dopului.

În acel moment, sticla s-a putut răci, iar partea superioară a acesteia trebuie plasată din nou, câteva secunde, în deschizătura cuptorului, pentru a o reîncălzi, înainte de a se interveni. De îndată ce această operaţiune este terminată, nu mai rămâne decât să se realizeze separarea piesei de vergea, cu ajutorul foarfecii sau printr-o lovitură, care lasă uneori aşchii în fundul sticlei. Dacă se analizează fundul unei sticle vechi, se poate remarca urma lăsată de capătul vergelei şi modelul acesteia: cilindric subţire, discoidal uşor convex, rotunjit.[1] Acesta este momentul în care, pe umărul

---

[1] Vezi diversele modele de vergele şi mijloacele de a le recunoaşte după urmele lăsate în fundul sticlelor, în W. Van den Bossche, *Antique Glass Bottles, op. cit.*, p. 62-64.

recipientului sau pe o parte, se poate pune o picătură de sticlă, care va fi imprimată cu ajutorul unei ştanţe din oţel sau bronz. Recipientul astfel desăvârşit este dus apoi în cuptorul de reîncălzire, în care sticla se stabilizează, cu condiţia să fie lăsată ulterior să se răcească lent.

Moleta se va perfecţiona în secolul al XIX-lea. Începând cu 1853 (brevetul Leroy-Soyer), matriţele prevăzute pe fund cu un orificiu destul de larg (între 2 şi 3 cm) facilitează suflarea şi evacuarea aerului prins între bula din sticlă şi pereţii săi. Rezultă astfel un mamelon care depăşeşte exteriorul încă plat al sticlei. O moletă în formă de cheie tubulară, cu cot cu capătul scobit, permite atunci modelarea mamelonului şi păstrarea lui pe fundul adânciturilor pronunţate.[1] Putem remarca acest lucru la sticlele comandate de doamna Clicquot la sticlăria din Épinac (Saône-et-Loire), în anii 1840. În acea perioadă, vergeaua fixată pe picătura de sticlă nu mai este necesară. Ea a fost înlocuită de sabot, un fel de recipient perforat, fixat pe un tub care permite transportarea pe verticală şi manipularea sticlei pentru modelarea gâtului.

Enciclopedia descrie perfect acest procedeu, folosit la jumătatea secolului al XVIII-lea. El este ilustrat pornind de la desene realizate la sticlăria regală din Sèvres[2], însă un număr de operaţiuni sunt eludate. Fabricarea unei sticle poate presupune numeroase operaţiuni suplimentare, legate fie de compoziţia sticlei, fie de pregătirea ei în prealabil, fie de modelarea propriu-zisă, care, să o spunem din nou, variază de la o regiune la alta, de la o sticlărie la alta şi care are uneori legătură cu câteva secrete ale casei.

---

[1] S. Palaude, Gérard Caudrelier, „L'innovation au service du souffleur en bouteilles dans le nord de la France au XIXe siècle et au début du XXe siècle", *op. cit.*, p. 3.

[2] W. Van den Bossche, *Antique Glass Bottles, op. cit.*, p. 24.

Jean-Robert Pitte

EVOLUȚIA STICLEI ANGLO-OLANDEZE, DE LA FORMA DE CEAPĂ LA CEA DE CILINDRU CU UMERI

Aspectul regulat al formei sticlelor nu se impune atâta vreme cât acestea sunt ovoidale și păstrate în picioare. Începând cu momentul în care astuparea lor cu dopuri din plută permite culcarea lor, de când s-a descoperit importanța învechirii în această poziție, din momentul reglementării capacității și greutății sticlelor, se cuvine să se treacă la uniformizarea în formă cilindrică.

Acestea sunt motivele răspândirii tehnicii matriței, inventată în Bristol la jumătatea secolului al XVIII-lea[1], singura modalitate de a se ajunge la forme cât mai standardizate. Evident, partea superioară a sticlei rămâne în continuare neregulată, indiferent de grija pe care sticlarul a avut-o la modelarea pe masa de lucru, iar capacitatea poate varia cu câțiva centilitri, de la o sticlă la alta. Matrițele din argilă sunt ușor tronconice, astfel încât sticla suflată și aproape desăvârșită să poată fi scoasă ușor înainte de modelarea fundului (adâncitura), dar și a gâtului, care trebuie să fie prevăzut cu o coleretă de întărire, pentru introducerea forțată a unui dop din plută. Așadar, toate sticlele vechi, foarte pântecoase sau evazate spre bază, chiar foarte puțin, au fost suflate în afara matriței și modelate pe masa de lucru, în timp ce orice sticlă cilindrică, ușor invers tronconică, adică având umerii mai largi decât fundul, este cel mai adesea scoasă dintr-o matriță. Matrițele se află, în general, la baza unui postament, pe marginea căruia se instalează sticlarul, care stă astfel într-o poziție confortabilă și nepericuloasă pentru a sufla în țeavă pe verticală.

---

[1] A.L. Simon, *Bottlescrew Days*, *op. cit.*, p. 236-237; Jeremy Haslam, „Sealed Bottles from All Souls College", *Oxoniensa*, XXXV, 1970, p. 28.

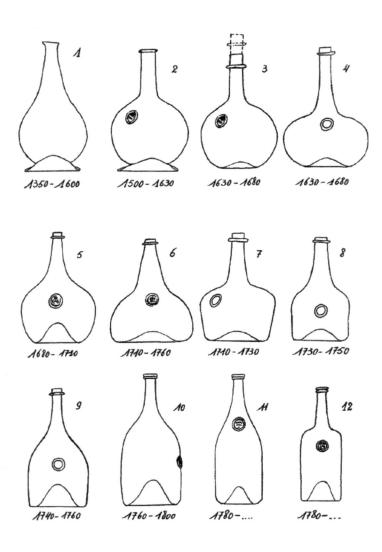

EVOLUȚIA FORMEI STICLELOR FABRICATE ÎN ACTUALA BELGIE,
CONFORM LUI WILLY VAN DEN BOSSCHE, 2001, PAG. 31

Jean-Robert Pitte

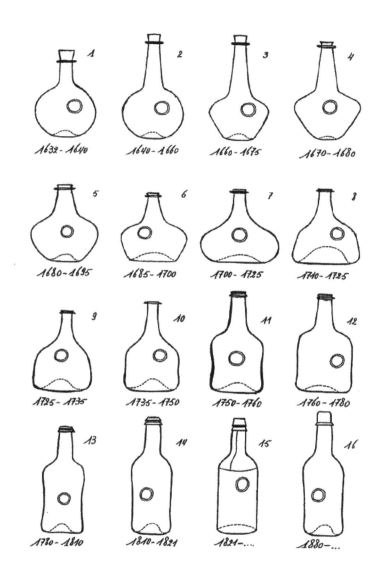

EVOLUȚIA FORMEI STICLELOR FABRICATE ÎN ANGLIA,
CONFORM LUI WILLY VAN DEN BOSSCHE, 2001, PAG. 30

În anii 1750, în Anglia, și 1780, în Țările de Jos, dispar modelele de sticlă în formă de puț și glob (*shaft and globe*)[1], de ceapă (*onion*) sau de vezică (*bladder*), trecându-se la forma unui ciocan cu două capete (*mallet*), apoi la aceea cilindrică, cu umeri foarte pătrați (*cylinder*). Această evoluție se produce aproape simultan în cele două țări non-producătoare de vin, însă bogate în amatori și în negustori competenți, care, în domeniul tehnicilor sticlăriei, comunică mult cu fabricanții, le solicită modele adecvate pentru aranjarea sticlelor și o lungă conservare a vinurilor.[2] Dispariția vechilor modele în favoarea formei cilindrice, la jumătatea secolului al XVIII-lea, se poate observa în seria de sticle vechi provenind din All Souls College, din Oxford, toate purtând sigiliul „ASCR" (*All Souls Common Room*).[3]

Totuși, dacă tehnica formei de puț și glob venise din Belgia în Anglia, în anii 1630, datorită sticlarului emigrant Jean Colinet, devenit John Colnett, modelul cilindric provine din Anglia, semn al amplorii căpătate în această țară de comerțul cu vin[4]. Moda îmbutelierii, care însoțește creșterea exigențelor privind garanția ale amatorilor rafinați, explică răspândirea practicii sigiliilor de sticlă (*glass buttons*)[5], imprimate pe umărul sticlelor și care oferă informații cumpărătorului în legătură cu vânzătorul, cu sticlarul sau, uneori, în legătură cu cumpărătorul însuși,

---

[1] În Franța, aceste modele sunt rare și par să fi fost rezervate utilizării farmaceutice (W. Van den Bossche, *Antique Glass Bottles, op. cit.*, p. 192-193).

[2] Willy Van den Bossche (*ibid.*, p. 24) estimează că, în anii 1760, Belgia producea anual 1,5 milioane de sticle.

[3] Jeremy Haslam, „Sealed Bottles from All Souls College", *op. cit.*, p. 34-35; Fay Banks, *The Wine Bottles of All Souls College*, Oxford, Vidonia Press, 2002.

[4] W. Van den Bossche, *Antique Glass Bottles, op. cit.*, p. 30-31 și 66-67.

[5] A.L. Simon, *Bottlescrew Days, op. cit.*, p. 239-242.

datorită numelui sau blazonului său, ori în legătură cu anul de producție. Cele mai vechi sigilii datează din anii 1660.[1] Sunt cunoscute numeroase exemple, descoperite pe sticle din secolul al XVIII-lea, atât în Anglia, cât și în Țările de Jos. Să le cităm pe cele care au fost descoperite cu ocazia săpăturilor arheologice de la Palatul Ducal din Bruxelles, incendiat în 1731, sigilii care poartă blazonul Mariei Elisabeta de Austria, guvernatoarea Țărilor de Jos austriece, începând cu 1725.

În cea de-a doua jumătate a secolului al XVIII-lea, câteva sigilii indică proveniența vinului. Cel mai vechi dintre ele apare pe o sticlă englezească în formă de ciocan cu două capete, datând din anii 1760, concepută pentru un vin de Porto, un *Port*.[2] El este strămoșul etichetei din hârtie.

Franța va adopta târziu practica ștanțelor de sticlă. Sunt cunoscute astfel de exemple rare care datează din secolul al XVII-lea sau de la începutul secolului al XVIII-lea[3], însă ele reprezintă o excepție, prin comparație cu Anglia, Țările de Jos și nordul Germaniei.

DE LA STICLA FRONTINIANĂ LA CEA BORDELEZĂ

În zilele noastre, cea mai folosită sticlă din lume, cea *bordeleză*, cu formă perfect cilindrică, cu gât scurt și umeri proeminenți, este rezultatul unei lungi istorii tehnice, comerciale și culturale. Am menționat rolul jucat de irlandezul Mitchell, sticlar stabilit în Bordeaux în 1723. Acesta

---

[1] W. Van den Bossche, *Antique Glass Bottles, op. cit.*, p. 66-68.

[2] *Ibid.*, p. 36-37.

[3] J. Bellanger, *Verre d'usage et verre de prestige, op. cit.*, p. 267, 271, 273 și 283.

aduce din Marea Britanie tehnicile sticlăriei pe bază de cărbune, care sunt stăpânite de mult timp acolo, și deci modul de fabricare a recipientelor din sticlă neagră și groasă. El contribuie, fără îndoială, și la popularizarea de noi forme, desigur invers tronconice, însă apropiate ca formă de cilindru, așa cum sunt fabricate în epocă în Anglia, unde dispariția formei de bulb se accelerează, de la sfârșitul secolului al XVII-lea. Sticlele alungite, mai mult sau mai puțin cilindrice, permit, de fapt, aranjarea în poziție culcată, deci favorizează depozitarea mai ușoară în navetă – cu paie – sau în cramă și, mai ales, învechirea prelungită, fără riscul ca dopul să se usuce. Comercianții bordelezi din Chartrons cunosc bine aceste modele, pe care le-au putut vedea în Anglia, de unde familiile lor sunt adesea originare și unde locuiește clientela lor. Apare atunci spinoasa întrebare a numelui sticlei de Bordeaux folosite, fără exclusivitate, pe parcursul întregului secol al XVIII-lea și, în parte, în secolul al XIX-lea: *frontiniana*, o denumire a cărei origine nu era înțeleasă de nimeni până de curând.[1]

Excelenții istorici ai sticlei Dominique Dabas și André Orsini au clarificat problema. Denumirea *frontinian* apare prima dată în 1735, într-un registru contabil al sticlăriei din Bourg-sur-Gironde[2]: „14 noiembrie 1735: Primit de la domnul Letellier, negustor din Bordeaux, suma de 3 900 de livre din Tours ca plată pentru douăzeci de mii opt sute de sticle frontiniene de o jumătate de pintă."[3] Este vorba

---

[1] Ph. Roudié, „La mystérieuse bordelaise", *L'Amateur de Bordeaux*, august 1984, p. 9-11; J.-R. Pitte, *Bordeaux-Bourgogne, les passions rivales, op. cit.*, p. 184.

[2] D. Dabas, A. Orsini, „De la bouteille bordelaise", *Verre*, vol. 11, 2005, p. 53.

[3] Adică între 45 și 47 cl.

despre sticle cu formă cilindrică, ușor invers tronconică, destinate negustorilor din Bordeaux care cumpără muscat din Frontignan în baricuri și-l comercializează în sticle cu capacitatea de o pintă sau de o jumătate de pintă, dar care nu sunt obligați să respecte greutatea stipulată în decretul din 1735. O inspecție la aceeași sticlărie, făcută de jurații din Bourg, la 22 februarie 1741, atestă acest lucru[1]: „Mi s-a atras atenția că toate sticlele pe care le facem aici trebuie să aibă cel puțin greutatea menționată în decizia consiliului din 20 decembrie, exceptându-le doar pe acelea pe care sticlarii de aici le fac pentru vinul de Frontignan, care au o măsură deosebită și capacitatea de 20 până la 21 de uncii; acestea nu sunt vândute publicului și nu sunt produse decât pentru negustorii care comercializează vin de Frontignan și care le cer în forma și cu greutatea pe care o au." Este posibil ca aceste recipiente ușoare să fie din sticlă albă, ca acelea folosite de producătorii din Frontignan sau de negustorii din Languedoc, care le comercializează în Franța sau le exportă. După perfecționarea artei vinului de Sauternes, în secolul al XIX-lea, acesta va fi pus în sticlă albă, însă recipientele cu forma și greutatea identice cu cele bordeleze, închise la culoare.

Astfel, bordelezii apreciază muscatul de Frontignan și, poate, îl livrează clienților lor străini. Acest vin licoros, tăiat cu alcool după o zi, respectiv după câteva ore de la începerea fermentării, se bucură de reputație de multă vreme – cultura soiului muscat în Frontignan este atestată într-o cartă din 1117.[2] Cât despre inventarea vinurilor tăiate, aceasta este adesea atribuită alchimistului, medicului și teologului Arnaud de Villeneuve, care cunoaște

---

[1] D. Dabas, A. Orsini, „De la bouteille bordelaise", *op. cit.,* p. 54.
[2] http://frontignanmuscat.fr/histoire1.swf

limba arabă și traduce câteva tratate andaluze. Acesta ar fi introdus în Languedoc și Roussillon arta distilării vinurilor – el ar fi inventat termenul *eau-de-vie* – și tăierea mustului înainte de fermentare (obținându-se astfel ratafia) sau pe cale să fermenteze, pentru a păstra în produsul final o doză suficientă de zahăr natural. Din nefericire, cartea sa, *Liber de vinis*, scrisă între 1309-1311[1], nu face nicio aluzie la acest lucru, iar problema rămâne sub semnul întrebării. Félix și Thomas Platter, frații din Basel, vizitează orașul în 1559 și vorbesc despre reputația vinului său: „Frontignan este un oraș mic, situat pe malul lacului Thau. [...] La marginea acestei localități este recoltat faimosul muscat, cunoscut în lumea întreagă."[2] Această notorietate este confirmată în 1601 de către de Serres, care locuiește în Vivarais, în apropiere de Languedoc[3]: valoarea sa îl „face să fie transportat în toate colțurile acestui regat". Poetul Simon du Rouzeau, care scrie din Orléans, în 1605, atestă acest lucru[4]:

„Haideți să vedem muscatul, mândria Frontignanului
Din care vom bea fiecare un pahar de cristal mare."

La începutul secolului al XVIII-lea, muscatul de Frontignan este exportat în Germania, Anglia și Olanda. Acesta

---

[1] Arnaud de Villeneuve, *Le Livre des vins*, Perpignan, Éditions de la Merci, 2011. În tratatul său, el utilizează totuși de trei ori expresia *aqua ardens* sau *aqua vitae*, dar nimic nu dă de înțeles că ar fi jucat un rol de pionierat în introducerea distilării în Languedoc. Vezi prezentarea traducerii celei mai recente de către autorul său, Patrick Gifreu.

[2] http://frontignanmuscat.fr/histoire1.swf

[3] Citat de Roger Dion, care se înșală când crede că plantarea muscatului a început odată cu relansarea economică de după distrugerile operate în regiune de către protestanți, în 1562 *(Histoire de la vigne et du vin en France, op. cit., p. 323-324)*.

[4] Simon du Rouzeau, *L'Hercule guespin ou l'himne du vin d'Orléans*, Orléans, Saturnin Hotot, 1605, p. 13.

poate fi băut la Londra, în Vaux-Hall Gardens, unde, pe *Lista de vinuri* din 1762, figurează ca unul dintre cele mai scumpe[1]:

Champagne:	8 șilingi sticla
Burgundia:	6 șilingi
Frontiniac[2]:	6 șilingi
Claret:	5 șilingi
Old Hock, cu zahăr sau fără zahăr[3]:	5 șilingi
Rhenish[4] și zahăr:	2 șilingi 6 penny
Mountain[5]:	2 șilingi 6 penny
Red Port:	2 șilingi
Sherry:	2 șilingi
Cyder:	1 șiling
Bere de masă, o cană mare:	4 penny
Un sfert de Arrack:	8 șilingi

O parte a producției se realizează prin intermediul negustorilor din Sète, port deschis din 1666. Aceștia profită pentru a numi „Frontinian de calitatea întâi" vinuri mediocre, care provin din întreaga regiune Languedoc

---

[1] A.L. Simon, *Bottlescrew Days, op. cit.,* p. 75. Această carte a vinurilor nu oferă nicio surpriză, în special prin poziția elevată a vinului burgund și prin poziția inferioară a celui de Porto.

[2] Deformare a cuvântului Frontignan, curentă în Anglia.

[3] Vin de Rin (*Hock* este derivat din Hochheim am Main din Rheinegau) învechit și sec sau zaharat în mod natural, după uscarea strugurilor (pe loc sau pe un pat de paie pus afară, ca în Italia de Sud, sau, poate, pe o scândură, în septembrie, ca în *Très Riches Heures du duc de Berry,* sau pe un pat de paie pus înăuntru, cum se întâmpla cu *vin de paille* în Jura și, odinioară, în Alsacia), sau prin recoltare târzie ori lucrat „à l'anglaise", adică prin adăugare de zahăr. Vezi H. Enjalbert, *Histoire de la vigne et du vin, op. cit.,* p. 125.

[4] Vin de Rin, fără îndoială tânăr și cu adaos de zahăr.

[5] Malaga.

sau din altă parte şi care reprezintă, la sfârşitul secolului al XVIII-lea, de treizeci de ori producţia de muscat autentic[1]! Aceste procedee necinstite determină oraşul Frontignan să recurgă la ştanţarea baricurilor sale, schimbând marca în fiecare an. Thomas Jefferson îşi petrece ziua de 12 mai 1787 în Frontignan şi notează în carnetul său de călătorii[2]: „Se produc aproape o mie de baricuri de vin pe an, fiecare dintre ele fiind echivalentul a două sute cincizeci de sticle [...]. Calitatea întâi se vinde cu 120 de livre bucata, brut; însă vinul este gros; el trebuie păstrat pe perioada iernii şi vânturat[3], pentru a deveni limpede şi băubil [...]. La sticlă, acest vin costă 120 de centime sticla, cu recipientul inclus. [...] Oraşul Frontignan îşi marchează baricurile cu fierul încins: un negustor din Sète i-a propus unui locuitor din Frontignan, care avea două butoaie goale, patruzeci de livre per butoi."

Relatarea lui Jefferson arată în mod clar că o parte a recoltei este îmbuteliată la faţa locului, înainte de a fi livrată către clientela franceză sau străină. Recipientele din sticlă deschisă la culoare provin din sticlăriile din regiune. Marginea Munţilor Ceveni, bogată în nisip şi foarte împădurită, este una dintre marile regiuni specializate în sticlărie din Franţa, unde lucrează numeroşi meşteri-sticlari.[4] Ea îşi livrează produsele variate în toată zona de sud a Franţei. În 1774, de exemplu, sticlăria din Hérépian (Hérault) fabrică în jur de 2 000 de sticle pe zi,

---

[1] B. Ginestet, *Thomas Jefferson à Bordeaux et dans quelques autres vignes d'Europe, op. cit.*, p. 156.

[2] Citat în *ibid., loc. cit.*

[3] Ceea ce se numeşte *tranzvazare*, probabil cleit şi apoi tras în timpul iernii, pentru a-l limpezi.

[4] Claude-Annie Gaidan, *Les Gentilshommes verriers du Gard du XVe au XVIIIe siècle*, Montpellier, Presses du Languedoc, 1991.

destinate producătorilor din Frontignan[1] și, per total, incluzând toate modelele, 500 000, în acest an, și 440 000, în 1775; cea din Carmaux produce 480 000, în 1775.[2] Sticlele au formă alungită și, poate încă din secolul al XVIII-lea, răsucită. Unii consideră[3] că originea lor trebuie căutată în Murano, unde comercianți care vindeau Frontinian la Veneția, *via* Genova și Livorno, ar fi remarcat o formă de sticlă alungită, deschisă la culoare, pe care ar fi adus-o în Languedoc, punând apoi sticlarii din regiune s-o imite.

Din nefericire, cea mai veche sticlă cunoscută astăzi și care a conținut cu certitudine muscat de Frontignan, o sticlă albă, înaltă, îngustă, cilindrică, bombată la mijloc, cu umerii lăsați, răsucită, datează abia din 1847[4], însă fără îndoială au fost fabricate și altele asemănătoare, încă din secolul al XVIII-lea sau de mai devreme.[5] Este posibil ca producătorii din Frontignan să fi reușit să obțină de la sticlării un fel de monopol pe modelul lor, astfel încât clienții să poată cumpăra vinul cu încredere. În orice caz, de la un proprietar, doctorul Lambert, Thomas Jefferson comandă, imediat după întoarcerea sa, 250 de sticle, care îi sunt livrate în Paris. El nu riscă deci să fie înșelat cu privire la calitatea vinului, așa cum ar fi putut fi cazul dacă lua vinul de la un negustor din Sète. De la jumătatea secolului al

---

[1] http://frontignanmuscat.fr/histoire1.swf

[2] J. Bellanger, *Verre d'usage et verre de prestige, op. cit.,* p. 283.

[3] Geneviève Gavignaud-Fontaine, *Caractères historiques du vignoble en Languedoc-Roussillon,* Montpellier, Publications de l'université Paul Valéry, 1997, p. 426-427.

[4] Forma sa este regulată și foarte elegantă. Data este imprimată pe sigiliul de sticlă (W. Van den Bossche, *Antique Glass Bottles, op. cit.,* p. 211). Este strămoașa sticlei matrițate – curbată, dar de formă cilindrică, mai aproape de perfecțiune, care a fost consacrată de decretul AOC pentru muscatul de Frontignan pe 31 mai 1936.

[5] Este posibil să existe în colecții private din regiunea Languedoc, dar s-ar părea că n-au făcut obiectul fotografiilor publicate.

XVIII-lea, poate chiar de mult mai devreme, elita borde-
leză apreciază muscatul de Frontignan, sticlele cu acest
vin devenind cadouri la mare căutare.[1] Circuitul nu este
surprinzător, deoarece negustorii din Bordeaux comercia-
lizează și în nordul Europei o parte din producția de
vinuri comune roșii, din Languedoc.[2] Vinul de Sauternes
este, la acea dată, sec sau dulce, dar nu a devenit cu adevă-
rat licoros. Conținutul de zahăr și de alcool din vinul Fron-
tinian este mult mai ridicat. Vinul de Sauternes, provenit
din selecții succesive de struguri afectați de putregai
cenușiu, nu va fi produs cu regularitate decât începând
cu perioada Imperiului sau a Restaurației, Château d'Yqem
jucând rolul de pionier în această evoluție.

Nu putem ști în ce fel arătau cu adevărat sticlele mari-
lor vinuri de Bordeaux comandate de Jefferson, după călă-
toria sa din 1787, din Paris, Philadelphia, Washington sau
Monticello, chiar dacă fotografii ale acestora figurează în
numeroase lucrări recente. Ele au o istorie complicată, ce a
făcut obiectul unei lucrări care a cunoscut un mare succes
în Statele Unite.[3] În anii 1980, un colecționar german,
editor de muzică pop, Hardy Rodenstock, pretinde că a
făcut rost de sticle autentice, provenind din comenzile lui
Jefferson și păstrate, vreme de două secole, într-o cramă
zidită din Paris, fără a dezvălui proprietarul acesteia și nici
situarea ei geografică. Aceste sticle, cu formă pântecoasă,
invers tronconică, din Burgundia sau din Jura, poartă

---

[1] Ph. Meyzie, „Les cadeaux alimentaires dans le Sud-Ouest aquitain
au XVIIIe siècle: sociabilité, pouvoirs et gastronomie", *Histoire, économie
et société,* 2006, 1, p. 40 și 43.

[2] L. Latour, *Vin de Bourgogne. Le parcours de la qualité, op. cit.,* p. 551;
Ch. Huetz de Lemps, *Géographie du commerce de Bordeaux à la fin du
règne de Louis XIV, op. cit.*

[3] Benjamin Wallace, *The Billionaire's Vinegar. The Mystery of the World's
Most Expensive Bottle of Wine,* New York, Three Rivers Press, 2009.

inscripții gravate, dispuse pe trei rânduri, despre conținu-
tul lor: „1784 Chateau d'Yquem Th.J.", „1787 Lafite Th.J".
Conținutul unei presupuse sticle de vin Yquem 1784 este
degustat în Wiesbaden, în 1985. Conținutul unei alte sticle,
din 1787, este degustat la castelul Yquem, în același an, în
prezența lui Alexandre de Lur-Saluces. Cu această ocazie,
Rodenstock aduce și deschide o sticlă albastră, îndesată și
pântecoasă, cu flori emailate și blazonul familiei Sauvage
d'Yquem, datând probabil din jurul anului 1750 și care ar
fi aparținut țarului Rusiei, precum și un vin din miticul an
1811, anul cometei, păstrat într-o sticlă bordeleză de tip
actual, transparentă și având o etichetă de hârtie cu anul
de producție înscris pe ea. Toate vinurile erau licoroase,
deși în acea perioadă nu se practicau în mod regulat selec-
țiile succesive.[1] În sfârșit, o mare degustare verticală a
unor vinuri din 125 de ani de producție diferiți este orga-
nizată de Hardy Rodenstock între 30 august și 5 septem-
brie 1998, la hotelul Königshof, din München. Ea conține
licori din anii 1784 și 1787 și 40 de ani de producție din
secolul al XIX-lea, dintre care, din nou, vinul din 1811.[2]

---

[1] Ph. Roudié, „Les mystères du sauternes ou regards croisés sur les vins
liquoreux européens", în Alberto Vieira (ed.), *Os Vinhos Licorosos e a Historia.
Seminário Internacional. 19 a 24 de Abril 1998*, Funchal, Centro de Estudos de
História do Atlântico. Secretaria Regional do Turismo e Cultura, 1998, p. 52-53.

[2] Michel Bettane, „125 millésimes d'Yquem. Un page d'histoire", *La
Revue du Vin de France*, februarie 1999. M. Bettane conchide, cam în grabă,
că este dovada caracterului licoros al vinului Yquem, în secolul al XVIII-lea.
El comentează astfel (p. 80) această degustare la care a fost invitat să par-
ticipe de Hardy Rodenstock și familia Geisel, proprietară a palatului
din München: „Datorită generozității lor, în fiecare dimineață, timp de o
săptămână, am avut privilegiul de a parcurge două secole de producție a
celui mai echilibrat și mai complet dintre vinurile *Sauternes*. Nu voi discuta
autenticitatea tuturor sticlelor prezentate, niciuna nedispunând, într-un
sens sau altul, de dovezile necesare. […] E sigur însă că vinul *Yquem* apare și
mai important. Ce cultură din lume se poate mândri că are o asemenea lon-
gevitate și a produs, în toată această perioadă, atâtea miracole gustative?"

În 1985, Hardy Rodenstock pune în vânzare, la Christie's, în Londra, câteva dintre sticluțele sale rarisime. O sticlă de Lafite 1787 este achiziționată de editorul și colecționarul american Christopher Forbes, cu suma de 105 000 de lire, cel mai mare preț obținut vreodată de o sticlă de vin! Păcat! De atunci, se bănuiește că sticlele Rodenstock sunt falsuri. Scandalul izbucnește în 2005, când Boston Museum of Fine Arts se pregătește să expună patru dintre aceste sticle, achiziționate cu 500 000 de dolari, în 1988, în cadrul unei licitații din Chicago, de către colecționarul Bill Koch. Considerând evaluarea prea superficială[1], muzeul ia legătura cu fundația Jefferson din Monticello, Virginia, care își exprimă îndoieli serioase cu privire la posibilitatea ca sticlele să-i fi aparținut lui Thomas Jefferson. Recipientele sunt, într-adevăr, sticle autentice, din secolul al XVIII-lea obținute prin tehnica suflării[2], dar ele sunt relativ ușor de găsit, în schimb vinurile pe care le conțin ar fi mult mai tinere (1962, potrivit datărilor), inscripțiile fiind gravate cu o moletă de dentist din zilele noastre. Rodenstock este dat în judecată și convocat în fața unui tribunal newyorkez, însă el refuză să se prezinte. Un alt proces, intentat în Marea Britanie de Michael Broadbent, se încheie cu obligarea editorului cărții de investigație a lui Benjamin Wallace la plata de despăgubiri și a unui procent din câștiguri către expert, precum și cu interzicerea vânzării în această țară. Iar cazul își urmează cursul.

---

[1] Provenind de la un singur expert, Michael Broadbent, celebru critic britanic, însărcinat cu vânzarea la licitație.

[2] P. Chevrier, *Le Vin d'hier, op. cit.,* p. 25. Colecționarul genevez Pierre Chevrier rămâne foarte prudent pe tema acuzațiilor de escrocherie aduse lui Hardy Rodenstock. E adevărat că mediul cumpărătorilor, colecționarilor, experților și comercianților specializați în vinuri vechi a fost foarte zguduit de această afacere.

Jean-Robert Pitte

Întâmple-se ce s-o întâmpla cu aceste sticle, fie că i-au aparținut sau nu lui Jefferson. Vinul pe care acesta l-a primit din Bordeaux, în ultimii ani ai secolului al XVIII-lea și în primii ani ai secolului următor, nu era neapărat ambalat în sticle frontiniene. Cu toate acestea, este cert că acest model există deja de mai multe decenii și începe să cunoască succesul în Bordeaux, în acea epocă. Înainte, ele erau destinate muscatului de Frontignan, însă este posibil să fi fost livrate spre Frontignan via Canal du Midi, deschis din 1681. Ipoteza unei influențe a formei sticlelor folosite în Frontignan, încă din secolul al XVII-lea sau de la începutul secolului al XVIII-lea, asupra evoluției sticlelor fabricate în sticlăriile din regiunea Bordeaux, în momentul în care îmbutelierea vinurilor la fața locului ia amploare, este deci foarte plauzibilă. Ea va trebui confirmată sau infirmată de cercetările ulterioare, ca și fragila supoziție a unei filiații Veneția-Genova-Frontignan, foarte seducătoare, având în vedere rolul de pionier și prestigiul Serenissimei în arta europeană a sticlei suflate din Evul Mediu. Dacă situația ar fi stat așa, sticla bordeleză ar fi luat naștere atunci dintr-un amestec al unei filiații mediteraneene cu una englezească, ceea ce rezumă chiar istoria marii podgorii bordeleze.

Una dintre primele sticle bordeleze adevărate, aproape cilindrică, este modelul pe care-l comandă, în jurul anului 1825, marchizul Étienne d'Aligre (1770-1847), nobil francez, la una dintre sticlăriile din Bordeaux sau Bourg, pentru a-și pune vinul de pe domeniul său din Margaux, de la Château Bel-Air. Acest om politic bogat și influent, proprietar a peste 20 000 de hectare de pământ în toată Franța, nu vinde nimănui scumpul său vin de Margaux. Acesta este rezervat exclusiv pentru masa sa și pentru câteva cadouri destinate prietenilor și cunoștințelor sale. După moda englezească, rară în Franța, acesta pune să se aplice, pe foarte frumoasele recipiente de culoare verde-oliv, din sticlă cu bule mici și cu gât răsucit, un însemn mare, din același material, cu un diametru între 4 și 5 cm, cu următorul text dispus pe patru rânduri: „MARGAUX BEL-AIR MARQUIS D'ALIGRE." Pe fața opusă, cere să se realizeze un al doilea însemn, cu o lungime de 6 cm, sub formă de feston, pe care este scris strengărește „INTERZIS SĂ RĂMÂNĂ". Și alte sticle frontiniene-bordeleze au însemne din sticlă; mai multe modele ștanțate Château Lafite sunt cunoscute[1], ca și unele Haut-Brion și Mouton, inclusiv după achiziționarea domeniului de către Rotschild.[2] Acestea rezultă din comenzile negustorilor din Bordeaux, și nu de la proprietarii castelului, care, de altfel, nu îmbuteliază vinul ei înșiși, înainte de secolul XX.

Este rar ca sticlele de vin vechi, pline sau goale, să aibă o istorie documentată, cu excepția cazului în care rămân în crama de origine, precum vinul Lafite din 1797 sau 1798, care a rămas în pivnițele castelului, sau precum marile vinuri de Burgundia din anii 1840 păstrate de casa Bouchard Père et Fils în castelul din Beaune. Cele de *Margaux-défendu* au o istorie care continuă după moartea primului lor stăpân, elegantul marchiz.[3] O parte dintre cele pe care nu le-a băut și care sunt depozitate în pivnița locuinței sale din Strada Anjou sunt răscumpărate de scriitorul Frédéric Gaillardet, amator avizat, revenit din Statele Unite în 1848. Acesta le păstrează în crama pariziană proprie până la moartea sa, în 1882, având grijă să spargă toate sticlele goale, pentru a evita ca acestea să cadă în mâinile vreunui negustor necinstit, care ar căuta

---

[1] În colecția personală a biroului de brokeraj din Saint-Émilion, Yves Nouvel, de exemplu.

[2] Vezi fotografia unei sticle din anul de producție 1906 în Ph. Roudié, „Ombres et lumières d'une réussite", *op. cit.*, p. 204.

[3] *Le Monde illustré*, 25 septembrie 1858, p. 195.

să le cumpere pentru a le umple cu un vin oarecare și să profite astfel de reputația faimosului *Margaux-défendu*. Această practică este astăzi recomandată de Domeniul Romanée-Conti clienților săi din întreaga lume. Cealaltă parte este achiziționată de contele d'Ignenville, care va păstra o serie de sticle până la moartea sa, în 1857. Acest lot este apoi cumpărat de un negustor bordelez, care îl revinde către doi specialiști din domeniul alimentației, care, din păcate, nu sunt numiți în sursa datând din anul următor. Istoria lor se pierde, însă unele dintre ele, pline și cu dopul original, supraviețuiesc până în anii 1990, când sunt scoase la licitație. Autorul acestor rânduri a avut privilegiul să deguste conținutul uneia, fără an de producție menționat, și să simtă, în pofida caracterului ușor ofilit al vinului, emoția de a intra, aproape clandestin, în cercul privilegiaților acceptați să savureze un Margaux al marchizului, la un secol și jumătate după moartea sa![1] Sunt momente importante în viața unui amator, ca acela de a-și înmuia buzele în șampania anului 1839, descoperită în 2010 într-o epavă scufundată pe fundul Mării Baltice, șampanie ale cărei stil și asamblaj fuseseră decise de însăși doamna Clicquot.[2]

Sticla bordeleză este prima care a adoptat destul de devreme capacitatea de 75 cl, respectiv trei sferturi din unitatea volumetrică a lichidelor în sistemul metric, litrul. Această alegere se va impune mai întâi în Franța, apoi, treptat, și în alte părți ale lumii, pentru vinurile fine, în timp ce vinurile de consum curent vor fi ambalate în sticle de un litru, care au uneori un însemn ce indică această capacitate, asta de la legea privind sistemul metric din

---

[1] Deși nu era clasat în 1855, *Château Bel-Air Marquis d'Aligre* este un Margaux prețuit, al cărui proprietar, Jean-Pierre Boyer, conduce podgoriile și vinifică într-o manieră originală din 1950.

[2] Veuve Clicquot, 2012.

1837 și până la începutul secolului XXI, moment în care, în Franța, se renunță la sticlele cu stele, destinate vinului de masă. Capacitatea de 75 cl îi permite vânzătorului să scadă cantitatea de vin din fiecare sticlă, chiar dacă nu este vorba despre o fraudă propriu-zisă, deoarece capacitatea trebuie menționată pe etichetă. Dar de unde provine această cifră hibrid de 75 cl? Ea ar avea două origini[1]: pe de o parte, o veche măsură englezească, sfertul popular (0,7577 l), diferit de sfertul imperial (1,1357 l); pe de altă parte, faptul că baricul bordelez conține 225 de litri (50 de galoane imperiale de 4,5425 l), capacitate impusă în 1908 de Camera de Comerț din Bordeaux, ceea ce reprezintă o cifră rotundă, de 300 de sticle. Evident, cei 75 cl reprezintă conținutul unei sticle a cărei capacitate, plină cu vârf, este mai mare cu câțiva centilitri.[2]

VIRTUȚI COMUNE ALE STICLEI ENGLEZEȘTI ȘI ALE CELEI BORDELEZE

Negustorii englezi de la sfârșitul secolului al XVIII-lea, urmați de cei bordelezi, în primele decenii ale secolului al XIX-lea, adoptă deci modelul de sticlă cilindrică, cu umeri pătrați – într-un ritm mai lent în Bordeaux, față de Marea Britanie. În 1809, catalogul sticlăriei Dioncq-Lenglé, din Basse-Ville, din Dunkerque, prezintă opt modele de sticle, desenate sumar[3]: litru, sticlă din Champagne, pintă

---

[1] D. Dabas, A. Orsini, „La contenance des bouteilles", *op. cit.*, p. 61.

[2] Începând cu un decret din 1963, o sticlă bordeleză trebuie să conțină 75 cl și să aibă capacitatea de 76,5 cl, diferența fiind destinată dopului și aerului.

[3] Arhivele Departamentale din Nord. Această foaie manuscrisă este reprodusă în mai multe lucrări, în special în É. Caude, A. Pougetoux (ed.), *La Cave de Joséphine, op. cit.*, p. 28.

pariziană, frontiniană sau bordeleză, englezească, canevette[1], damigeană cu rachiu, damigeană obișnuită. Cea numită „frontiniană sau bordeleză" are, în continuare, umerii foarte lăsați și baza mult mai îngustă decât umerii. În schimb, cea englezească are umerii în unghi drept și corpul aproape cilindric.

În 1829, pictorul Gustave de Galard realizează portretul administratorului cramei deținute de casa de comerț Barton-et-Guestier.[2] Administratorul examinează cu lumânarea un pahar cu vin, turnat dintr-o sticlă aproape cilindrică, însă destul de apropiată ca formă de una *champenoise-bourguignonne,* dar și mai pântecoasă decât aceasta și decât o *frontiniană.*[3]

S-a subliniat interesul pentru această formă pentru aranjarea pe rânduri suprapuse în crame, unde negustorii învechesc vinuri pe care le vor vinde la un preț superior vinurilor nou îmbuteliate, după învechirea lor în butoi. Cu cât sticlele au formă mai regulată, cu atât mai puțin există riscul ca ele să stea într-o poziție instabilă și să deformeze rândurile, ceea ce ar putea duce la spargerea lor. Rândurile se pot ridica atunci ușor până la doi metri înălțime, adică până la înălțimea unei mâini ridicate. Ca și în pivnițele din Champagne, cramele din Bordeaux sunt despărțite în compartimente pentru stocare și învechire, în fiecare putându-se depozita mai multe mii de sticle. La aceasta se

---

[1] Termen din marină desemnând sticlele drepte, conținând vinul ofițerilor, dar și cutia în care sunt ținute.

[2] Colecția casei Barton et Guestier. Tablou reprodus în Gérard Aubin, „Le nouveau bordeaux est arrivé", în G. Aubin *et al., Bordeaux vignoble millénaire, op. cit.,* p. 104.

[3] Această sticlă este foarte asemănătoare cu aceea dintr-o simpatică pictură gurmandă, datând din anii 1760, care se găsea în sufrageria fostului conac de Cheverus din Bordeaux, fost sediu al ziarului *Sud-Ouest.* Este reprodusă în D. Dabas, A. Orsini, „De la bouteille bordelaise", *op. cit.,* p. 52.

adaugă economia de spațiu prin cutiile din lemn, în care sticlele sunt culcate, cel puțin cele în care se află vinuri renumite, adesea câte 50, pentru a fi livrate către client. Evident, ele trebuie protejate de șocuri. Zonele învecinate cu Bordeaux furnizează paiele de secară necesare. În cursul secolului al XIX-lea, sticlele sunt depozitate în manșoane cilindrice, mai costisitoare, însă care oferă mai multă protecție și sunt mai ușor de pus și de îndepărtat. Acestea se vor răspândi în toate podgoriile franțuzești care fac livrările în sticle. Viticultorii din Alsacia încă foloseau această tehnică în jurul anilor 1960, chiar înainte de a trece la cutiile de carton separate în spații individuale verticale sau orizontale. La Bordeaux, ele vor dispărea odată cu fabricarea de către mașini speciale a unor suporturi din lemn de pin, strecurate în fantele interioare ale cutiilor de 12 sticle, împiedicând astfel atingerea sticlelor între ele. Practica decantării este un alt motiv al apariției modelelor de sticlă cu umerii pătrați. Aceasta este pusă la punct în înalta societate englezească, mare consumatoare de *Claret, Port, Sherry, Madeira, Klein Constantia, Malaga, Marsala, Cyprus* etc. Toate aceste vinuri roșii, seci, licoroase naturale sau fortificate, au depuneri mai mult sau mai puțin abundente pe partea pe care au fost puse să se învechească, în pofida decantărilor la care au fost supuse. Doar perfecționarea limpezirii și mai ales filtrarea vor face inutilă decantarea sau îi vor conferi o altă funcție, aceea de a aera vinurile, pentru a le face să-și atingă potențialul maxim. Nu întâlnim însă aceeași situație în cazul vinurilor albe, mult mai filtrate înainte de îmbuteliere și care nu conțin taninuri în suspensie, mustul fiind separat de pielițe, de pulpa strugurelui și de sâmburi încă de la presare, care are loc imediat după cules.

Extragerea vinului dintr-un burduf, dintr-o amforă sau dintr-un butoi se practică, evident, încă din Antichitate, însă nu reprezintă o decantare, iar în urcioare și în carafele vechi vinurile erau adesea tulburi, particulele solide fiind amestecate cu cele lichide, așa cum sunt în continuare în ultimele podgorii destinate consumului propriu, țărănești și arhaice, cum ar fi cele din Caucaz, spre exemplu. În mod clar, în Evul Mediu, în Renaștere și la începuturile Epocii Moderne, orice amator era fericit să bea un vin limpede și strălucitor, ceea ce nu era probabil un lucru obișnuit, chiar și în timpul mesei și al banchetelor din înalta societate. Pictorilor nu le-a lipsit sensibilitatea în legătură cu acest subiect și au redat cât mai fidel posibil roșul-violaceu, culoarea cuprului sau portocaliul vinurilor servite în pahare de Veneția.

Decantarea, care are scopul de a limpezi un vin învechit în sticlă, este un rafinament care ia naștere din momentul în care se stăpânește tehnica realizării recipientelor închise la culoare, din sticlă groasă, culcarea acestora, astuparea cu dop de plută și, evident, vinificarea cu cele mai mici riscuri, datorită igienei și sulfului. Ea nu are importanță estetică decât dacă sunt folosite pahare perfect translucide și chiar strălucitoare sau carafe similare, așezate pe o față de masă albă, într-o sală de mese bine luminată de lustre din cristal și de sfeșnice din argint. De aceea ea este direct legată de inventarea cristalului cu conținut de plumb, singurul care permite admirarea aspectului vinului în toată splendoarea sa. Acesta rezultă din perfecționarea procedeelor venețiene, puse la punct de sticlarii englezi, la sfârșitul secolului al XVII-lea. Dintre aceștia, George Ravenscroft a rămas cunoscut pentru totdeauna. El a trăit în Veneția între anii 1650 și 1660 și a fost negustor de sticle, învățând tehnicile specifice sticlăriei de Murano și obți-nând, în 1674, un brevet regal pentru fabricarea de obiecte din cristal de plumb în două fabrici, situate una în Londra, cealaltă în Henley-on-Thames. El însă nu pare să fi fabricat carafe. Primele datează din anii 1730, momentul inventării dopului, tot din cristal, destinat să limiteze oxidarea după decantare.[1]

Cuvântul englezesc *decanter* (decantor), care desemnează un recipient pentru decantarea băuturilor alcoolice, nu apare decât în 1715, în timp ce verbul *to decant* (a decanta) este atestat încă din 1630.[2] Acesta, ca și franțuzescul *décanter* (a decanta), care apare în 1701, în dicționarul lui Furetière[3], provine din termenul alchimiștilor din latina medievală *decant[h]are,* care vine la rândul lui din *cant[h]us,* cioc de urcior. Este de menționat că limba franceză nu a creat cuvântul *„décanteur*[4]*"* (decantor), pe care îl găsim totuși folosit de mai multe ori, ca un simpatic anglicism, în traducerea în limba franceză a *Atlasului mondial al vinului,* scris de Hugh Johnson și Jancis Robinson, doi autori britanici renumiți.[5] Aceasta din urmă, care a fost și somelier al reginei Angliei, prezintă ea însăși în această carte, în trei fotografii clare și comentate, ritualul decantării unei sticle de Bordeaux foarte vechi, mai exact un Château-la-Lagune 1961, fără îndoială extraordinar. Ea nu evită polemicile: „Decantarea, adesea subiect de controverse, este rar înțeleasă, în principal pentru că efectul său asupra unui vin este imprevizibil. O concepție greșită, potrivit căreia decantarea nu ar trebui făcută decât pentru sticlele vechi,

---

[1] Jancis Robinson, *The Oxford Companion of Wine,* Oxford, Oxford University Press, 2006, p. 223-225; Andy McConnell, *The Decanter: An Illustrated History of Glass from 1650,* Woodbridge, Antique Collectors' Club, 2004.

[2] *„Decanter: 1715. A vessel for decanting liquors"*; *„Decant: 1630s. Pour off the clear liquid from a solution by gently tipping the vessel"* (www.etymonline.com).

[3] *Trésor de la langue française.*

[4] Este folosit în limbajul tehnic automobilistic, pentru a desemna o piesă din motor.

[5] Paris, Hachette, 2002, p. 44-47.

încărcate cu sedimente[1], este în circulație. Însă experiența arată că vinurile tinere sunt cele care profită cel mai mult de pe urma acesteia. Oxigenul pe care îl conțin astfel de vinuri nu a avut prea mult timp să-și producă efectele, însă aerul conținut în decantor acționează rapid. [...] Cei care se opun cu tărie decantării susțin că există un mare pericol ca fructul și aroma să se piardă atunci când vinul este turnat în decantor și că evoluează rapid acolo [...]. Este adevărat că unele vinuri vechi își pot pierde rapid ce mai rămâne din savoarea lor, însă ele sunt probabil bogate în sedimente. Experiența și gustul personal sunt cei mai siguri ghizi în domeniu."

În Franța s-a păstrat vechiul termen de *carafe* (carafă), căci obiceiul decantării vinurilor a apărut târziu în această țară și, atunci când s-a dezvoltat în mod limitat în înalta societate bordeleză și apoi pariziană, a fost prin imitarea modelului englezesc. Cât despre verbul din franceză *carafer*, acesta este foarte recent și nu este folosit decât printre somelieri și marii amatori de vinuri. El face referire mai ales la practica oxigenării unui vin tânăr, alb sau roșu, care este puțin închis. Primele carafe pentru decantat, obținute prin tehnica suflării în Franța, nu au apărut decât în 1782, din cuptoarele celei mai prestigioase fabrici de cristal, cea din Sèvres.[2] Mauriac descrie perfect cultura bordeleză atunci când scrie: „Administratorul conacului se enerva pentru că se uitase ca vinul să fie decantat.[3]" Însă

---

[1] Alt anglicism...

[2] J. Bellanger, *Verre d'usage et verre de prestige, op. cit.*, p. 297. De altfel, din 1727, Sèvres fabrică sticle de foarte bună calitate. Vezi un exemplar pântecos, înzestrat cu un sigiliu de sticlă, datând din 1740, în *ibid.*, p. 155. Este păstrat în muzeul fabricii.

[3] În *Le Mystère Frontenac*, Paris, Grasset, 1933, p. 131. Citat în *Trésor de la langue française*.

cel mai frumos omagiu adus decantării „în stil bordelez"
este poemul scris în 1849 de Biarnez, ca elogiu pentru
Lodi-Martin Duffour-Dubergier, primar al orașului Bor-
deaux între 1842 și 1848. Acest amator avizat de mari vinuri,
supranumit „Prințul Aquitaniei", pregătea vinurile el
însuși, într-o punere în scenă savantă, dedicată oaspeților
săi, pe care îi primea în castelul Gironville, din Macau[1]:

Pe sticla mereu ținută orizontal
Pune un recipient de cristal.
Cu ochi ager, ațintit asupra lichidului strălucitor,
Îl toarnă doar cât e limpede și ușor,
Dacă un pic de tartru sau altă depunere apare,
Se oprește... nu regretă deloc dacă fundul dispare.
Doar așa, mereu transparentă și rubinie,
Dintr-o sticlă veche licoarea trebuie turnată să fie.

De atunci, pentru confortul degustării și, în special,
pentru aspectul estetic, decantarea vinurilor vechi se
impune în Anglia și se recomandă ca sticlele să fie adap-
tate acestei practici. Acest motiv se adaugă la facilitarea
stocării și transportului, pentru a explica evoluția forme-
lor atât în Anglia, cât și în Bordeaux, la sfârșitul secolului
al XVIII-lea. Este necesar ca unghiul umerilor sticlei să se
apropie cât mai mult de un unghi drept, pentru reținerea
depunerilor acumulate în sticla care, înainte de decantare,

---

[1] Citat de Jean Cavaignac, „Le vin dans les caves et les chais des négo-
ciants bordelais au XIXe siècle", în *Les Boissons: production et consommation
aux XIXe et XXe siècles. Actes du 106e Congrès national des sociétés savantes.
Perpignan 1981. Histoire moderne et contemporaine*, Paris, CTHS, t. 1, 1984,
p. 114. Chiar Lodi-Martin Duffour-Dubergier e cel care prezida Camera
de Comerț din Bordeaux în 1885, anul faimoasei clasificări a vinurilor
Grands Crus.

a fost menținută câteva ore în poziție verticală, ca măsură de precauție. Astfel, se pierd câțiva centilitri de vin, însă cel care ajunge în carafă este perfect limpede.

Evident, o astfel de operațiune nu este necesară pentru șampanie, care nu conține depuneri, decât cel mult câteva cristale de tartru, ceea ce înseamnă că ea va fi păstrată pentru a fi ambalată în sticle cu umeri lăsați. Cât despre vinul roșu de Burgundia, pe bază de pinot, acesta conține mai puține taninuri decât Bordeaux-ul, realizat, în principal, din Cabernet-Sauvignon sau Merlot. De altfel, acesta provine dintr-un mediu cultural căruia nu-i pasă de depuneri, considerându-le un indicator al autenticității și al vechimii vinului. Amatorii parizieni, chiar rafinați, îl preferă servit la masă în sticle cât mai prăfuite, semn al vârstei lor venerabile. Grimod de La Reynière, iubitor de lux, se opune cu îndârjire decantării[1]: „Transferarea lor în sticluțe de cristal, pentru a le prezenta cu mai mult fast la masă, înseamnă să le faci să-și piardă buchetul și o parte din spiritul și din calitatea lor. Acest tip de lux, necunoscut de tații noștri, nu a putut fi adoptat decât de către bărbați complet străini de marea artă a traiului bun. Adevărata valoare a vinului rezidă, mai degrabă, în vechimea lui, nu în strălucirea vasului în care se află. Ar fi mai bun dacă ar fi băut din vase de sticlă realizată prin arderea ferigilor, adică foarte subțiri. Paharele de cristal[2], care impun un spațiu mai mare între băutură și buzele băutorului, sunt marii inamici ai

---

[1] Balthazar Grimod de la Reynière, *Manuel des amphitryons*, Paris, Métailié, [1808], 1983, p. 228-229.

[2] La începutul secolului al XIX-lea, paharele din cristal cu plumb sunt strălucitoare, dar încă foarte groase, în timp ce tradiționalele pahare cu cenușă de ferigă pot fi de o mare finețe, comparabilă celei a paharelor de Veneția (J. Bellanger, *Verre d'usage et verre de prestige, op. cit.*; Leonhard M. Bickerton, *English Drinking Glasses. 1675-1825*, Princes Risborough, Shire, 2000).

degustării. Adevărații cunoscători ar trebui să le interzică folosirea, căci ele au fost introduse numai dintr-un lux născut de dorința de fast, decât din rațiune." Muzicianul german Johann Friedrich Reichardt, care este cazat în Paris, în timpul Consulatului, evocă în jurnalul său mesele la care este invitat și notează că sunt servite „vinuri fine, aduse la masă, în sticlele lor".[1]

Peste tot, vinurile de Burgundia au fost foarte puțin decantate în ultimele două secole, iar vinurile de Bordeaux sau din alte părți au fost foarte puțin decantate în Paris. Și astăzi se întâmplă la fel, cu excepția anumitor case bur-gheze, care nu doresc să pomenească numele și anii de producție ai vinurilor servite la dineurile lor, mulțumin-du-se să le răspundă în șoaptă invitaților curioși, ale căror întrebări li se par ușor deplasate. Vinul este pus în carafă și în unele restaurante prestigioase, care consideră că trebuie să facă asta pentru a impresiona clienții și a-și justifica tarifele, ceea ce denotă o oarecare lipsă de distinc-ție, sau pentru a aera și a deschide unele vinuri tinere, albe sau roșii, ceea ce este, în schimb, perfect recomandabil.

În spatele acestei opoziții marcante dintre cultura sticlei și cea a carafei pentru decantare se profilează două concepții despre lume și despre destinul uman, inclusiv despre legătura cu Dumnezeu și lumea de dincolo. Este o ipoteză pe care am emis-o pe un ton cât mai puțin senten-țios în 2000, în *Amatorul de Bordeaux*.[2] Acest mic text mi-a adus o serie de critici acerbe din partea excelentului meu coleg, regretatul René Pijassou, cel mai bun cunoscător al istoriei și al geografiei regiunii Médoc, și din partea altor

---

[1] Citat de Ph. Meyzie, „De la conservation à la dégustation du vin: verre, innovations et distinction sociale (XVIII⁰ – début XIX⁰ siècle)", *op. cit.*, p. 42.

[2] J.-R. Pitte, „Le vin de Bordeaux est-il protestant?", *L'Amateur de Bordeaux*, nr. 71, dec. 2000, p. 44-50.

profesori universitari sau actori din lumea vinului. De atunci, ipoteza a câştigat teren.[1] Să o rezumăm.[2] Ideea de a decanta şi deci de a limpezi vinul turnându-l într-o carafă de cristal pur, veghind la lumina unei lumânări ca niciun fragment de depunere să nu scape din sticlă, este în perfectă concordanţă cu etica puritană. Un protestant nu beneficiază de niciun intermediar între el şi Creatorul său; el trebuie să trăiască în lumină şi în rigoare. O sticlă închisă la culoare şi prăfuită poate fi asemănată cu un suflet de catolic, care găseşte iertarea în penumbra unui confesional, aflat într-o biserică adesea slab luminată. O carafă strălucitoare, care permite admirarea culorii rubinii a *Claret*-ului pe care îl conţine, evocă atitudinea unui creştin reformat, care stă în faţa lui Dumnezeu, ca şi în faţa fraţilor săi, cât mai sincer, transparent şi pur posibil. Casele din nordul Europei sau din Elveţia calvinistă nu au perdele la ferestre, iar templele sunt inundate de lumină. Nici vinul decantat prezentat în carafă nu este mai puţin lipsit de mister, căci există obiceiul, în Anglia şi, încă şi mai mult în Bordeaux, să nu se dezvăluie imediat numele şi anul de producţie al vinului astfel servit. Este un mic joc din timpul dineurilor intime organizate în castelele din Médoc. Nici viticultorii din Burgundia nu se privează de acest mister, însă deschizând sticle foarte prăfuite şi... lipsite de etichetă.

Să adăugăm, în sfârşit, un argument oarecum improbabil, dar care întăreşte această ipoteză culturală: silueta

---

[1] Este rezumată, de exemplu, fără o judecată negativă, în revista *Réforme* (nr. 2910, 18-24 ianuarie 2001, p. 12, şi nr. 2912, 1-7 februarie 2001, p. 6) şi în D. Dabas, A. Orsini, „De la bouteille bordelaise", *op. cit.*, p. 54.

[2] Demonstraţia este mai dezvoltată în J.-R. Pitte, *Bordeaux-Bourgogne, les passions rivales, op. cit.*, în capitolul intitulat „Une polémique: vin catholique, vin protestant", p. 217-230.

sticlelor frontiniene și bordeleze este destul de apropiată de aceea a pastorilor protestanți, cel puțin în imageria din Épinal. În schimb, sticlele din Champagne și din Burgundia se apropie de formele rotunjite atribuite adesea călugărilor decadenți și clericilor catolici *bon vivant* ai Epocii Moderne și ai secolului XX, de dinainte de conciliu. Spiritualul și regretatul Pierre-Marie Doutrelant este cel care a făcut odinioară această remarcă: „Priviți forma sticlelor de Bordeaux și de Burgundia. Prima e calvinistă și cu gâtul ridicat. Cea de-a doua, ecleziastică și pântecoasă. Există două școli franceze ale vinului bun."[1] De fapt, există mult mai multe, chiar mai multe decât formele de sticle!

Jean-Paul Kauffmann, un adevărat admirator al vinului de Bordeaux, a scris aproape același lucru cu câteva luni înainte de sfârșitul captivității sale în Beirut, într-o lucrare pe parcursul căreia rememora marile momente ale degustării la care participase: „Ceea ce-mi plăcea la Bordeaux era forma sticlei! Cu gulerul de domn, cu rotunjimi elegante, chiar dacă puțin severe și cu modul ei suveran de a-și păstra ținuta, ea se diferenția, prin umerii lăsați, de marea sticlă de Burgundia, folosită și pentru muscadet sau numeroasele vinuri din crama paternă. Rectitudinea sticlelor bordeleze, cu acest pântec deloc exagerat și cu acest gât rigid, îmi pare o garanție de probitate. Cu pântecul lor rotunjit, mi se pare că restul sticlelor se neglijează. De ce ține nașterea unei pasiuni? Mai târziu am aflat că bordeleza era o adevărată fiică a Sudului. Fiind de origine din Languedoc, ea era numită, acum două secole, „frontiniana".[2] Nu trebuie să ne uimească eforturile încoronate de succes

---

[1] Pierre-Marie Doutrelant, *Les Bons Vins et les autres,* Paris, Seuil, colecția „Points", [1976] 1984, p. 15.

[2] Jean-Paul Kauffmann, 1989, p. 11.

ale lui Jean-Paul Kauffmann pentru a semăna cu o sticlă de Bordeaux... şi nu cu flaconul de vin de Burgundia, cu un călugăr grăsun – pe modelul Felix Kir, adjunct al primarului din Dijon între 1945 şi 1967, justificând expresia inventată de Henri Barbusse: „A avea umeri lăsaţi, de sticlă."[1]

Pentru a-l invita pe Jean-Paul Kauffmann să se gândească la pericolele poziţiei sale, îi sugerăm să se concentreze pe cartea *Le Vin de Paris* de Marcel Aymé. Acesta îl prezintă pe Etienne Duville, un personaj care „iubea enorm vinul. Din nefericire, acesta îi lipsea." Scena se desfăşoară în 1945, iar iubitorul sticlei divine are halucinaţii. Privindu-şi socrul blamat, el visează cu ochii deschişi: „Brusc, el descoperea că bătrânul avea o formă interesantă. Spatele său subţire, umerii săi drepţi şi alungiţi, gâtul său slab, care se termina cu un cap mic, cu faţa rubicondă, îi dădeau, de gândit. «Nu visez, îşi zise el, ai zice că seamănă cu o sticlă de Bordeaux.» Ideea îi părea absurdă, încerca să-şi îndrepte atenţia în altă parte, însă, fără să vrea şi în fiecare clipă, îşi arunca rapid un ochi la socrul său. Asemănarea era din ce în ce mai mare. Cu calviţia sa cu tentă roşie, ai fi jurat că este o sticlă de vin cu dopul pus."[2]

Chiar dacă nu l-au citit pe Marcel Aymé, nici pe Doutrelant şi nici pe Kauffmann, japonezii au înţeles, într-un mod la fel de fin ca aceştia, prăpastia care separă cele două sticle. Ei numesc sticla din Champagne-Burgundia *nadegata*, ceea ce înseamnă „în stilul mângâiere", şi bordeleza, *ikarigata*, „în stilul umeri pătraţi". Nu mai e nimic de adăugat! Vom vedea mai târziu că forma sticlelor trezeşte multe alte fantasme în rândul poeţilor, pictorilor şi amatorilor de vin.

---

[1] În *Le Feu*, Paris, Flammarion, 1916, p. 49. Citat în *Trésor de la langue française*.

[2] Marcel Aymé, *Le Vin de Paris*, Paris, Gallimard, colecţia „Folio", [1947] 1983.

Tot în secolul al XIX-lea s-a stabilit că vinul bine alcătuit se ameliorează atunci când este conservat mult timp în sticlă. Expresia „prendre de la bouteille"[1], folosită pentru a evoca îmbătrânirea înțeleaptă a unei persoane – de preferință un bărbat, în limbajul galant –, devine o metaforă populară.

RĂSPÂNDIREA STICLEI DIN CHAMPAGNE SPRE SUD

Am vorbit despre rolul de pionier al șampaniei în dezvoltarea industriei sticlelor în cea de-a doua jumătate a secolului al XVII-lea și transmiterea acestei tehnici din Anglia în Franța, în prima jumătate a secolului al XVIII-lea. Este începutul dezvoltării sticlăriilor și al perfecționării tehnicilor implementate în Argonne, în Lorraine și în estul bazinului de huilă din nord (Franța, Belgia). Sticla grea, închisă la culoare și pântecoasă realizată în acea perioadă era perfectă pentru șampanie, care nu trebuia decantată. Era suficient ca forma sticlei să fie cilindrică, pentru ca aranjarea în pivnițe a recipientelor inversate unele față de celelalte să poată fi posibilă fără risc major de spargere. Spargerea se putea produce uneori din cauza unei presiuni prea mari a dioxidului de carbon din interiorul sticlei, în timpul celei de-a doua fermentări, însă nu avea nicio legătură cu forma sticlei. Șampania a rămas deci fidelă, până astăzi, unui model de sticlă perfecționat și adaptat folosirii sale, însă păstrând o urmă de arhaism, prin umerii săi foarte lăsați, vestigiu al părții superioare a bulei de sticlă suflată, fără

---

[1] Expresie însemnând, „a se învechi ca vinul", folosită metaforic, pentru oameni, cu sensul de „a căpăta experiență de viață".

a necesita manevre savante pentru a reuși să se creeze un unghi drept între corpul sticlei și gât.

Acest model, stabilit definitiv la începutul secolului al XIX-lea și reprodus în milioane de exemplare în fiecare an, a cucerit în mod natural regiunile viticole învecinate din Champagne, cel puțin cele în care vinurile erau destul de celebre pentru ca domeniul și comerciantul să ia în considerare vânzarea în sticle. Este, mai întâi, cazul în Burgundia, unde vinurile se bucură încă din Evul Mediu de o reputație considerabilă. Această practică datează, cel mai târziu, din 1716.[1] În „Scrisori familiare despre Italia", președintele Charles de Brosses scrie în glumă: „Dragostea față de patrie, virtute dominantă a marilor suflete, mă cuprinde întotdeauna la vederea unei sticle de vin de Burgundia."[2] Încă din 1718, cu zece ani înainte de autorizația regală de a vinde vinuri din Champagne în sticle, 30 000 de sticle sunt exportate din Burgundia și 50 000, în 1788, de la diverse case de comerț: Chardon din Dijon, Poulet sau Lamarosse[3] din Beaune[4]. Este evident foarte puțin în comparație cu volumele din Champagne (2,5 milioane de sticle suflate în fiecare an în Argonne) sau din Bordeaux

---

[1] L. Latour, *Vin de Bourgogne. Le parcours de la qualité, op. cit.*, p. 494-495.

[2] www.dicocitations.com

[3] L. Latour *(Vin de Bourgogne. Le parcours de la qualité, op. cit.*, pl. XII și XIII, p. 192-193) reproduce o scrisoare a casei Lamarosse et Cie adresată unui nobil englez, propunându-i un anumit număr de vinuri prestigioase burgunde (Romanée, Chambertin, Nuis [sic!], Clos de Vougeot, Beaune, Pomard [sic!], Volnay, Morachay [sic!]), dar și din alte zone (Hermitage, Muscat [de Frontignan?], Côte-Rôtie, Champagne Mousseux) în baric sau în sticlă. Fiecare baric conține, arată catalogul, 240 până la 245 de sticle, pinte pariziene, capacitatea unui baric burgund fiind de multă vreme fixată la 228 de litri. Prețurile diferă în funcție de solicitarea clientului cu privire la transport, de exemplu 2,5 șilingi sticla de Romanée luată pe loc, 5,5 adusă la Londra, ceea ce ridică transportul de la Beaune la Londra, via Calais, la 3 șilingi, preț care se aplică, desigur, tuturor vinurilor numite mai sus.

[4] *Ibid.*, p. 96.

(3 milioane pentru toate sticlăriile din regiunea Bordeaux), de la sfârșitul domniei lui Ludovic al XVI-lea. Această întârziere, în comparație cu regiunea Bordeaux, se datorează și crizei pe care o traversează viticultura din Burgundia, care continuă să producă vinuri rubiniu-deschise, deci în stil medieval, foarte puțin colorate, în timp ce regiunea Bordeaux a trecut la *new French claret*, închis la culoare și cu taninuri, care se impune în nordul Europei.[1] Sticlei îi va lua mult timp pentru a se impune în Burgundia și nu va elimina în totalitate vânzarea și transportul în butoaie în afara regiunii decât în ultimul sfert al secolului XX.

Totuși toate tehnicile care permit conservarea vinurilor sunt elaborate în prima jumătate a secolului al XVIII-lea, așa cum stă mărturie, de exemplu, un manuscris din 1743, care descrie „mașina din fier în care este ars sulful *[sic!]* suspendat în butoi".[2] Au fost înțelese de asemenea, ca și în Bordeaux, virtuțile învechirii prelungite în sticlă. În opera sa, care datează din 1855, pe tema marilor vinuri de pe Coasta de Aur, Lavalle menționează că această practică datează din secolul precedent: „Am băut acum un an, în Gevrey, Chambertin recoltat în 1785 și care avea în continuare aproape toate calitățile acestui vin excelent. O sticlă provenind din recolta din 1803 a fost considerată delicioasă."[3] Nimeni nu se îndoiește că dispariția vinului rubiniu din Burgundia s-a realizat prin imitarea metodelor bordeleze – și asta cu câteva decenii întârziere, sub presiunea clientelei îndepărtate, obișnuite cu vinurile închise la culoare. Descoperirea, în 1783, în crama lui Ludovic al XVI-lea din

---

[1] *Ibid.*, p. 540-542.

[2] *Ibid.*, pl. XI, p. 192-193. Din păcate, acest manuscris ilustrat cu un sugestiv desen consacrat afumării cu sulf a butoaielor și clarificării nu are o trimitere bibliografică. Probabil face parte din biblioteca personală a autorului.

[3] Citat în *ibid.*, p. 749-750.

Versailles, a 655 de sticle de Clos de Vougeot, a 195 de sticle de Romanée-Saint-Vivant și a 185 de sticle de Chambertin din anul 1774 sau a 200 sticle de Richebourg 1778[1], arată că aceste vinuri fuseseră puse în sticle la câteva luni sau la câțiva ani după recoltă. Însă nu se știe dacă acest fapt s-a petrecut chiar în Burgundia, la negustorul care a livrat marfa, sau de către intendența regelui, la Versailles. De altfel, aceste cantități sunt foarte reduse, având în vedere numărul de „guri" nobile care trebuiau săturate la curte și, în principal, prin comparație cu șampania (5 000 de sticle) sau cu vinuri venite de mai departe: Tokay (3 500 de sticle), Madeira (4 000 de sticle), Constance, în Africa de Sud (5 000 de sticle). Vinul servit în mod obișnuit în timpul meselor de la curte provenea, în mare parte, din Burgundia, însă el era cumpărat în butoaie și scos direct în funcție de nevoi, fie în damigene, înainte de a fi prezentat în carafe[2], fie în sticle comandate în acest scop, de exemplu la sticlăria regală din Sèvres.[3]

Vinurile de Burgundia ambalate în sticle încep să călătorească pe distanțe mari. De exemplu, în 1786, cramele episcopiei din Limoges conțin 160 de sticle de vin de Burgundia din anul de producție 1781, din nefericire considerate „mediocre", în timp ce sticlele de Graves 1765, de Jurançon 1760 sau de Frontignan 1772 sunt considerate bune.[4] În schimb, cele o sută de duzini de „Burgundy of Chambertin" care intră în decembrie 1803 în pivnițele

---

[1] J.-F. Bazin, *Le Dictionnaire universel du vin de Bourgogne,* Pontarlier, Presses du Belvédère, 2010, p. 428; L. Latour, *Vin de Bourgogne. Le parcours de la qualité, op. cit.,* p. 746-747.

[2] Vezi un model cu flori de crin din secolul al XVIII-lea, din sticlă albă, probabil normand, în J. Bellanger, *Verre d'usage et verre de prestige, op. cit.,* p. 271.

[3] *Ibid.,* p. 155.

[4] Ph. Meyzie, „De la conservation à la dégustation du vin: verre, innovations et distinction sociale (XVIIIe–début XIXe siècle)", *op. cit.,* p. 41.

Casei Albe din Washington, în timpul președinției lui Jefferson[1], sunt probabil excelente, având în vedere personalitatea finanțatorului și a palatului său, cunoscut pentru exigența sa.

Sticla de vin descoperită plină, acoperită de mortar, în mijlocul ruinelor abației Saint-Vivant, în Hautes-Côtes-de-Nuits, are forma specifică acelora din Champagne și din Burgundia, însă nu este sigur dacă datează dinaintea Revoluției, când mănăstirea a fost abandonată, înainte de a fi distrusă. Ea a fost deschisă, conținutul său fiind prelevat pentru analiză și degustat cu emoție în 2011. S-ar părea că vinul datează, mai degrabă, din perioada Imperiului. Un comerciant a folosit pivnița încă intactă la începutul secolului al XIX-lea, însă probabil călugării din Burgundia conservau în sticle, la sfârșitul secolului al XVIII-lea, o parte dintre vinurile de pe domenii, deoarece veniturile, competențele și nevoile lor o permiteau.

Sticlele folosite de negustorii din Burgundia în secolul al XVIII-lea pentru livrarea vinurilor provin, în special, din La Vieille-Loye, din pădurea din Chaux, din apropiere de Dole. Această sticlărie este specializată, din 1674, în fabricarea de sticle care poartă blazoanele meșterilor-sticlari Duraquet de l'Orne.[2] În 1760, ea are 20 de angajați și produce 288 000 de sticle. Sticlele provin și de la Épinac-les-Mines, din apropiere de Autun, unde Gaspard de Clermont-Tonnerre, conte de Épinac, fondează o sticlărie, în 1752, datorită minelor de cărbune care se deschid în același an și a căror concesiune a obținut-o de la intendent. Sticlele vor păstra mult timp un însemn din același

---

[1] Jean-François Bazin, Pierre Dupuy, *Le Bicentenaire du voyage de Jefferson en Bourgogne,* Dijon, Conseil régional de Bourgogne, 1987, p. 6.

[2] J. Bellanger, *Verre d'usage et verre de prestige, op. cit.,* p. 131.

material, care poartă data de 1752, cu mențiunea „sticlă-
riile Épinac", și un blazon cu trei chei.[1] Această sticlărie
folosește nisip din râul Drée, cenușă de ferigă locală, dar
și săricică din insula Ré, ca și varec de proveniență necu-
noscută. Producția sa, modestă la început, crește pe
măsura nevoilor comerțului de pe Côte-d'Or, aflată în
apropiere. Va ajunge la 3 milioane de sticle, în 1837. Alte
sticlării înființate în secolul al XVIII-lea au putut și ele
să satisfacă nevoile comerțului burgund: erau situate în
Nivernais, în Nevers și în Saint-Léger-les-Vignes, în
Souvigny en Bourbonnais, în Saint-Fargeau și în La
Cormera (comună ținând de Lavau) din Yonne. E posibil
de asemenea ca unele sticle să fi fost expediate din Givors,
unde se deschide în 1749 o sticlărie regală, care utilizează
cărbunele local. Producția sa, care ajunge la 500 000 de
sticle în 1755[2] și va urca rapid la un milion[3], merge în
principal pe Valea Ronului, în Midi și la export, dar
navigarea pe fluviu până la Lyon, apoi pe Saône, până
la Chalon, nu punea nicio problemă.

Modelul sticlei din Champagne, devenită burgundă, se
răspândește foarte repede spre Côtes-du-Rhône, în partea
septentrională, unde vinurile cele mai reputate sunt Hermi-
tage și Côte Rôtie. Este unul dintre motivele pentru care s-a
dezvoltat atât de rapid sticlăria regală de la Rive-de-Gier.
Jefferson, de exemplu, îi recomandă succesorului său la
Casa Albă, președintele James Monroe, să-și procure vinul
alb, licoros, Hermitage, un lux care costă 82,50 cenți sticla,
încărcat pe vapor la Tain, în timp ce vinul Rivesaltes de

---

[1] Care nu este cel de Clermont-Tonnerre, cu două chei încrucișate.
[2] Michel Laferrère, „L'industrie du verre dans la région Rhône-Alpes",
Revue de géographie de Lyon, vol. 68, nr. 1, 1993, p. 43.
[3] J. Barrelet, *La Verrerie en France de l'époque gallo-romaine à nos jours*,
op. cit., p. 102.

Roussillon nu face decât 11 cenți sticla.[1] Mai târziu, chiar acest model va condiționa vinul Chateauneuf-du-Pape, când va începe să fie îmbuteliat, de la sfârșitul secolului al XVIII-lea.[2] Cu toate acestea, cea mai mare parte a vinurilor din Valea Ronului, chiar din *terroir*-ul cel mai reputat, sunt expediate, mai ales în vrac și, până la începutul secolului XX, folosite pentru a întări – *hermitager* – vinurile roșii de Burgundia și de Bordeaux, în anii de producție mediocri.[3]

Multe regiuni viticole franceze nu-și pun vinurile în sticle în secolul al XVIII-lea și nici măcar în secolul al XIX-lea. Este cazul podgoriilor din Burgundia inferioară sau al celor din Val de Loire, dintre care unele sunt celebre încă din Evul Mediu. Toate aceste vinuri sunt comercializate în sistem vrac în orașele din regiune sau expediate, în butoaie, pe calea apei, spre marea piață pariziană. Aceasta absoarbe și enorma producție a podgoriei din Île-de-France, din care nicio recoltă nu va fi vreodată pusă în sticle la învechit sau pentru a fi expediată către piețe mai îndepărtate. Vinul e livrat negustorilor și vândut, în țoiuri, în ulcele de o pintă sau, cel mai adesea, de două pinte, înainte de Revoluție, apoi în recipiente de un litru, după introducerea sistemului metric sau în sticle închise rapid, de aceeași capacitate, în vederea unui consum rapid. Proverbul „Când tragi vinul, trebuie să-l bei" chiar se aplică în Paris.

---

[1] B. Ginestet, *Thomas Jefferson à Bordeaux et dans quelques autres vignes d'Europe, op. cit.*, p. 13. E de notat că Jefferson nu evocă nici vinul Hermitage roșu, nici pe cel alb sec, astăzi căutate pe plan mondial, pe când cel licoros, zis „de paie", apărut printr-un proces de uscare a strugurilor pe un pat de paie, este o curiozitate, pe care continuă s-o producă în cantitate infinitezimală câțiva mari viticultori, precum Gérard și Jean-Louis Chave sau Michel Chapoutier.

[2] Michel Dovaz, *Chateauneuf-du-Pape*, Boulogne, Jacques Legrand, 1992, p. 22.

[3] J.-R. Pitte, *Bordeaux-Bourgogne, les passions rivales, op. cit.*, p. 130-141.

Şi la fel şi în Lyon, unde populaţia de lucrători şi de meseriaşi bea pe nerăsuflate, în „ulcele", Beaujolais, acest al treilea fluviu lyonez, care nu este făcut pentru a fi îmbuteliat, conservat şi pus la învechit. Aşa se explică, de altfel, opţiunea pentru soiul Gamay, fără pretenţii, precoce şi foarte productiv, ca un soi de struguri principal pentru acest vin care potoleşte setea. Născut în nobila Côte-d'Or, unde un cătun din Saint-Aubin îi poartă numele, a fost eliminat de ducele Filip cel Îndrăzneţ, în 1395, dar a jucat, de secole, rolul de furnizor de vin pentru gâtlejurile sărmane din Île-de-France, Val du Loire, Poitou, Bugey, Savoia, Auvergne şi din alte zone.[1] Trebuie să-i fim recunoscători că le-a permis tuturor francezilor să participe la civilizaţia vinului. Astăzi, el încă mai formează baza unor vinuri fără glorie, pe care îmbutelierea generalizată nu le salvează, şi doar ici-colo – graţie unor viticultori talentaţi, precum Henry Marionnet, din Sologne, sau Claude Geoffray, din Brouilly – naşte vinuri superbe, care îi asigură adevăratul titlu de nobleţe.

---

[1] G. Garrier, *Histoire sociale et culturelle du vin, op. cit.,* p. 492-493.

V

NIȘELE REGIONALE

Alături de cele trei mari modele – în realitate două, dacă admitem influența celui anglo-olandez asupra celui bordelez –, unele regiuni din Europa și din Africa de Sud au imaginat modele specifice, din motive comerciale și identitare, dar și pentru a se îndepărta de marile centre de producție a sticlei.

FLUTA RENANĂ

Un model de sticlă, astăzi minoritar în Europa și în lume, dar cu o identitate puternică, nu e prin nimic arhaic și rustic: este vorba despre fluta[1] renană. Se distinge prin înălțime, zveltețe și culoarea verde-deschis, maro sau albastră. Rareori e neagră și niciodată incoloră, chiar și atunci când e destinată să conțină vinuri dulci sau licoroase,

---

[1] În limba franceză, *flûte*. În limba română, cuvântul *flută* se folosește în limbajul de specialitate pentru a desemna paharele înalte de șampanie. Îl introducem aici pentru a denumi modelul de sticle cu gât alungit (n. tr.).

care au totuși o culoare aurie, asemănătoare celei a musca-tului din sudul mediteranean, a vinului Sauternes sau a altor licoroase din sud-vestul francez.[1]

Nu pare veche, căci multă vreme vinurile de pe Rin (Germania, Alsacia) și de pe Moselle au fost servite în carafe; cele mai bune se vindeau în butoiașe și erau puse în sticle în regiunile de consum, de exemplu în Marea Britanie, sub numele de *hock*, în acest caz fiind vorba despre sticle englezești. O sticlă din colecția Van den Bossche este prevăzută cu un sigiliu purtând mențiunea „Old Hock 1648"[2], un an de producție considerat excepțional pe valea Rinului și, mai ales, anul tratatului de la Westfalia. Măsoară 24,5 cm și silueta ei e relativ subțire și înaltă, fără să atingă totuși înălțimea adevăratelor flute din secolul al XIX-lea, care depășesc 30 cm. Sticlele englezești din secolul al XVII-lea sunt, în mod normal, bombate, au gâtul foarte scurt și sunt mult mai scunde. Pur și simplu, 1648 nu este data fabricației acestei sticle, care a fost suflată pe la... 1848. În schimb, ea conține un vin de Rin fără vârstă, păstrat într-un butoi perpetuu, precum cel de la Hospices Civils, din Strasbourg, care conține un vin din 1472[3], sau cel din Ratskeller, de la primăria din Bremen, conținând un vin de Rüdesheim din 1653, care, bineînțeles, a fost completat în fiecare an, pentru a nu se

---

[1] Există totuși flute incolore, suflate în regiunile renane, dar ele sunt destinate numai rachiurilor albe.

[2] W. Van den Bossche, *Antique Glass Bottles, op. cit.*, p. 320-321.

[3] Acest vin „alb" la origine, de culoarea ambrei astăzi, nu a fost scos din butoi și degustat decât de patru ori în istorie: în 1576, în 1716, în urma incendiului care a cuprins clădirea, în 1868, de către Frédéric Mistral, și în 1944, cu ocazia eliberării orașului, de către generalul Leclerc. Acest tip de butoi perpetuu se regăsește în diverse podgorii, de exemplu în Roussillon sau Jerez, dar și în regiunile producătoare de rachiuri, precum Armagnac sau Calvados.

transforma în oțet.[1] Sticla datată 1648 a fost așadar fabricată pentru a conține un vin ieșit dintr-un butoi al cărui „picior" era bicentenar și era, fără îndoială, destinat celebrării unui eveniment fericit: tratatul de la Westfalia.

Colecționarul Yves Nouvel plasează apariția flutei în 1839[2], dar această dată pare prea târzie. De fapt, cea mai veche sticlă păstrată în Bibliotheca Subterranea de la Schloss Johannisberg, din Giesenheim, datează din 1748 și deja este vorba despre o flută. Mai există și altele, în diverse colecții, care datează din jurul anului 1800, sunt de culoare verde-deschis sau în nuanța ambrei și au deja formă de fluier (*fluit*, în germană).[3] Supraviețuiesc de asemenea numeroase exemplare prevăzute cu un sigiliu de sticlă imprimat cu HR, inițialele lui Victor Amadeus von Hessen-Rotenburg, ultimul landgraf al acestui principat, și care datează din anii 1821-1835.[4] Dar cunoaștem de asemenea etichete de vin de Alsacia inscripționate cu cuvintele „Edelwein 18..", al căror model a fost înregistrat în 1790, ceea ce dovedește că vinul era pus în sticle de la sfârșitul Vechiului Regim, în provincia franceză, și probabil de mai devreme, în podgoriile cele mai reputate din Rheinegau și din Moselle, dar poate că nu în sticle de tip fluier. După 1870 și după integrarea forțată a Alsaciei-Moselle în Reich,

---

[1] Despre pivnițele municipale, *Ratsweinkeller*, vezi Burghart Schmidt, „Le vin et le verre dans des villes portuaires de l'Allemagne du Nord: signification matérielle, valeur esthétique, portée symbolique", în Ch. Bouneau et M. Figeac (ed.), *Le Verre et le vin de la cave à la table du XVIIe siècle à nos jours, op. cit.*, p. 256-258.

[2] Yves Nouvel, „La bouteille: de sa forme, de son usage", în catalogul expoziției „L'âme du vin chante dans les bouteilles", Bordeaux, Musée d'Aquitaine, 2009, p. 43. Din păcate, el nu precizează sursa.

[3] J. Soetens, *In glas verpakt, op. cit.*, p. 45.

[4] Rainer Kosler, *Flasche, bottle und bouteille. Faszination eines Hohlglases*, Ismaning bei München, WKD, 1998, p. 439; W. Van den Bossche, *Antique Glass Bottles, op. cit.*, p. 320-321.

vânzarea în sticle a scăzut mult, pentru că viticultorii şi negustorii alsacieni au fost privaţi de posibilitatea de a folosi denumirea „vin de Alsacia sau de Rin francez", care făcea concurenţă vinurilor din Rheinegau.[1] Din cauza acestui privilegiu injust, podgoria alsaciană a fost constrânsă să se replieze pe piaţa locală şi să prefere cantitatea în locul cantităţii, ajungând să producă vinuri simple, chiar mediocre. Doar cele mai bune culturi din cei mai buni ani de producţie erau puse în sticle şi numai de către câţiva viticultori reputaţi, cum erau Trimbach (pe atunci instalat la Hunawihr) sau comerciantul Favre & Joeranson, din Ribeauvillé, care îşi vindea tot vinul în sticle.[2] Nimic nu se va schimba între cele două războaie mondiale, din cauza saturării pieţei franceze, şi nici în timpul noii ocupaţii germane. Doar o mică parte a producţiei a fost pusă în sticle înainte de anii 1950, în perioada de reconstrucţie a provinciei, după noua încercare care fusese al Doilea Război Mondial. Apare atunci o viticultură de înaltă calitate, care se orientează spre punerea vinului în sticle şi spre diversificarea producţiilor, pe zi ce trece mai rafinate.

Ar mai fi de amintit motivele pentru care sunt atât de înalte flutele renane, care au început să fie folosite în Elveţia, în Austria, în unele podgorii din Europa de Est, aproape întotdeauna pentru a se pune în ele vinuri albe, provenite din soiuri renane. Această sticlă elegantă, dar fragilă şi mai puţin stabilă decât altele, când stă în picioare, exprimă, desigur, voinţa unei regiuni viticole reputate de a le permite cumpărătorilor să-i recunoască vinurile de la prima privire: o sticlă atât de înaltă şi zveltă nu poate

---

[1] Alexis Lichine, *Encyclopédie des vins et des alcools de tous les pays*, Paris, Robert Laffont, [1980] 1998, p. 135.

[2] R. Moser, „Les étiquettes anciennes du vin d'Alsace", *op. cit.*, p. 113.

conține un vin banal! Celălalt motiv ține de estetica și de imaginarul ținuturilor renane, o arie culturală care iubește verticalitatea. Există nenumărate clopotnițe, turnuri de catedrale (Köln, Strasbourg), turle alungite – simboluri ale păcii, ale libertății, dar și ale aspirațiilor spirituale amestecate; ca să nu mai vorbim de brazii din munții învecinați, regi ai pădurii mitice a strămoșilor.

Modelul fluierului a sedus câteva podgorii franceze exterioare Alsaciei, dornice să se distingă de vecinii lor. Vinuri precum *Crépy (Savoia)*, *Château-Grillet* (enclavă în interiorul *Condrieu*), *Gros-Plant* din ținutul nantez, *Cassis, Jurançon, Tavel* și chiar *Côtes-de-Provence* pot fi prezentate în acest tip de sticlă[1], dar nu e obligatoriu. Cu excepția *Château-Grillet*, denumire folosită pentru 3,8 hectare exploatate de un singur proprietar, astăzi François Pinault, care produce mai puțin de 10 000 de sticle pe an și, cu excepția majorității producătorilor de *Crépy* și *Tavel*, ceilalți cultivatori ai denumirilor autorizate utilizează fluta în mod inegal și sunt minoritari.

Alături de nașterea celor două mari modele europene de sticle, cea englezească-bordeleză și cea champenoise-burgundă, și de fluta renană, cu un succes mai modest, se impun în teritorii limitate modele realizate folosind tehnici vechi și forme ale trecutului. Ele exprimă, până în prezent, personalitatea unei podgorii și a vinurilor sale, identitatea unei regiuni.

FIASCO-UL DIN TOSCANA ȘI UMBRIA

Fiasco-ul din Toscana și Umbria este cel mai arhaizant dintre ele. Este un simplu balon de sticlă pe bază de cenușă

---

[1] *Official Journal of European Communities,* 4 mai 2002, L 118/24.

de ferigă, de culoare albă sau verde-deschis, mic, ușor, care se strânge către un gât lung (*collo*), inițial tăiat drept cu foarfecele și constituind *la bocca*. Fundul nu e îndreptat, așa că sticla în formă de glob trebuie așezată pe un soclu și înconjurată cu ramuri de răchită sau cu paie de grâu, de secară sau de porumb, pentru a o ține în picioare și pentru a o proteja de șocurile la care fragilitatea sa n-ar putea rezista. Până în secolul XX, nu se va utiliza pluta pentru a o astupa, ci un dop de paie și, după obiceiul italian, puțin ulei turnat deasupra, la umplerea finală. Sticlele îmbrăcate sunt cunoscute din Antichitatea egipteană; sunt utilizate foarte mult în Evul Mediu, în special în Italia. Unele dintre ele sunt reprezentate în fresca din secolul al XV-lea, atribuită lui Domenico Ghirlandaio, pictată pe pereții de la Oratorio dei Buonomini di San Martino, din Florența. Sunt prevăzute cu un cordon, pentru a putea fi prinse mai ușor și pentru a putea ține mai multe într-o singură mână, pentru a le putea agăța într-un cui sau, dacă e nevoie, în ciuda greutății, la cingătoare. Învelișul lor de paie e integral, cu rânduri orizontale, după modelul numit „sienez"[1], care nu se mai folosește azi pentru vin. Exemplare din modelul sienez, dar de o capacitate mai mică, sunt prezente pe masa garnisită cu mâncăruri dintr-un tablou intitulat *Compagnia allegre*, atribuit lui Tomaso Pombioli, pictor cremonez de la începutul secolului al XVII-lea.[2] Cea mai bună reprezentare veche a unui *fiasco* italian îmbrăcat în paie după modelul sienez, cu gâtul tăiat drept cu foarfecele și fără guleraș de întărire, figurează într-un tablou hiperrealist din secolul al XVIII-lea, *Natura morta con piatto di sarde*,

---

[1] www.treccani.it/vocabolario/fiasco

[2] Colecție particulară. Vezi reproducerea în Valérie Boudier, *La Cuisine du peintre. Scènes de genre et de nourriture du Cinquecento*, Rennes, Presses Universitaires de Rennes, 2010, planșa XXVII.

Jean-Robert Pitte

de Giuseppe De Luca, pictor și sculptor napolitan specializat în scena Nașterii.[1]

Modelul numit „florentin" este îmbrăcat în paie pe verticală, pe jumătatea inferioară a *fiasco*-ului, care stă pe o coroană din paie destul de complicată (un *fondo*, constituit dintr-un *torcello* umplut de un *fondellino)*, pentru a asigura stabilitatea sticlei în poziție verticală. Învelișul de paie este atașat prin mai multe legături (legătura circulară superioară se numește *cordicella)* de gâtul de care atârnă un cordon împletit *(corda),* ca și la modelul sienez, care răspunde aceleiași nevoi. Acesta e modelul care se va impune pentru vinul din Italia centrală. În secolul al XVI-lea, servește pentru transportul spre Roma al vinului de Orvieto, din Umbria, de pe colinele Chianti sau de la Montepulciano, din Toscana.[2] Sticlele de tip *fiasco (fiaschi,* la plural) mai sunt cunoscute sub diverse denumiri: *vitratis oenophoris* (damigene din sticlă), *phialis ut plurimum fiscellatis* sau *fiscellatis oenophoris* (sticle de vin înconjurate de un coș).[3]

Înainte de adoptarea sistemului metric, capacitatea lor este controlată și fixată la 2,28 litri *(mezzo quarto)* sau la 2,08 litri[4]. Vor păstra multă vreme aceste vechi capacități[5], dar se vor fabrica tot mai mult, sub numele de *fiaschetto,*

---

[1] Păstrat la Certosa di San Martino din Napoli.

[2] Alberto Melelli și Fabio Fatichenti, „Conditionnement et commercialisation du vin en Italie centrale", în S. Lachaud (ed.), *Vendre du vin de l'Antiquité à nos jours, op. cit.,* p. 86. Autorii se referă la o lucrare a lui A. Bracci, scrisă în 1596. Alessandro Farnese, papă sub numele de Paul al III-lea (1534-1549), primește *fiasco*-uri de *Trebbiano* (un vin echivalent cu francezul *Ugni)* din Alto Valdarno și îl apreciază foarte mult.

[3] *Ibid.*

[4] www.treccani.it/vocabolario/fiasco

[5] Am una încă îmbrăcată în foi de porumb (bicolor, natural și roșu). Datează, fără îndoială, de la începutul secolului XX și are o capacitate de 2,08 litri.

variante de un litru sau chiar de 75 cl, care să se alinieze la capacitățile sticlelor de tip bordelez.

Fiasco este realizat prin suflare cu gura, până în primele decenii ale secolului XX. Numeroase ateliere specializate în fabricarea acestor sticle erau instalate în Valdelsa, în apropierea orașelor Empoli, Castelfiorentino, Certaldo și Poggibonsi. Împletitura de paie s-a făcut multă vreme manual. Meseria feminină de *fiascaia* se practica la domiciliu, în grupuri în care fiecare lucrătoare îndeplinea, cu o mare dexteritate, o sarcină unică și specializată. Împletitura din porumb[1] provenea de la fermele din împrejurimi și practic nu costa nimic, astfel încât salariile italienilor au rămas foarte mici și acest artizanat obositor s-a putut menține. Fiecare lucrătoare putea îmbrăca în paie între 40 și 50 de *fiaschi* pe zi.[2] Există fotografii spectaculoase, făcute pe la 1900, cu căruțe îndoite sub greutatea munților de *fiaschi* îmbrăcate în paie, transportate de la sticlării spre casele de comerț. Un sticlar din Pontassieve, De Grolée, ameliorase, în 1877, *fiasco*-ul, întărind gâtul cu un inel care permitea înfundarea cu dopul de plută.[3] Sticlele de acest tip nu puteau fi totdeauna culcate, dar puteau călători, stând în picioare, pe distanțe lungi, fără niciun risc și, mai ales, fără a mai fi nevoie de uleiul turnat deasupra la umplere.

Această economie și această cultură au intrat într-un declin rapid începând cu anii 1960. Învelișuri dizgrațioase de plastic, făcute la mașină, au înlocuit porumbul, iar apoi,

---

[1] Planta a ajuns în Italia via Veneția, la jumătatea secolului al XVI-lea, apoi s-a răspândit în nordul peninsulei, dar e greu de știut în ce epocă se impun foile mari de porumb drept îmbrăcăminte pentru *fiasco*.

[2] A. Melelli și F. Fatichenti, „Conditionnement et commercialisation du vin en Italie centrale", *op. cit.*, p. 89.

[3] *Ibid.*

pe măsură ce simplul *Chianti*[1] se ameliora, ca toate vinurile italiene, viticultorii și comercianții au trecut, aproape în totalitate astăzi, la sticla bordeleză, pe care marile domenii aristocratice (Antinori, de exemplu) o adoptaseră de timpuriu, în același timp cu adoptarea metodelor viti-vinicole care le permiteau să pună în valoare virtuțile *terroir*-ului toscan. Nici un *Chianti Classico*, beneficiind de eticheta *Gallo Nero*, nu este îmbuteliat în *fiasco*.

E cât se poate de surprinzător că sticla de tip *fiasco* – complexă, scumpă și nu tocmai practică – a supraviețuit atât de mult timp, în vreme ce Chianti este regiunea viticolă al cărei nume și ale cărei vinuri sunt cele dintâi care au fost protejate în Europa, datorită unei decizii a marelui duce al Toscanei, Cosimo al III-lea de Medici, în 1716, înainte de Tokaj-Hegyalja, în 1730, și Douro, în 1756. Asta se explică fără îndoială prin faptul că, alături de unele vinuri foarte alese și apreciate, provenind de pe domenii nobile, această regiune a Italiei a produs, până la jumătatea secolului XX, vinuri simple, bune și răcoritoare, destinate meselor de toate zilele, nu transportului la mari distanțe, nici conservării, învechirii și alăturării unor produse gastronomice fine. Atunci când emigrația din Peninsulă a antrenat deschiderea unor restaurante și mezelării ținute de italieni în Europa de Nord și în SUA, sticlele de tip *fiasco* cu Chianti au cunoscut un mare succes, datorită formei generoase, culorilor vii, imaginii lor țărănești și folclorice. Consumatorii nu erau deloc exigenți cu conținutul, dar exotismul îi făcea visători.

Ideea de a termina cu sticlele de tip *fiasco* nu datează de ieri, de azi. În 1839, un membru al celebrei Academii

---

[1] Din 1924, partea cea mai bună a producției, vândută sub apelațiunea *Chianti Classico*, beneficiază de o etichetă reprezentând un cocoș negru, *Gallo Nero*.

Florentine a Georgofililor, Giorgio Gallesio, propune ca *fiaschi* să fie înlocuite cu sticlele cilindrice folosite în Anglia și în Franța[1], mai puțin fragile, mai ușor de îndopuit și care puteau fi culcate. El conchide arătând că este singura cale pentru ca vinurile toscane, în special *Montepulciano*, să concureze cu șampania! Încă din 1817, Jefferson îi scrie lui Monroe pentru a-i recomanda diverse vinuri din Franța și din Italia pentru pivnițele de la Casa Albă. E pus la loc de cinste vinul *Montepulciano* din Toscana: „Mai e un vin pe care aș dori să vi-l semnalez. Este vinul de Florența, numit *Montepulciano,* pe care M. Appleton vi-l poate expedia cu ușurință. Există un anume *cru* excelent, pe care îl cunoaște și din care are obiceiul să-mi trimită. Acest vin costă douăzeci și cinci de cenți sticla. În plus, el știe din experiență cum trebuie pus în sticlă și ambalat, în așa fel încât să suporte traversarea. Altminteri, nu rezistă. Am importat acest vin, prin grija lui, timp de zece sau doisprezece ani și nu cred să fi pierdut o sticlă dintr-o sută." Nu știm nimic despre forma și calitatea sticlelor în care era expediat vinul, dar e evident că nu putea fi vorba de *fiaschi*. După nume, acest negustor din Florența este britanic și e posibil ca el să fi folosit sticle negre, importate din Anglia, via Livorno, pe care apoi le sigila cu plută (locală sau importată și ea).

BOCKSBEUTEL ȘI DIVERSE TĂRTĂCUȚE

Vinurile din Franconia se bucură de o reputație îndelungată, mai ales marea cultură de Würzburg, numită Stein. La începutul secolului al XVIII-lea, aceasta era atât

---

[1] A. Melelli și F. Fatichenti, „Conditionnement et commercialisation du vin en Italie centrale", *op. cit.,* p. 89.

Jean-Robert Pitte

de solicitată, încât mulți negustori comercializau imitații. Pe atunci, era proprietatea a trei „ospicii", cel de-al treilea nefiind propriu-zis un azil: Bürgerspital, Juliusspital și Staatlicher Hofkeller. Bürgerspital, principalul proprietar al culturilor, a decis în 1718 să vândă producția de pe terenurile sale într-o sticlă exclusivă, în formă de tărtăcuță turtită, numită *bocksbeutel*[1], prevăzută pe o latură cu un sigiliu tot din sticlă, purtând numele azilului, pentru a se feri de falsuri.[2]

Numele de *bocksbeutel* face obiectul unei dezbateri între specialiști. Așa cum am spus și în ciuda aparențelor, nu are nicio legătură cu *bouteille* sau *bottle*, pentru că *beutel* înseamnă sac. Cel mai probabil, provine din vechiul cuvânt german *bokesbudel*, care se poate traduce prin scrot sau pungă de țap[3], expresie plastică și glumeață, care face legătura cu tărtăcuțele golite și cu micile burdufuri, dintre care cele mai rezistente sunt din piele de țap. Termenul a apărut, pentru a desemna acest model de sticlă, abia în 1785, la Würzburg, în catalogul unei sticlării din Turingia, Gehlberger Glashütte.[4] Vechile modele, cu o capacitate de un litru sau mai mici, sunt mai puțin turtite decât modelele actuale. Unele sunt chiar circulare. Progresiv, *bocksbeutel* s-a răspândit în toată Franconia și în câteva alte podgorii din Germania. Modelul este astăzi protejat, în afară de acele regiuni din Europa care pot atesta o utilizare îndelungată a unor sticle similare.

---

[1] André Dominé, 2003, p. 510; J. Soetens, *In glas verpakt, op. cit.*, p. 46-49.

[2] Vezi modelele din 1840 și din 1880, acesta din urmă prevăzut cu o toartă, în W. Van den Bossche, *Antique Glass Bottles, op. cit.*, p. 272-273, și un model circular, cu o capacitate de 52 cl, datând din 1860-1880, p. 342.

[3] Sens dat la 1690 de Kaspar von Stieler în dicționarul său (www. knowledger.de/0092652/Bocksbeutel).

[4] W. Van den Bossche, *Antique Glass Bottles, op. cit.*, p. 271.

Între secolele al XVI-lea și al XIX-lea s-au fabricat, în toată Europa, multe sticle în formă de tărtăcuță turtită. Cele mai multe erau gândite să fie îmbrăcate în diverse materiale și să fie agățate la centură de către pelerini, călători, soldați, țărani. Unele nu puteau sta în picioare, mai ales dacă își pierduseră învelișul. Există o formă care a supraviețuit în regiuni izolate, precum Armagnac, unde astfel de sticle sunt dintotdeauna folosite în mod curent pentru distilate, în nordul Portugaliei (Minho), unde tărtăcuța se numește *cantil,* în Madeira, în văile italiene ale Alpilor, în unele podgorii din Grecia. E de asemenea forma vechilor sticle din Shirâz, fără să fie posibil, la ora actuală, să știm dacă există o legătură cu Europa occidentală. Vinul alb chinezesc de Tsingtao e prezentat la fel, ceea ce se explică ușor prin faptul că această podgorie a fost creată de germani, în 1914.[1] Probabil la o astfel de sticlă făcea aluzie Paul Mousset, într-o scenă din celebrul său roman *Neige sur un amour nippon,* a cărui acțiune se desfășoară în Japonia: „Am chemat chelnerul și i-am comandat o sticlă de vin alb chilian, pe care mi-a adus-o imediat, cu respectul temător al unui tânăr bonz pentru un instrument al cultului său. Era, într-o fiolă verde, în formă de smochină, un vin proaspăt, bogat în miresme, care ți se urca repede la cap. Chelnerul ne-a umplut paharele cu picior, din cristal fin."[2]

CLAVELINUL DIN FRANCHE-COMTÉ

Există un spațiu pe cât de nobil, pe atât de discret al viticulturii europene: lanțul occidental al masivului Jura.

---

[1] André Dominé, 2003, p. 781-782.
[2] Paris, Grasset, 1953, p. 104. Îi datorez acest citat lui Jean-Pierre Poussou.

Regiunea Franche-Comté, din care face parte, a fost în zadar un teritoriu al Imperiului (deschis așadar către ținuturi non-viticole, precum Flandra), până la sfârșitul secolului al XVII-lea, căci vinurile sale n-au trecut dincolo de frontiere, chiar dacă Metternich cumpăra în anii 1780 *vin jaune*[1] de Château-Chalon[2], iar Curnonsky considera că acest vin era unul dintre cele mai bune cinci albe (e, mai degrabă, de culoarea ambrei) din Franța. Locuitorii din Franche-Comté beau în continuare mai mult de trei sferturi dintre vinurile produse la ei, căci nimeni nu se bate pe ele, în timp ce francezii care au ocazia să guste din marile *cru* din Bordeaux sau din Burgundia sunt foarte puțini, dată fiind marea cerere mondială și prețurile la care ajung. Această izolare explică faptul că sticlele din Franche-Comté au rămas, până în zilele noastre, similare unui model din secolul al XVIII-lea, cu o formă de trunchi de con răsturnat. Dintr-o tehnică de înțeles pentru epoca matrițelor deschise și a suflării cu gura, acest caracter a devenit o marcă identitară, care permite reperarea imediată a provenienței sticlelor, mai ales că multe dintre ele au, în plus, ștanțat pe umerii sticlei, de câteva ori, cuvântul *Jura*. Păcat că piața, în creștere, a iubitorilor de vin din întreaga lume o ignoră în mare măsură și că sticla nu este un argument comercial decisiv.

---

[1] Este denumirea unui vin caracteristic pentru regiune, prin urmare am preferat să lăsăm varianta franceză (n. tr.).

[2] Tradiția spune că Napoleon i-ar fi servit într-o zi vin de Johannisberg lui Metternich, pe vremea când acesta era ambasador în Paris, înainte să devină proprietarul castelului, spunându-i că este vorba despre „cel dintâi vin din lume", la care prințul ar fi răspuns: „Sire, cel dintâi vin din lume nu este Johannisberg, ci cel recoltat într-un mic canton din imperiul dumneavostră: la Château-Chalon!" Maurice Marchandon de La Faye, *Le Vignoble de Château-Chalon (Jura)*, Domblans, Impr. B. Benoît, 1935, p. 10.

Vin jaune – numit odinioară *„vin de garde"* și căruia Pasteur îi spunea „vin de aur"[1] – este o specialitate regională, care rezultă dintr-un proces de producție foarte special: învechirea continuă în butoaie neunse, timp de cel puțin șase ani[2] (în realitate, șase ani și patru luni), sub o peliculă de drojdii *Saccharomyces cerevisiae*, care se formează la suprafață și care îl protejează de fermentația acetică. În acest mod, vinul le oferă îngerilor o parte deloc neglijabilă din volumul său. O tradiție sau, mai degrabă, o legendă pretinde că tocmai acest fenomen i-a făcut pe podgoreni să imagineze o sticlă cu o capacitate de 62 cl, adică 62% dintr-un litru, numită astăzi *clavelin*. În realitate, evaporarea poate fi mai importantă și, mai ales, sticla de această capacitate nu este la fel de veche ca *vin jaune*-ul însuși, a cărui origine vine cel puțin din secolul al XVIII-lea. Un mic lot de sticle de *vin jaune* din 1774, aproape sigur autentice, e conservat încă într-o pivniță din Arbois[3]: ele sunt tipic burgunde, cu corpul foarte amplu și gâtul strâmt. Cea mai veche mențiune a vânzării de *vin jaune* de Château-Chalon în sticle datează din 1722.[4] Avem

---

[1] Paul Delsalle, „Aux origines du «clavelin», la bouteille du «vin jaune» et du «château-chalon»", în Ch. Bouneau, M. Figeac (ed.), *Le verre et le vin de la cave à la table du XVIIe siècle à nos jours, op. cit.*, p. 270.

[2] Așa prevede decretul AOC din 1936. Astăzi, trebuie așteptată data de 1 ianuarie a celui de-al șaptelea an de la recoltare.

[3] P. Chevrier, *Le Vin d'hier, op. cit.*, p. 82-95. Acest vin primise o medalie la Expoziția Universală din Paris, în 1867. O sticlă din acest an de producție, cu o capacitate de 87 cl, a fost vândută la licitație pe 6 februarie 2011, cu ocazia sărbătorii „Percée du Vin Jaune", pentru suma de 65 179 euro *(La Revue du Vin de France*, aprilie 2011, p. 128). Păstrarea îndelungată a acestui vin este o tradiție bine ancorată în regiune. P. Delsalle („Aux origines du «clavelin», la bouteille du «vin jaune» et du «château-chalon»", *op. cit.*, p. 271) evocă o sticlă din anul de producție 1754, provenind dintr-o donație a stareței de la Château-Chalon, care a fost destupată și degustată în 1911.

[4] P. Delsalle, „Aux origines du «clavelin», la bouteille du «vin jaune» et du «château-chalon»", *op. cit.*, p. 271.

de asemenea mărturia din 1784, despre o vânzare de *vin jaune* în „jumătăți de sticlă", capacitatea obișnuită pentru acest vin rar.[1]

Clavelinul este o sticlă ce pare să fi fost inventată în secolul al XIX-lea la sticlăria din La Vieille-Loye[2], în pădurea Chaux, dar denumirea ei nu este atât de veche. Este originală prin volum, dar și prin formă, căci umerii formează un unghi de 90 de grade, un unicat printre modelele franțuzești. Astăzi mai întâlnim asemenea sticle în Roussillon, pentru vinuri licoroase și speciale (de exemplu *Maury* sau *Banyuls)*, dar sunt forme recente, fără îndoială imitate după sticla de Porto. Clavelinul are, de asemenea, un sigiliu de sticlă pe care este înscris numele Château-Chalon. Istoria sa nu este în totalitate clară. Sticlăria din La Vieille-Loye a fabricat cu regularitate astfel de sticle, manual, până în 1885, mult mai rar după aceea, din cauza costurilor cu mână de lucru. Mai vinde doar 3 200 în 1906, poate din stocurile pe care le lichidează. Producătorii reciclează adesea sticlele vechi.[3] După al Doilea Război Mondial, unele clavelinuri sunt încă suflate cu gura, deși nu mai există suflători de sticlă, iar sticlăria din La Vieille-Loye s-a închis în 1931.

Un anume abate Paul Clavelin, rezident în Saint-Claude, dar și proprietar de vii în Névy-sur-Seille, în zona unde se produce *vin jaune* de Château-Chalon, îi scrie lui Émile Neveu, proprietarul sticlăriei, pe 14 aprilie 1914, pentru o

---

[1] *Ibid.*

[2] La Vieille-Loye a fabricat un mare număr de sticle, începând din 1674, data când Franche-Comté a fost anexată Franței. Familia Duraquet, meșteri-sticlari, aprovizionează podgoriile din zona Jura, dar expediază sticle și în Burgundia, în regiunea Lyon și chiar în Elveția (J. Bellanger, *Verre d'usage et de prestige, op. cit.*, p. 273).

[3] Daniel Bienmiller, „Château-Chalon, Clavelin", în Claude Royer *et al.*, *Gamay noir et savagnin*, Belfort, France-Régions, 1988, p. 136.

comandă de sticle[1]: „V-am cerut, în 1912, câteva sute de sticle de forma Château-Chalon (în engleză, Clavelin); la vremea aceea mi-ați scris că nu puteți să-mi furnizați sticle cu sigiliul Château-Chalon Clavelin, pentru că nu aveți lucrători obișnuiți să pună acest sigiliu. Acum aveți un lucrător care să poată face asta? Am încă sigiliul pe care mi l-a făcut odinioară domnul Neveu." Este vorba despre unchiul lui Émile Neveu, Philippe Neveu, proprietar al sticlăriei din 1859 până la moartea sa, în 1882. Așadar, din această perioadă datează primele sticle care au sigiliul „Château-Chalon Clavelin", iar numele Clavelin devine un substantiv comun.[2]

Dacă numele clavelinului e explicabil, în schimb capacitatea și denumirea sticlei de care e atașat, „englezească", sunt ceva mai misterioase. Mai întâi, această capacitate, de 62 cl, nu e atât de veche. Un lot de clavelinuri de *vin jaune*, care aparținuseră unui viticultor din Poligny, în anii 1860, repertoriat și studiat de Raymond Kuster[3], unul dintre descendenții săi, scoate la iveală variații sensibile în interiorul modelului „clavelin", cu o înălțime între 21,8 și 27,8 cm și o capacitate de la 59 la 74 cl.[4]

Această lipsă de precizie în materie de capacitate, încă și mai mare în a doua jumătate a secolului al XIX-lea, ne

---

[1] *Ibid., loc. cit.*

[2] Ipoteza complicată avansată de P. Delsalle („Aux origines du «clavelin», la bouteille du «vin jaune» et du «château-chalon»", *op. cit.*, p. 273), a unui raport între clavelin și vechiul cuvânt din dialectul local *clavin* („cui"), provenit din latinescul *clavus*, foarte apropiat de *clavis*, pe care îl traduce prin dop, nu poate fi reținută. Dicționarul Gaffiot traduce de altfel *clavis* prin cheie, zăvor, bară de fier (de la cercul unui copil, de la un teasc), dar nu prin dop.

[3] R. Kuster, *Les Bouteilles de Frédéric l'Ancêtre, op. cit.*

[4] O sticlă din acea epocă, de altfel repertoriată de R. Kuster (*ibid.*, p. 100 și 110), aflată în posesia mea, conține 68 cl.

obligă să abandonăm ipoteza alinierii la o măsură de capacitate englezească, destul de frecventă pentru sticle: 22 de uncii, adică 62,5 cl.[1] În schimb, umerii drepți ai clavelinului ne fac, cu siguranță, să ne gândim la sticlele englezești. Trebuie deci să considerăm că unul dintre proprietarii sticlăriei din La Vieille-Loye, din secolul al XIX-lea, s-a aflat în posesia unei sticle englezești prevăzute cu sigiliu, conform unui obicei frecvent dincolo de Marea Mânecii, și a avut ideea de a o imita, pentru a crea o sticlă originală, destinată acestui vin prețios, *Château-Chalon*. Cererea ar fi putut veni deopotrivă de la vreun client în căutarea distincției. E la fel de adevărat că, în acea perioadă, clavelinul este una dintre rarele sticle de vin franțuzești ai cărei umeri sunt în unghi drept, în stil englezesc, deși decantarea nectarului pe care-l conține nu se impunea. Sticla bordeleză se apropie de modelul englez începând cu primii ani ai secolului al XIX-lea, dar fără a-l imita integral, deși o imitație s-ar fi putut justifica. În schimb, unii distilatori vor utiliza modelul englez pentru lichiorurile și aperitivele lor, dar în sectorul spirtoaselor fantezia e cu mult mai mare și fiecare marcă a căutat un mijloc de recunoaștere vizuală ușoară.

În secolele al XVIII-lea și al XIX-lea, Normandia a fabricat sticle după model englez, închise la culoare, grele, cu gâtul înalt, cu umeri drepți și chiar în unghi ascuțit de 75 de grade și cu corpul în formă de trunchi de con răsturnat, cam la fel ca sticla clasică din Jura, dar cu umerii ceva mai marcați. Ele sunt folosite azi de unii distilatori pentru Calvados. Le putem vedea, de exemplu, în celebrul tablou al lui Albert-Auguste Fourié, *Le repas de noces à Yport*,

---

[1] O uncie englezească (oz) echivalează cu 28,413 ml, așa că ajungem la 62,5 cl.

din Musée des Beaux-Arts, din Rouen. Mai multe sticle, pe jumătate pline probabil cu vin, sunt așezate pe masa banchetului, alternând cu carafe mari conținând cidru, și o carafă mai mică cu Calvados vechi, de culoarea ambrei. Normandia producea foarte puțin vin, pe dealurile care domină ținutul Auge și pe șesul de pe lângă Caen[1], dar aducea vin din amontele Senei și din podgoriile de pe coasta atlantică.

O STICLĂ CU GÂTUL LUNG PENTRU TOKAJ

Istoria podgoriei de la Tokaj este opusă celei din Franche-Comté. Este departe de marile centre de consum din Europa de Vest, dar este situată la limita septentrională atinsă de viticultură în timpul micii glaciațiuni, ceea ce i-a permis să ajungă la o clientelă privată, de iubitori de vin, din proximitate. Expunerea sa către sud, pe pante bine protejate de vânturile venite din nord, permite o maturare bună a soiurilor locale, dar brumele toamnei, legate de râurile din câmpia care o mărginește, au reprezentat șansa care i-a permis să dezvolte ciuperca *Botrytis* și, în consecință, posibilitatea de a produce, în mod natural, vinuri licoroase. Știm prea bine cât de mult au fost apreciate ele în Europa, mai ales în nord, între sfârșitul secolului al XVI-lea și prima jumătate a secolului XX. Cele mai vechi sticle cunoscute sunt cele păstrate de casa evreiască de comerț Fukier, din Varșovia, filială a casei

---

[1] Pierre Brunet, „Un vignoble défunt: la Normandie", în Claudine Le Gars et Philippe Roudié (ed.), *Des vignobles et des vins à travers le monde. Hommage à Alain Huetz de Lemps,* Bordeaux, Presses Universitaires de Bordeaux, 1996, p. 183-193.

Jean-Robert Pitte

Fugger, din Augsburg și Nürnberg[1], până la al Doilea Război Mondial, și care datau din 1606.[2]

Podgoria s-a dezvoltat mult după plecarea turcilor, apoi sub impulsul prințului Transilvaniei Francisc Rákóczi al II-lea (1676-1735), care avea mari proprietăți în regiune și care își vinde vinul în toată Europa, pentru a-și finanța războiul de independență.[3] Este epoca introducerii soiului *Furmint*[4] și a descoperirii complexelor metode locale de vinificare a licoroaselor. În 1703, Rákóczi îi oferă vin de Tokaj lui Ludovic al XIV-lea, care se pare că ar fi pronunțat, cu acea ocazie, faimoasa frază: „Vinul regilor, regele vinurilor."

Vinul este expediat, în secolele XVII-XVIII, în sticle transparente, de formă paralelipipedică, cu fundul plat și gâtul foarte scurt, cu o capacitate de aproximativ o jumătate de litru, adesea vopsite, emailate sau gravate, numite *pincetokban való palack*, sticle de pivniță.[5] Fără îndoială, la aceste sticle face aluzie Talleyrand, mirat că fundul lor nu este înfundat cu vergeaua[6], atunci când, în

---

[1] Fukier este deformarea poloneză a numelui Fugger.

[2] Rudolf Weinhold, *Vivat Bacchus. Une histoire du vin et de la viticulture*, Zürich, Stauffacher, 1976, p. 168; Frank Strzyzewski, „The Legendary Tokay Collection of the Fukier Company and Its Fate. Facts and Insights", Tokaj Borok Fesztiválja, Tokaj, 28 mai 2005.

[3] Camille Dussol, „Les représentations du verre et du vin dans les musées hongrois de Budapest", în Ch. Bouneau, M. Figeac (ed.), *Le verre et le vin de la cave à la table du XVIIᵉ siècle à nos jours, op. cit.*, p. 229.

[4] Venit, după Goethe, din Croația (H. Ambrosi *et al., Guide des cépages. 300 cépages et leurs vins*, Paris, Ulmer, 1997, p. 122). După alți autori, ar fi venit din Italia sau din partea de est a Mediteranei.

[5] László Veres, *A pincetokba való palack*, Debrecen, Múzeum Mozaik, 2003 (îi mulțumesc lui Samuel Tinon pentru că mi-a trimis scrierile acestui autor maghiar); Marie-Françoise Vajda, „Production et consommation de vin en Hongrie. XVIIᵉ–XVIIIᵉ siècles", în Ch. Bouneau, M. Figeac (ed.), *Le verre et le vin de la cave à la table du XVIIᵉ siècle à nos jours, op. cit.*, p. 226.

[6] Ceea ce creează la unele sticle din Europa de Vest o pierdere de capacitate de până la 10-20% din volumul exterior.

1807, îi mulțumește colonelului Funk, emisar al regelui de Saxa, care i-a oferit o casetă cu o duzină de asemenea sticle, când se afla la Varșovia[1]: „Știți bine, domnule colonel, că sticlele dumneavoastră sunt, sincer, pe măsura regelui vostru." Unii comercianți, în special evrei, veniți din Polonia (din Cracovia mai ales, care atunci făcea parte din Austria, ca și Galiția), din Austria, din Prusia sau din Rusia, instalați (ei înșiși sau angajații lor) în Tokaj și în regiune, colectează vinul, apoi îl repatriază și îl îmbuteliază la ei, înainte de a-l expedia către clientela din țara lor sau din Europa Occidentală. Vinul de Tokaj își datorează așadar străinilor răspândirea, asemenea celei mai mari părți a vinurilor licoroase de la Atlantic și de la Mediterana, care nu ar fi ieșit niciodată la lumină fără clientela și comercianții englezi și din Europa de Nord.

În cursul secolului al XVIII-lea, pe măsură ce se confirmă stăpânirea habsburgică asupra Ungariei, fluxul de Tokaj se concentrează asupra Austriei, atingând 87% din producție în 1770.[2] Casa imperială și principii austrieci posedă domenii mari, pe care le dau în grija unor administratori, adesea abili comercianți de vinuri fine. Ambasadorii din Viena fac de asemenea mult pentru reputația lui; ei inundă curțile europene cu sticle de Tokaj, pe atunci numite „elixirul Habsburgilor"[3]! Așadar, nu e de mirare că

---

[1] E. de Waresquiel, *Talleyrand. Les dernières nouvelle du diable, op. cit.*, p. 71. Există o casetă de acest tip, foarte rafinată, capitonată cu catifea roșie, la Muzeul de Arte Decorative din Budapesta. A se vedea o fotografie în C. Dussol, „Les représentations du verre et du vin dans les musées hongrois de Budapest", *op. cit.*, p. 234.

[2] C. Dussol, „Les représentations du verre et du vin dans les musées hongrois de Budapest", *op. cit.*, p. 236.

[3] S. Lachaud, „Le verre et le vin à la table du haut clergé bordelais sous l'ancien régime", *op. cit.*, p. 61; H. Enjalbert, *Histoire de la vigne et du vin, op. cit.*, p. 124.

acest vin este unul dintre cele mai scumpe din epocă și îl găsim în toate pivnițele bine garnisite din Europa, până la criza filoxerei. Este și imitat, iar *trockenbeerenauslese*, din Valea Rinului și *les vins jaunes*, din Jura, din Alsacia sau din Hermitage, îi datorează mult din realizarea și succesul lor. Unele regiuni merg chiar mai departe și se împăunează, botezându-și soiurile locale cu numele nectarului unguresc: *Pinot Gris*-ul din Alsacia (*Tokay* sau *Grauer Tokayer*), Friulanul din Veneția și din Friuli (*Tocai*), din epoca modernă și până în 2007, când Ungaria a redobândit monopolul asupra denumirii marelui său vin, grație unei decizii a Uniunii Europene.

Abia în a doua jumătate a secolului al XIX-lea, sticlele de Tokaj evoluează și trec de la forma paralelipipedică la aceea cilindrică prelungită, cu un gât foarte strâmt și lung, dar păstrând sticla albă, care permite admirarea robei aurite a vinului, și o capacitate de 50 cl, convenabilă pentru un vin rar și scump, care se bea cu înghițituri mici, la sfârșitul mesei[1]. S-ar părea că există forme intermediare, la mijlocul secolului al XIX-lea: paralelipipedică și cu fundul plat, însă cu gâtul alungit[2], dar și diverse modele cilindrice.[3]

Această tranziție ridică însă și mai multe întrebări. Avem câteva fotografii ale pivniței Fukier, din Varșovia de dinainte de război, în care există celebre sticle de Tokaj din secolul al XVII-lea, care încă se mai puteau cumpăra în 1934: 328 de sticle din 1606, dar și multe altele din 1668,

---

[1] L. Veres, *Adalékok a tokaji bor palackozásának történetéhez*, Miskolc, 2003, coperta și p. 13.

[2] L. Veres, *Magyar Népi Boros – És Pálinkásüvegek*, Debrecen, Múzeum Mozaik, 2003, p. 18.

[3] Câteva exemplare se află la castelul Principelui Rákóczi de la Sárospatak și la Muzeul Hermann Ottó din Miskolc. A se vedea fotografiile în L. Veres, *Üvegmüvességünk a XVI-XIX. Században*, Miskolc, 2008.

1682, 1734, 1754, 1783, 1788, 1811, 1866.[1] În mod curios, ele erau deja cilindrice și cu gâtul înalt. Erau păstrate în picioare și dopul era schimbat din șase în șase ani. Era vorba, poate, despre sticle mai recente, în care fusese adunat conținutul sticlelor dreptunghiulare, în interiorul cărora nivelul scăzuse prea mult? Dacă nu, ce fel de dop ar fi putut fi folosit în 1606? Probabil nu de plută, ale cărei virtuți nimeni nu le descoperise încă în Europa. Deocamdată e imposibil să știm mai mult, căci conținutul pivniței Fukier a fost rechiziționat de germani în octombrie 1939. El va fi fost îngropat în una dintre impunătoarele pivnițe construite de conducătorii naziști, de exemplu aceea de la Adlerhorst, cuibul de vulturi al lui Hitler de la Berchtesgaden. Sticle foarte vechi de Tokaj au ajuns de asemenea în URSS, după 1945. Povestea lor rămâne misterioasă, dar e posibil să fi fost luate de sovietici din una dintre pivnițele naziste și, în acest caz, proveneau cu siguranță de la casa Fukier. În 1958, mareșalul Jukov i-a oferit o degustare generalului Shapley, adjunctul șefului de Stat Major al Marinei Americane, în prezența secretarului său, Daniel Rogov, care mai târziu a devenit cel mai bun critic de vin din Israel. Din nefericire, nu știm ce aspect aveau sticlele cu acest vechi Tokaj. Știm doar că vinul avea consistența unui piure și că a fost degustat cu o linguriță de argint.[2] Istorioara asta i-a înaripat pe toți ungurii, în anii 1960.[3]

Umărul noului model, generalizat în a doua jumătate a secolului al XIX-lea, este adesea prevăzut cu un sigiliu

---

[1] Frank Strzyzewski, „The Legendary Tokay Collection of the Fukier Company and Its Fate. Facts and Insights", *op. cit.*, p. 5 și 12. Acest autor evocă de asemenea sticlele din anii de producție 1590 și 1634, care existau la un alt comerciant din Varșovia, în 1876.

[2] *Ibid.*, p. 10-12.

[3] Am auzit-o eu însumi, când am fost în Ungaria, în 1965 și 1966.

de sticlă, indicând nudenumirea „Tokaj" sau „Tokay" și numele domeniului sau al comerciantului. La sfârșitul secolului al XIX-lea, un anume Ern. Stein, probabil evreu, care deținea nouă podgorii în regiunea Tokaj, își expediază vinul în lumea întreagă în butelii de sticlă albă, suflate semimecanic și purtând sigiliul său. Îi găsim publicitatea până și în cotidienele americane.[1]

Numeroase sticlării funcționau de secole în nordul Ungariei.[2] Una dintre cele specializate în fabricarea sticlelor pentru Tokaj se găsea la Regécz-Hutta, pe domeniile principelui Rákóczi.[3]

O ALTĂ STICLĂ CU GÂT LUNG PENTRU CONSTANTIA

Istoria sticlei de *Constantia* este destul de asemănătoare celei de Tokaj. Începând din 1685, guvernatorul olandez al Cape Colony, Simon Van der Steel, a creat o podgorie de calitate, unde producea vin licoros, pornind de la soiul muscat. Până la moartea sa, în 1712, și în deceniile următoare[4], acest vin e, în parte, consumat la fața locului, în sânul coloniei europene, dar și exportat în sticle în formă de ceapă, fabricate în Olanda, sosite probabil pline cu vin european, golite și apoi reutilizate.[5] Succesul vine

---

[1] Vezi, de exemplu, o reclamă din cotidianul *Pittsburgh Dispatch*, din 31 decembrie 1889, p. 6.
[2] Vezi cartea publicată de L. Veres, *Üvegmüvességünk a XVI-XIX. Században, op. cit.*, p. 64.
[3] Informație comunicată de Margarete Longueval-Buquoy.
[4] Proprietatea a fost atunci divizată în trei domenii: Groot Constantia, Klein Constantia și Bergvliet.
[5] Este probabil același fenomen care explică menținerea, în Antile, a unor forme arhaice de sticle, pentru a îmbutelia romul: în Martinica, de exemplu, romul JM este vândut într-o sticlă în formă de ciocan, iar romul Bailly sau romul Saint-James, în sticle drepte, de sorginte englezească sau olandeză.

repede, căci moda vinurilor licoroase e în plin avânt, iar *Constantia* are în plus și exotismul provenienței îndepărtate. O prezentare originală se impune așadar, iar sticlăriile din Țările de Jos (astăzi, în Olanda sau în Belgia) personalizează, printr-un sigiliu purtând mențiunea „Constantia Wyn", un model de sticlă zisă „în formă de ciocan" (*mallet bottle,* în engleză), cilindrică și cu umerii drepți, cu gâtul foarte lung, de culoare verde. Cel mai vechi exemplar cunoscut datează de pe la 1760, iar capacitatea sa este de 84 cl. Regăsim același model, curent în epocă, în Anglia și în Țările de Jos, înzestrat cu sigilii purtând mențiunile „Boergonie Wyn" sau „Bourgogne Wyn"[1]. Un alt model, cu o capacitate de 35 cl, are gâtul la fel de lung, dar forma corpului este clar de trunchi de con răsturnat, semn al utilizării unei matrițe deschise.[2]

Către sfârșitul secolului la XVIII-lea, prestigiul imens al acestui vin, în bună măsură echivalent celui de Tokaj, dar încă și mai scump, îi obligă pe producătorii Cape Colony să comande diverselor sticlării din Țările de Jos un model exclusiv, de culoarea ambrei și cu o capacitate de 36 cl, în conformitate cu raritatea și prețul vinului. Corpul este cilindric, dar nu matrițat; se caracterizează printr-o bază formând o ușoară margine, pe care sticlele actuale, matrițate, o imită. Umerii sunt la fel de marcați ca la bordeleza aflată în uz începând din secolul al XIX-lea. Elementul de originalitate este gâtul mai lung decât corpul, de diametru neregulat pe toată lungimea, semn al unei fasonări manuale după prelucrarea fundului cu vergeaua. Gura este întărită cu un inel, care permite o etanșeizare eficace a dopului. Umerii sunt prevăzuți cu

---

[1] W. Van den Bossche, *Antique Glass Bottles, op. cit.,* p. 128.
[2] *Ibid.,* p. 129.

un sigiliu cu „Constantia Wyn", „Constantia Wein",
„Konstantia Wyn", „Constance", „Constantia", „Groot
Constantia" sau „J.P. Cloete – Constantia Wine", de la
numele unuia dintre proprietarii care i-au succedat lui
Simon Van der Steel și care va face să crească mica fermă a
fondatorului.[1] Există deci similitudini între sticlele de
Tokaj și cele de *Constantia* la nivelul evoluției, formei,
capacității, dar ele diferă prin culoare. Vinul *Constantia* va
fi totdeauna prezentat în sticle închise la culoare, fără
îndoială pentru că nu s-au fabricat niciodată sticle albe în
Țările de Jos, ceea ce îi privează pe degustători să admire
culoarea aurie a vinului înainte de a deschide sticla. Chiar
și astăzi, sticla de *Constantia* este una dintre puținele care
au rămas de culoare închisă, în timp ce aproape toate
vinurile licoroase din lume sunt prezentate în sticle albe,
ceea ce contribuie, în mare măsură, la forța lor de seducție.

---

[1] *Ibid.*, p. 128. Familia Cloete rămâne proprietară până la criza filoxerei,
din 1885.

VI

TREIZECI DE MILIARDE DE STICLE
DE VIN PE AN

La mijlocul secolului al XIX-lea, toate podgoriile, fie ele orientate spre producția de vin sau de alcool, dar și toate ținuturile în care se producea bere, toate localitățile termale, care-și vindeau apa minerală, și toți industriașii care utilizează flacoane de sticlă pentru a-și difuza producția (substanțe chimice, parfumuri, medicamente etc.) manifestă nevoi crescânde pentru recipiente de sticlă goale, solide și cu o capacitate garantată. Asta îi va determina pe ingineri să imagineze mașini care să permită evitarea suflării cu gura – lentă, scumpă, imprecisă și, pe deasupra, epuizantă pentru suflători. Aceștia mureau, în general, pe la 40-45 de ani[1], din pricina arsurilor interne prost îngrijite, a afecțiunilor pulmonare, a bolilor infecțioase transmise prin țevile de suflat necurățate, dar și din cauza unor deformări ale feței ori a cataractei (legată de reverberația sticlei în timpul topirii), cu atât mai mult cu cât majoritatea

---

[1] C. de Freycinet, „Hygiène et santé des verriers à l'heure de la mécanisation", în P. Bour (ed.), *Claude Boucher. Les cents ans d'une révolution. Une histoire des industries verrières à Cognac,* Cognac, Musée de la Ville de Cognac, 1998, p. 46.

începeau să lucreze din copilărie.[1] Poetul Maurice Magre a descris fascinanta frumusețe a gesturilor suflătorilor de sticlă, dar și consecințele lor mortale.[2]

Suflam din zori până-n seară, încă și mereu
Umflam cu viața mea topitura roșie,
Cu partea mea de cer cream contururi
Vântul din plămânii mei însuflețea sticlele.

Culoarea lor era făcută cu energia mea,
Suflam bucuria, visurile și dragostea
O, sticle, pentru a avea atâta magie
Îmi beați sângele! Și suflam mereu!

În prima fază a istoriei recipientelor din sticlă, Anglia și Țările de Jos au fost pioniere. În această nouă revoluție, foarte complexă tehnic, Franța a devenit și ea inovatoare, ținând cont de enormele nevoi ale uneia dintre regiunile sale viticole, Cognac. Regiunea Champagne, în schimb, după cum vom vedea, în ciuda unei cereri cifrate la zeci de milioane de sticle, va rămâne mult timp atașată tehnicilor vechi, ceea ce nu o va împiedica să progreseze în domeniul compoziției sticlei. Statele Unite, Marea Britanie și Germania nu rămân mai prejos, dar nu vinul, ci alte lichide reprezintă motorul progresului.

Ca și în alte domenii ale istoriei tehnice și culturale, industria generează uniformitate, dar, de data aceasta, ea va permite, dimpotrivă, o diversificare tot mai mare. Sti-

---

[1] Maurice Hamon, „L'industrie de la bouteille en France au début du XXe siècle", în Ch. Bouneau, M. Figeac (ed.), *Le verre et le vin de la cave à la table du XVIIe siècle à nos jours, op. cit.*, p. 325.
[2] Maurice Magre, *L'Adieu au verrier*, 1899, citat de M. André și M. De Paepe (ed.), *La Verrerie champenoise, op. cit.*, p. 181.

clăria manuală crea sticle care erau artifacte unice, uneori sensibil diferite una de alta, în interiorul unui model mai mult sau mai puțin codificat de către puterile publice sau de utilizările locale. Industria de astăzi îi permite aproape fiecărui utilizator să comande, la un preț rezonabil, modelul cel mai bine adaptat la nevoile sale tehnice și la preocuparea sa de a se diferenția de concurenți. A fost nevoie de un secol întreg pentru a trece de la un stadiu la altul. Mașina de suflat și matrițele reprezintă o mare investiție la început, dar scăderea costului mâinii de lucru, față de cel al suflării cu gura, permite amortizarea rapidă a investițiilor.

AUTOMATIZARE, STANDARDIZARE

În timpul primului secol și jumătate din istoria coniacului, distileriile nu puneau deloc rachiuri în sticle, ci le expediau în butoaie, în special spre Europa de Nord, iar apoi, treptat, spre Paris, de la sfârșitul secolului al XVIII-lea. Au început să folosească sticlele la cererea anumitor clienți, dar cumpărau recipientele din afară. În 1826, de exemplu, Martell se aprovizionează din Bordeaux. În 1892, aceeași casă cumpără recipientele mai ales din Montluçon, în ritm de 2,5 milioane de unități pe an.[1] În acel moment, cea mai mare parte a producției era pusă în sticle pe loc, ceea ce a antrenat deschiderea unor sticlării locale. Oscar Planat, negustor de distilate, care va deveni primar în Cognac, ca și tatăl său, deschide prima sticlărie în Séchebec, în 1859.

---

[1] Pierre Bour, „Les industries verrières à Cognac", în P. Bour (ed.), *Claude Boucher. Les cents ans d'une révolution. Une histoire des industries verrières à Cognac, op. cit.*, p. 18 și 21.

Vor urma altele, printre care aceea pe care o deschide, în suburbia Saint-Martin de Cognac, în 1878, Claude Boucher – un modest suflător de sticlă, originar din Blanzy (Saône-et-Loire), care a început să lucreze la 10 ani, apoi a migrat spre Cognac, unde a învățat să fabrice matrițe, dar a studiat și fizica și chimia. Din 1883, el obține numeroase brevete, care vor sfârși prin a pune la punct o mașină revoluționară pentru fabricarea sticlelor. În 1885, un brevet care permite luarea topiturii de sticlă printr-un tub din cărămidă evită, pentru vederea sticlarilor, pericolele reverberării emanând din noile cuptoare mari, cu bazin.

Tehnica matriței a evoluat. S-a trecut de la jumătăți de matriță din lemn, din pământ ars refractar sau din fontă la matrița integrală din fontă, care se deschide cu ajutorul unei balamale, în două părți, matriță inventată în Anglia, de Ricketts, în 1821.[1] Sistemul a fost adoptat progresiv de toate marile sticlării franceze, dar în unele va continua, până la începutul secolului XX, suflarea cu gura în jumătăți de matriță. Sticlele suflate cu gura în matriță integrală sunt ușor de recunoscut. Ele au neregularități în grosimea sticlei și uneori bule, dar aspectul lor exterior este perfect regulat, cilindric și ușor invers tronconic. Îmbinarea celor două jumătăți de matriță lăsa o cicatrice foarte vizibilă, uneori în relief, alteori ca o adâncitură. Sticlele contemporane încă poartă această urmă, dar îmbinarea abia se vede. O matriță intermediară, formată dintr-un fund fix și două cochilii mobile, este brevetată de Carillon, în nord, în 1855. Aceasta lasă două cicatrice laterale superioare, care se racordează la

---

[1] *Id.*, „La machine Boucher: vers la mécanisation de la fabrication des bouteilles", în P. Bour (ed.), *Claude Boucher. Les cents ans d'une révolution. Une histoire des industries verrières à Cognac, op. cit.*, p. 32; S. Palaude și G. Caudrelier, „L'innovation au service du souffleur en bouteilles dans le nord de la France au XIXe siècle et au début du XXe siècle", *op. cit.*, p. 4.

o cicatrice inelară aflată la jumătatea sticlei[1]; rezultatul nu este deloc estetic, trebuie să recunoaștem.

În 1841 s-a brevetat un nou procedeu pentru a fasona guri perfect calibrate, încercuite de un inel de asemenea regulat. Acest nou „fier pentru îmbucare" are o parte fixă, care alunecă în gât, și o pensă pivotantă, care îi permite firului de sticlă topită să curgă în matriță.[2]

De-a lungul secolului al XIX-lea, sistemului îi sunt aduse diverse îmbunătățiri[3], în special un mecanism care permite rotirea matrițelor, ceea ce facilitează suflarea și aderența sticlei la pereți. Brevetul este solicitat de Adolphe Cahuc, din Bordeaux, în 1874. Apare un nou combustibil, gazul, care face posibilă obținerea mai rapidă a temperaturii necesare topirii, dar va dura mult până când el va fi folosit pe scară largă.

Tot în 1874, Siemens inventează în Dresda cuptorul cu bazin, care înlocuiește cuptorul tradițional cu creuzet. În el se poate topi mai multă sticlă și se poate lucra continuu, fără să fie necesară golirea creuzetului înainte de a-l încărca din nou cu materii prime. Nivelul sticlei topite e constant, iar puștiul sticlar nu mai e obligat, seara, să-și vâre mâinile în cuptorul fierbinte pentru a aduna sticla de pe fundul unui creuzet aproape gol. Sistemul va fi introdus în Franța din 1876 în Vauxrot (Aisne), sticlărie care și-a instalat și un gazogen.[4]

---

[1] S. Palaude și G. Caudrelier, „L'innovation au service du souffleur en bouteilles dans le nord de la France au XIXe siècle et au début du XXe siècle", *op. cit.*, p. 4.

[2] *Ibid.*, p. 6-7. Un asemenea fier, fotografiat în acest articol remarcabil prin claritate, este expus la Musée d'Histoire Naturelle din Lille.

[3] P. Bour („La machine Boucher: vers la mécanisation de la fabrication des bouteilles", *op. cit.)* le analizează în detaliu. Aici doar le-am rezumat.

[4] S. Palaude și G. Caudrelier, „L'innovation au service du souffleur en bouteilles dans le nord de la France au XIXe siècle et au début du XXe siècle", *op. cit.*, p. 1.

În 1823, Ismaël Robinet, un suflător din Baccarat, imaginase o mică pompă manuală, pentru a evita suflarea cu gura[1], dar invenția sa n-a avut urmări. În 1879, Léon Appert pune la punct în sticlăria sa din Clichy un sistem cu țeavă concavă, în care sticlarul introduce aer comprimat.

Dar Claude Boucher este cel care inventează, între 1894 și 1898, prima adevărată mașină semiautomată de fabricat sticle. Semiautomată, pentru că încă e nevoie ca pasta de sticlă să fie luată manual, prin urmare volumul și greutatea sunt aproximative, dar aceasta este apoi tratată în două matrițe succesive, una pentru modelare și una pentru finisare, fără ca sticlarul să facă altceva decât să acționeze o pedală sau un volan. Fiecare mașină, de o mare simplitate în concepție și funcționare, poate produce între 80 și 100 de sticle pe oră, de două ori mai multe decât prin suflarea cu gura. Ritmul va crește, după perfecționările din primii ani ai secolului XX, la 140.[2] Așadar, prețurile scad, iar meseria de lucrător în sticlărie devine mai puțin dură, căci aerul comprimat l-a înlocuit pe cel din plămânii suflătorului. Copiii nu-și mai au locul – justificat până atunci de lunga și dificila ucenicie necesară. Claude Boucher primește o mulțime de recompense. Cea dintâi este marele premiu de la Expoziția Universală din 1900. Din 1909, 100 de milioane de sticle sunt fabricate în Franța, datorită procedeului Boucher, și tot atâtea în străinătate.[3] Brevetele lui Claude Boucher sunt adaptate de ingineri în primii ani ai secolului XX: Louis Grote, în Anglia, Gustav Keppeler și Séverin, în Germania.[4]

---

[1] *Ibid.*, p. 5.

[2] Louis Fère, *La Verrerie à bouteilles,* Paris, Frazier-Soye, 1912, p. 25.

[3] P. Bour, „La machine Boucher: vers la mécanisation de la fabrication des bouteilles", *op. cit.*, p. 38.

[4] Louis Fère, *La Verrerie à bouteilles, op. cit.*, p. 26-29.

Jean-Robert Pitte

Nevoile regiunii Champagne sunt la fel de importante ca și cele din Cognac. De la aproximativ 6 milioane de sticle, pe la 1850, producția ajunge, către 1900, la 28 de milioane. Cele mai importante sticlării sunt instalate în Trélon (Nord), în Folembray și în Vauxrot (Aisne), în Reims (sticlăria Charbonneaux).[1] Dar, ținând cont de presiunea ridicată a șampaniei (aproximativ 6 bari) și a riscului de spargere, până în anii 1920 va continua îmbutelierea acestui vin în recipiente grele de 1,2 kg, suflate cu gura, de teamă că sticlele produse mecanic vor exploda din cauza îmbinării slabe.[2] Este, de exemplu, cazul sticlelor de *brut,* din anul de producție 1928, de la Moët et Chandon sau de la Veuve Clicquot, întru totul comparabile cu ceea ce doamna Clicquot trimitea în Rusia, în anii 1830, adică recipiente perfect regulate și cu fundul adâncit în interior, cu moleta în formă de mamelon, dar care apoi sunt transportate pentru fasonarea gâtului într-un sabot, ceea ce evită ciobirea sticlei în interiorul adânciturii datorate rupturii vergelei, cum se întâmpla în secolul al XVIII-lea.

De la începuturile sale, așa cum am văzut, sticla de șampanie trebuie să aibă și un gât foarte rezistent, înconjurat de o baghetă groasă, fasonată cu pensa.[3] În el se vor pune, pe rând, două dopuri, unul provizoriu, în momentul celei de-a doua fermentări, și, după eliminarea impurităților din vin, unul definitiv, cu un diametru net mai mare decât

---

[1] Martine Fosse, „Les verreries de l'Avesnois-Thiérache et les maisons de champagne", în N. Fierobe *et al., Champenoises, op. cit.* Despre sticlăria Charbonneaux, vezi în M. André și M. De Paepe (ed.), *La Verrerie champenoise, op. cit.,* p. 97-229, un ansamblu de texte, de documente și ilustrații, care constituie prezentarea istorică cea mai completă a unei fabrici de sticle.

[2] N. Fierobe, „La champenoise, histoire ou légende?", *op. cit.,* p 25-26; L. Fère *(La Verrerie à bouteilles, op. cit.,* p. 26) amintește toate sticlele produse prin metoda Boucher.

[3] Numită și „matriță de inel".

al dopurilor destinate vinurilor „liniștite".[1] Pentru ca dopul să poată ieși cu ușurință, partea interioară a gâtului trebuie să fie perfect calibrată, iar punerea inelului să nu creeze vreo deformare interioară, ceea ce implică o oarecare dexteritate din partea sticlarului. Încălzirea și apoi răcirea impun o atenție sporită, căci aceste operațiuni determină stabilitatea sticlei. Nu trebuie uitat că, dincolo de presiunea gazului, o sticlă de șampanie va suporta numeroase manipulări, între care remuajul și degorjarea, care reprezintă un șoc termic pentru sticlă, pentru că se practică în gheață, începând cu 1884, datorită brevetului lui Henri Abelé.

Dacă la toate acestea adăugăm că, înainte de umplere, sticlele erau spălate, în acea epocă, cu alice, ne imaginăm cu ușurință care erau exigențele caselor de șampanie față de sticlari, despre care găsim mărturii în toate arhivele păstrate. În 1841, de exemplu, casa Ruinart i se plânge unui furnizor: „Gura sticlei e, în general, prea mare, se lărgește în loc să se îngusteze. Vom refuza așadar produsele și îi vom cere și domnului Hazart să refuze loturile care nu ne vor satisface."[2] În fața unor asemenea constrângeri, sticlarii își facturează sticlele la prețuri mari, cu atât mai mult cu cât cunosc profiturile realizate, încă din acea epocă, de casele de șampanie. În 1865, o sută de sticle costau 18 franci, dar erau facturate la 25 de franci; în 1891, diferența crește: s-a ajuns la 14 și 34 de franci.[3]

---

[1] Astăzi, diametrul interior al gâtului este de 17 mm, în partea sa inferioară, 17,5 mm, în partea superioară, în timp ce diametrul dopului este de 29 mm.

[2] Citat de N. Fierobe, „La champenoise, histoire ou légende?", *op. cit.*, p. 27.

[3] S. Palaude, „Les prix de revient et les salaires", în N. Fierobe *et al.*, *Champenoises, op. cit.*, p. 53.

În paralel cu progresele înregistrate în privința sticlei și a dopului, casele de șampanie perfecționează legătura care ține dopul și îl împiedică să sară singur. De la o sfoară de cânepă cu trei fire bine împletite, în prima jumătate a secolului, se trece la sârma de alamă, începând cu 1760, apoi la sârma de fier și, începând din 1844, la armătura imaginată de Adolphe Jacquesson.[1]

După Primul Război Mondial, penuria de suflători, legată de hecatomba tinerilor și de durata de învățare a meseriei, a obligat casele de șampanie să accepte sticlele mecanice. Sticlăriile îi solicită familiei Boucher să-și adapteze mașina pentru a produce sticle rezistente și cu o adâncitură mare, parametri necesari din cauza numeroaselor manevrări și a așezării recipientelor cu gâtul în jos.[2] La începutul secolului XX, sticlarii au progresat și în privința compoziției amestecurilor vitrifiabile. Oxidul de fier este înlocuit de oxidul de magneziu, ceea ce crește stabilitatea sticlei și o face mai transparentă.[3] Noile cuptoare de recoacere, de exemplu cele construite conform metodei Siemens, încălzesc sticlele la o temperatură mai ridicată și le răcesc lent. Toate aceste ameliorări le fac din ce în ce mai rezistente. Nu se poate totuși evita un procentaj de spargeri, în momentul depozitării lor în fabrică și în timpul transportului, de exemplu în tren – de 10 000 de sticle pe vagon, cum arată Louis Fère, în 1912, recomandând să nu se facă economie la paiele așezate între rândurile de sticle.[4]

---

[1] F. Leroy, „Les bouchonniers de champagne", *op. cit.,* p. 29.

[2] A. Orsini, „Le dialogue des maisons de négoce et des maîtres de verreries entre 1800 și 1865", *op. cit.,* p. 61.

[3] Pe acest subiect complex, vezi M.-H. Chopinet, „Évolution des mélanges vitrifiables et de la composition chimique des bouteilles de champagne", *op. cit.*

[4] L. Fère, *La Verrerie à bouteilles, op. cit.,* p. 39.

Americanul Michael J. Owens brevetează în 1902 o mașină și mai avansată decât a lui Boucher, în întregime automată, dar având costuri mari de achiziție și întreținere. Nu e rentabilă decât pentru serii mari de sticle identice.[1] E instalată în 1905 în Toledo, apoi în Newark și, imediat, în Anglia și în Germania. Ritmul se accelerează, ajungându-se la 18 000–30 000 de sticle în 24 de ore, în funcție de mărimea și de greutatea lor. Modelele și brevetele se vor înmulți apoi, atât în Statele Unite, cât și în Franța și Anglia. Încărcarea automată a matriței, fie prin aspirarea pastei deasupra bazinului, fie prin curgerea ei datorată gravitației, este pusă la punct între 1898 și 1925, în principal în Statele Unite, și adoptată rapid în Franța. De exemplu, în 1935, mașinile O'Neill, din sticlăria de la Fourmies (nord), produc mai bine de 1 000 de sticle pe oră.[2] Revoluția automatizării este ireversibilă în industria sticlei, în afara producțiilor artistice, care se limitează esențialmente la domeniul cristalului. Louis Fère, unul dintre primii autori care au prezentat toate aceste noi procedee în 1912, este entuziasmat: „Atunci când automatizarea se va fi răspândit, avantajele pe care i le va aduce industriei sticlei vor fi considerabile și vor putea fi rezumate prin două elemente: eliminarea muncii manuale și creșterea, în proporție ridicată, a producției."[3]

În acea epocă, în virtutea unui decret din 8 octombrie 1911[4], cu privire la sticlăriile neautomatizate, copiii pot încă lucra de la vârsta de 13 ani, dar nu au dreptul să manevreze topitura de sticlă până la 15 ani, nici să sufle, până la 16 ani. Un decret din 1911 îi obligă pe industriași

---

[1] *Ibid.*, p. 31-37.
[2] S. Palaude, „Les prix de revient et les salaires", *op. cit.*, p. 43.
[3] L. Fère, *La Verrerie à bouteilles, op. cit.*, p. 37.
[4] *Ibid.*, p. 43-44.

să recurgă la serviciile unui medic, însărcinat cu suprave-
gherea stării de sănătate a suflătorilor, care trebuie de-acum
înainte să dispună de o țeavă individuală.[1] Aceste ame-
liorări reale și munca mai ușoară în sticlăriile automatizate
sau semiautomatizate n-au împiedicat totuși izbucnirea
unor mișcări sociale, printre care grevele din Cognac,
din 1891, și din Carmaux, în timpul cărora Jean Jaurès,
deputat al orașului, iese în evidență.

De atunci și până azi, perfecționările vor fi constante,
ca și creșterea ritmului de producție și scăderea costurilor.
În 1880, fabricarea a 100 de sticle necesită 13 ore de lucru,
față de doar trei, în 1938.[2] Astăzi, o mașină de fabricat
sticle controlată electronic produce între 6 000 și 8 000 de
sticle pe oră.[3] Rezultă, din acest proces, o concentrare a
industriei sticlei. De la 2 000–3 000 de sticlării în Franța, în
secolul al XVIII-lea, au rămas 61 importante, în 1887, și 30,
în 1928. În paralel, producția a crescut foarte repede: 100 de
milioane în 1860, pentru toate utilizările, 250 de milioane în
1900, 370 de milioane în 1928, 600 de milioane în 1960.[4]

E greu de știut azi câte sticle de vin se fabrică în fiecare
an în lume. Primul motiv este explozia producției în
nenumărate întreprinderi, de la multinaționale-gigant la
mica sticlărie încă artizanală (sau aproape), așa cum există,
de exemplu, în Italia.[5] Niciun organism nu sintetizează

---

[1] *Ibid.*, p. 43.

[2] M. Hamon, „L'industrie de la bouteille en France au début du XXe
siècle", *op. cit.*, p. 334.

[3] Vezi o prezentare accesibilă a tehnicilor de astăzi pe www.miseen-
bouteille.info/fabricationblle.htm.

[4] M. Hamon, „L'industrie de la bouteille en France au début du XXe
siècle", *op. cit.*

[5] Există încă, în Italia, fabrici de sticle suflate cu gura, recipiente transpa-
rente și foarte ușoare. Fabricile aprovizionează distileriile de *Grappa*, pentru
cele mai bune produse ale lor.

totalitatea statisticilor, care, de altfel, nu se redactează per număr de sticle, ci per tonaj. În fine, oamenii din industrie nu fac totdeauna distincția, în declarațiile lor (atunci când le fac), între conținuturile diverselor sticle: vin, bere, spirtoase, apă, apă carbogazoasă, produse farmaceutice sau chimice, parfumuri și cosmetice.

Estimăm că producția mondială de sticle de vin este de 30 de miliarde de unități pe an, cifră foarte aproximativă, obținută pornind de la producția mondială de vin (care atinge în medie, în anii 2003–2013, 270 de milioane de hectolitri), raportată la capacitatea majoritară a sticlelor (care astăzi este de 0,75 litri) și din care am scăzut producția ambalată în baricuri, borcane, *cubitainere*, în cutii de carton, în recipiente de plastic sau de metal, producție care nu ajunge niciodată în sticle. Problema reutilizării sticlelor golite practic nu se mai pune[1], pentru că a fost inventată reciclarea, mai mult sau mai puțin răspândită în lume, dar aproape generalizată în Franța. Ansamblul reprezintă în jur de 20 de milioane de tone de sticlă, cifră de asemenea foarte aproximativă, greutatea unei sticle variind de la 400 g, pentru cele mai ușoare, până la 1,3 kg (în mod excepțional, ce-i drept![2]). Numai sticlele clasice de șampanie sunt astăzi standardizate la 835 g, față de 900 g altădată, astfel încât să fie economisită energia necesară pentru topirea pastei de sticlă, dar această decizie nu este valabilă

---

[1] Altădată era atât de răspândită, încât Andersen o descrie în mod plăcut în *Povestea unui gât de sticlă*, scrisă în 1857-1858: „Așa, de pildă, multe dintre cele care au fost umplute cu vinul cel mai prost ajung, după câtăva vreme, să facă să gâlgâie în cuprinsul lor cel mai adevărat «Lacrima Cristi», iar sticla în care a spumegat șampania să fie, la urmă, adăpost pentru bulion. Dar, oricât de rău ar ajunge cineva, tot are dreptul să se gândească la obârșia lui, fie că a fost ea nobilă sau nu."
[2] Este, de exemplu, greutatea sticlelor de pe domeniul The Cave, din Israel.

pentru marile cuvée-uri, aproape toate ambalate în sticle mai grele. În aceeași situație se află și sticlele celor mai multe podgorii din Burgundia, din regiunea Bordeaux, din Côtes-du-Rhône și chiar din Alsacia, ca și acelea ale marilor vinuri italiene, spaniole sau din lumile noi. Proprietarii care au recurs la ele își justifică alegerea și prin grija pe care o acordă fabricanții de sticle grele profilului interior al gâtului.[1] Dacă vrem să folosim un dop lung, foarte bun, e de preferat ca acesta să facă o priză perfectă cu pereții interiori ai gâtului, până la baza sa. În caz contrar, dopul se va scălda în vin nu doar cu partea inferioară, ci și cu cea superioară, ceea ce prezintă un risc pentru longevitatea sa, deoarece se poate fisura, compromițând astfel ameliorarea vinului în sticlă.

Din nefericire, unele vinuri medii sunt „înzorzonate" pentru a fi vândute la prețuri mai mari decât valoarea medie a apelațiunii respective.[2] Chiar dacă greutatea sticlei nu joacă niciun rol în conservarea vinului – spre deosebire de culoare, care trebuie să fie de preferință închisă –, efectul psihologic asupra consumatorului este irezistibil.[3] Acesta este scopul urmărit de fabrica de sticle Verallia,

---

[1] Este, de exemplu, explicația dată de Aubert de Villaine, pentru sticlele utilizate la Domaine de la Romanée Conti.

[2] Așa se întâmplă în Burgundia cu anumite vinuri vândute sub marca „Châteaux", purtând numele unei comune viticole renumite.

[3] Același fenomen se întâmplă cu dopul de plută, adesea deturnat de la funcția sa benefică în vederea învechirii, ceea ce are ca efect cel puțin participarea la echilibrul biogeografic al anumitor regiuni mediteraneene, permițând menținerea pădurilor de plută și asigurându-le traiul fabricanților de dopuri. Astfel, un negociant din Bordeaux, Aurélien Grenouilleau, vinde monocepage sau generice în sticle de 25 cl, cu dop de plută. Jean-François Gouin, directorul comercial, se justifică astfel: „Prezența unui dop de plută face produsul mai valoros în ochii consumatorilor. Ne poziționăm net pe piața celor care trăiesc singuri, pentru care nu există în prezent un ambalaj de calitate." (*Vitis*, nr. 261, martie 2001, p. 13) Îi datorez această referință lui Raphaël Schirmer.

care propune o gamă de „alb transparent" pentru vinurile ușoare și una cu nuanțe închise (de culoarea scorțișoarei, tradiver sau negru) pentru vinurile de calitate. Un comerciant din Saint-Émilion declară asta fără ocolișuri în publicitatea sa: „Mai puțin fragilă, mai înaltă și mult mai elegantă, sticla grea, așezată pe masa dumneavoastră, scoate în evidență dintr-o privire un vin de calitate. Echilibrată, ea inspiră respectul datorat fructului prețios al viei, pe care îl onorează."[1] Să vii cu argumente precum economia de energie pentru a încuraja folosirea sticlelor mai ușoare, așa cum face, de exemplu, Verallia (filială Saint-Gobain[2]), e o metodă care n-are nicio șansă să obțină efectul dorit, nici la vânzători, nici la consumatori, decât pentru vinurile foarte ieftine. Numai o lege ar avea un asemenea efect, dar e oare oportun să recurgem la așa ceva? Legislatorul – francez sau european – nu are alte priorități? Și, la urma urmei, vinul este o băutură de cultură și de visare, permițând așadar unele exagerări în prezentare, ca și parfumurile.

MODELE RECENTE

Când automatizarea se răspândește, după Primul Război Mondial – ceea ce are drept efect scăderea prețurilor, chiar și la seriile mici –, *negociants* de vin își vor expedia tot mai mult vinurile de calitate în sticle, iar mai

---

[1] Este vorba despre Jean-Luc Malaurie, de la podgoriile Lalande-Moreau, în 2011. Trebuie să recunoaștem însă că practică tarife foarte rezonabile.

[2] Această firmă comercializează în prezent sticle de 465 de grame, față de cele 550 de grame ale unei sticle clasice. Sticlele concepute ecologic, din gama ECOVA, puse la punct în 2009, s-au vândut până la 1 octombrie 2013 în 3 miliarde de exemplare în toată lumea. Îi mulțumesc domnului Michel Toussaint pentru această informație.

Jean-Robert Pitte

târziu vor cumpăra de la producători vinuri puse deja în sticle. Astfel, începând din 1924, Philippe de Rotschild vinde în magazinul din Place de Bordeaux vinul său *Château-Mouton-Rotschild*, pus în sticle în propriile pivnițe, cu o etichetă desenată de Jean Carlu. Vor trece câteva decenii până când această practică să se răspândească, pornind de la domeniile cele mai prestigioase, pentru ca apoi să devină majoritară, iar astăzi, aproape generalizată, chiar și pentru vinurile de consum curent, în afară poate de unele țări din Lumea Nouă sau din emisfera sudică, precum Australia, unde sunt răspândite recipientele de tip *cubitainer*[1]. Dispar, prin urmare, riscurile de maladii ale vinului transportat în vrac (vase-cisternă, vagoane și camioane-cisternă, butoaie, mai mult sau mai puțin noi și bine întreținute), apoi ambalat, o dată sau de două ori, înainte de a fi expediat la detailist (restaurant, cafenea, magazin) sau la cumpărător. Trecerea multor comercianți de băuturi populare, în întreaga Europă, de la carafă la sticlă are loc în cursul secolului al XIX-lea. Victor Hugo evocă această tranziție descriind hanul Thénardier, în 1823: „Această încăpere semăna cu toate încăperile din cârciumi; mese, recipiente de aluminiu, sticle, băutori, fumători; puțină lumină, mult zgomot."[2] Cu toate acestea, schimbarea nu este generală, iar în multe cafenele și restaurante populare și azi vinul se serveşte în carafe din lut sau din alte materiale sau chiar în căni gradate.

Obiceiul de a pune în sticle, la capătul lanțului de distribuție, vinul cumpărat în vrac se pierde progresiv, de-a lungul secolului XX. În Franța, ultimii detailiști abandonează această cutumă simpatică, dar riscantă, în anii

---

[1] În România, cele mai răspândite sunt *Bag in Box (BIB)* (n. red.).
[2] *Les Misérables*, Paris, Garnier, [1862] 1966, p. 281.

1980 și ceva mai târziu, în țările mediteraneene, unde vor continua să dea cep butoaielor până spre începutul secolului XXI. Chiar și tavernele grecești, unde riscul era mai mic, datorită dozei ridicate de rășină care proteja vinul de pericolul oțetirii, au adoptat azi, pe scară largă, sticla. Vinul are așadar o întârziere importantă față de bere, care a fost de foarte devreme îmbuteliată în braserii, pentru a fi vândută particularilor, în virtutea necesității de a păstra gazul carbonic pe care îl conține, în proporție mai mare în Franța și Germania și mai mică, în mod tradițional, în Marea Britanie. E comparabilă, la acest nivel, cu șampania.

În Franța, la sfârșitul secolului al XIX-lea și la începutul secolului XX, consumatorii din mediile populare au obiceiul de a se duce la vinar, cu sticlele într-un coș de răchită – apoi de sârmă galvanizată și, mai recent, de plastic –, numit în limbaj popular „un six trous". Până în anii 1960, vinul se cumpără „de la robinet". Vinarul, care adesea e băcan, dispune de butoaie mari și mici sau, cel mai adesea, de cuve de beton, care sunt umplute periodic de marii negocianți din oraș, veniți, de exemplu, în Paris, de la Hala de Vinuri de pe cheiul Saint-Bernard sau de la Bercy și, mai apoi, de la Charenton.

Spre sfârșitul secolului al XIX-lea, vinurile locale (din Île-de-France, pentru Paris, din Bugey, din Mâconnais, din munții Lyonnais sau din Beaujolais, pentru Lyon, de exemplu) sunt detronate de vinurile de cupaj, care amestecă vin din câmpiile Languedocului, pe bază de *Aramon* și *Carignan*, în primul rând, cu vin algerian care sosește prin Sète, până la independența Algeriei, din 1962. Sunt îmbuteliate în sticle de un litru, închise la culoare, pe care le vedem în toate picturile realiste de la sfârșitul secolului al XIX-lea și începutul secolului XX. Să citam, de exemplu, *Les raboteurs de parquet* de Gustave Caillebotte (1875), *Le repas des pauvres* de Alphonse Legros (1877), *Les repasseuses* de Edgar Degas (spre 1884-1886), *La famille après le repas ou le dîner vert* de Edouard Vuillard (1891), *L'homme au verre de vin* de Modigliani (1918-1919), *Nature morte aux raisins* de Maurice de Vlaminck (1936) etc. Să adăugăm *La bouteille de vin*, pictată în 1924 la Paris de catalanul Joan Miró, inspirată din atmosfera bistrourilor din Cartierul Latin.

Sticlele de un litru sunt în uz în timpul celei de-a doua jumătăți a secolului al XIX-lea și în secolul următor. În ultimele decenii ale secolului XX, vinul este tras în sticle cu stele gravate în relief, pe gât. Există două sticle de acest tip, închise cu un dop înfundat parțial cu mâna, pe care le ține cu mândrie în brațe puștiul de pe strada Mouffetard, surprins în 1954 de obiectivul lui Henri Cartier-Bresson, într-una dintre fotografiile sale cele mai cunoscute.[1] În anii 1960-1990, ultimii în care această practică mai subzistă, vinarii au încetat să tragă vinul în fața clientului și au pregătit dinainte sticle – tot de un litru, cu stele –, pe care le-au închis cu o capsulă metalică sertizată, prevăzută cu un tampon de plută presat în interior, înlocuit, mai târziu, cu un mic dop subțire, din plastic. Către 1990, vinarii au renunțat să vândă vinul de masă în acest ambalaj. Apoi sticlele de 75 cl s-au generalizat, chiar și pentru vinurile de masă, în afară de cele care sunt vândute în *cubitainere* de 3-5 litri, în butelii de plastic asemănătoare cu cele pentru apa minerală sau în cutii de carton cu capacitatea de un litru. Înainte, în mediile populare nu apăreau pe mese decât duminica sau în zilele de sărbătoare, sub numele de „vin înfundat", adică în sticle cu un dop de plută complet înfundat, pentru care era nevoie de un tirbușon. *Vieux*

---

[1] Calitatea fotografiei nu ne permite să vedem dacă sticlele au stele pe gât, dar nu e sigur, căci acest model nu era obligatoriu. Reproducerea ei este azi interzisă, în virtutea dreptului la imagine. O asemenea fotografie îl onorează însă pe adultul care va fi devenit azi acel copil năzdrăvan.

Papes a fost unul dintre primele vinuri de marcă vândute în Franța la un preț abordabil, începând de la sfârșitul anilor 1930.[1]

Există rare excepții. Producătorii alsacieni sunt încă autorizați să vândă în flute de un litru vinurile rezultate din anumite soiuri (Pinot Blanc, Sylvaner, Riesling, cu excluderea celorlalte) sau cupaje (edelzwicker).[2] De altfel, în multe regiuni, forma și capacitatea sticlelor nu sunt reglementate și toate libertățile sunt permise. Château Le Puy, un vin din *Côtes-de-Francs*, comercializează una dintre cuvée-urile sale de prestigiu, botezată Blaise-Albert, în sticle albe, cu capacitatea de un litru, și suflate cu gura! E adevărat că *manga* japoneză *Picăturile lui Dumnezeu* a conferit acestui domeniu o notorietate excepțională, care îi permite să-și comercializeze vinurile cu mult peste vinurile apelațiunii sale. La vinari sau în restaurantele din străinătate, o sticlă poate ajunge la câteva sute de euro[3], față de câțiva euro pentru un *Côtes-de-Francs* clasic.

Există și alte capacități, moștenite, în mod curios, de la măsurile anterioare sistemului metric. În Lyon, de exemplu, din 1843, birturile și cârciumile servesc vinul Beaujolais în carafe albe, cu fundul gros, cu o capacitate de 46 cl[4], adică o jumătate de pintă pariziană.[5]

---

[1] Astăzi este comercializat de grupul Castel, ca și vinul generic de Bordeaux „Baron de Lestac" (Lestac este anagrama cuvântului Castel) sau „Malesan", creat la origine de Bernard Magrez, în 1978, într-o sticlă ornată cu un sigiliu de plastic imitând ceara și stampat cu un cal (Magrez + alezan = „Malesan").

[2] Decizia din 2 ianuarie 1975, *Journal Officiel*, 11 ianuarie.

[3] *Château-le-Puy* 2003 se vindea cu 1 000 de euro în Hong Kong, în 2010 (*Libération*, 23 septembrie 2010).

[4] www.manoir-du-carra.com

[5] Nimic nu e simplu, căci o carafă pariziană *Paris* echivalează cu două pinte, adică 1,860 l!

În Europa, geografia formei sticlelor se stabilizează către mijlocul secolului XX. E un fenomen comparabil celui al tipurilor de vin. În Franța, de exemplu, „Appellation d'Origine Controllée" (Denumire de Origine Controlată), AOC, a definit în mod clar utilizările „locale, loiale şi constante", adică metodele de viticultură şi vinificație, aşa cum existau în anii 1930. Un anumit număr de decrete de apelațiune precizează modelul de sticlă care trebuie neapărat folosit pentru îmbutelierea vinurilor, în lipsa acestuia neputându-se prevala de numele revendicat.[1] Sunt conservatori. Este cazul flutei de Alsacia, a cărei formă este strict reglementată[2] şi autorizată în Franța doar pentru următoarele tipuri de vin: *Alsace, Gros-Plant, Pays Nantais, Crépy, Château-Grillet, Côtes-de-Provence* roşu sau roze, *Cassis, Jurançon, Béarn* ori *Tavel*. Sticla *bocksbeutel* sau *cantil*[3] nu poate fi utilizată decât în Germania[4], în Italia[5], în Grecia[6], în Portugalia, dar în această ultimă țară, numai pentru vinurile roze pentru care producătorii pot dovedi că folosirea unei sticle *cantil* este tradițională. Clavelinul[7] este rezervat exclusiv vinurilor *Château-Chalon, Étoile, Arbois* şi Côtes-du-Jura[8].

---

[1] *Official Journal of European Communities,* L118, 4 mai 2002.

[2] Reglementarea franceză, în această privință, datează din 1955. Raportul dintre diametrul la bază şi înălțime trebuie să fie de 1 la 5; cel dintre corpul cilindric şi înălțime, de 1 la 3.

[3] Proporția lungime/lărgime a elipsei trebuie să fie de 2 la 1; cea dintre gât şi corpul convex, de 1 la 3.

[4] Franconia, Baden, Taubertal şi Schüpfergrund şi unele comune din regiunea Baden-Baden.

[5] Pentru vinurile *Santa Maddalena, Sylvaner* şi *Müller-Thurgau* din regiunea Valle Isarco, *Pinot Bianco* de Terlaner, *Bozner Leiten,* cea mai mare parte a vinurilor din Alto Adige, *Greco di Bianco, Moscato* din Trento.

[6] Vinurile din Cefalonia, Paros, Peloponez, Agioritiko.

[7] Cu o capacitate de 0,62 litri, cu un raport între diametrul la bază şi înălțime de 1 la 2,75 şi cu un raport între cilindru şi înălțimea totală de 1 la 2.

[8] În practică, este folosit doar pentru *vin jaune,* chiar dacă decretul european nu-l menționează.

În alte zone, toate modelele sunt autorizate. Unele regiuni sunt fidele, aproape în exclusivitate, unui model. Este cazul regiunii Bordeaux și a întregului sud-vest al Franței, unde se folosește sticla bordeleză de 75 cl[1], cu excepția regiunii Frontonnais, unde sticla burgundă pare să aibă unii adepți. Putem găsi, în mod excepțional, vin de Bordeaux alb, generic, în sticle burgunde. Regiunile Champagne, Burgundia, Val de Loire și cea mai mare parte a podgoriilor din Côtes-du-Rhône folosesc sticla champenoise-burgundă[2]. Unele podgorii au imaginat o variantă a acestui model, pentru a ieși în evidență. Vinul *Muscadet* este, în general, prezentat într-o sticlă burgundă ușor modificată, numită *nanteză*. În locul unei tranziții cu curbă dublă între corp și gât, ea prezintă un unghi foarte deschis și pe gât are un desen în relief, o reprezentare stilizată a Loarei. Odinioară, în desen apăreau hermine, simbolizând stema Bretaniei.[3] Producătorii din Anjou folosesc sticle care au gravate, în relief, stemele regiunii lor, cei din Châteauneuf-du-Pape, pe cele ale papalității avignoneze; anumiți producători din Languedoc folosesc un model ornat cu o cruce occitană. Tot mai multe apelațiuni și chiar domenii au recurs la

---

[1] Sau, desigur, sticla „de jumătate", sticla magnum (1,5 l) și toate capacitățile superioare excepționale: dublu magnum (3 l), réroboam (4,5 l), jéroboam (5 l), imperial (6 l), salmanazar (9 l), nabucodonosor (15 l), melchior (18 l). Producătorii de licoroase, dar și de vinuri roșii folosesc uneori o sticlă de 50 cl, o capacitate de care sunt interesate restaurantele, ținând cont de supravegherea crescândă a alcoolemiei la conducătorii de automobile.

[2] Capacitatea sa este de 0,75 l, însă există și sticle „de jumătate" și formate mari care poartă aceleași nume ca în Bordeaux, dar nu au toate aceeași capacitate. Astfel, magnum e identic, dar jéroboam are 3 litri, formatul de 6 litri se numește matusalem, iar cel de 18 litri se numește salomon.

[3] Acest model a fost creat în 1968 (Gabriel Thebaud, „La bouteille nantaise. Une réalisation exemplaire pour la promotion des muscadets de qualité", *Ouest France,* 14-15 august 1968). Îi datorez această referință lui Raphaël Schirmer.

Jean-Robert Pitte

acest mod de personalizare, pe care producătorii îl pot realiza la un cost foarte rezonabil astăzi. Multe *Châteaux* bordeleze procedează astfel, de exemplu *Haut-Brion, Pavie, Talbot* sau *Giscours*.

Printre excepțiile din sfera sticlei champenoise-burgundă (în afară de fluta pentru *Château-Grillet* și *Tavel),* sticla bordeleză este utilizată pentru anumite muscaturi din Beaumes-de-Venise. Câțiva producători de *Mâcon, Muscadet, Pouilly-sur-Loire* sau de vin de pe malul german al râului Moselle au decis să se evidențieze folosind și ei această sticlă. Nu e sigur că această modalitate de a atrage atenția seduce mai mult clientela alcătuită din iubitori de vin − asta presupunând că pe ceilalți îi impresionează. Un producător de *Muscadet* vârf de gamă, Guy Bossard[1], a adoptat chiar, pentru unele din cuvée-urile sale, fluta renană, rezervată pe plan local pentru *Gros-Plant*. El afirmă că a ales această mică provocare din cauza refuzului instanțelor oficiale de a-i accepta, acum câțiva ani, eticheta „*Muscadet sur Lie*". Asta nu știrbește cu nimic eleganța vinului său, dar nici nu-i conferă vreun atu. Unul dintre vinurile sale de prestigiu, botezat Taurus, este prezentat într-o sticlă burgundă grea și închisă la culoare, sigilată cu ceară și ornată cu o superbă etichetă, reprezentând un vitraliu medieval.[2]

În Champagne, sticla champenoise clasică, de-acum mai ușoară, e foarte răspândită, dar casele importante au căutat să-și evidențieze marile cuvée-uri, cu ani de producție sau nu, printr-o sticlă și un ambalaj sugestive. Casa Moët-et-Chandon a inaugurat acest obicei creând, în 1921, cuvée Dom Pérignon, cu an de producție, cu o sticlă imitată după un model foarte elegant, din secolul XVIII-lea,

---

[1] Domeniul Écu au Landreau.
[2] Este vândută cu 20 de euro, ceea ce este excepțional pentru un muscadet.

caracterizat printr-un cilindru foarte amplu, cu o alură delicată și armonioasă și, mai ales, cu un gât foarte îngust. Un model apropiat va fi adoptat de casa Krug, de-acum integrată în grupul Moët-Hennessy. Imitații ale sticlelor vechi sunt utilizate și pentru cuvée Grand-Siècle, de la Laurent-Perrier, Charles VII, de la Canard-Duchêne, Dom Ruinart, de la Ruinart etc. Nicio casă nu folosește forma bordeleză. Ar fi nu doar șocant, pentru un vin care are o asemenea forță de evocare, dar și tehnic imposibil, căci remuajul – altădată manual, pe pupitre, astăzi automatizat, pe giropaleți – vizează depunerea spre dop, fără obstacol, a levurilor rezultate din a doua fermentare. Un unghi la baza gâtului le-ar opri migrația, ceea ce reprezintă exact scopul formei engleze sau bordeleze, care permite o eventuală decantare, chiar înainte ca vinul să fie servit.

Cele mai multe regiuni care au trecut târziu la punerea în sticle la locul de producție folosesc modele din regiuni unde îmbutelierea este mai veche: în principal, sticla bordeleză sau cea burgundă, uneori fluta renană, în Europa Centrală sau în podgoriile din lume unde se cultivă soiuri renane, precum provincia Otago, din insula sudică a Noii Zelande. În Franța, un anumit număr de producători de vinuri licoroase au ales modelul sticlei englezești, cu umerii în unghi drept, care se utilizează pe scară largă în Anglia și în Europa de Nord, de la sfârșitul secolului al XVIII-lea și din secolul al XIX-lea pentru *Porto, Sherry, Madeira, Marsala, Comandaria* din Cipru, Muscatul de Samos etc. Așa se întâmplă în Banylus, în Maury, în Rivesaltes, în Rasteau.

Multe vinuri roșii, de pe toate continentele, sunt prezentate astăzi în sticle bordeleze. Este alegerea pe care au făcut-o, de exemplu, viticultorii din Languedoc, din Provence, din Chianti, cea mai mare parte a zonelor viticole din Rioja, din Europa de Est. Unii consideră că acest

Jean-Robert Pitte

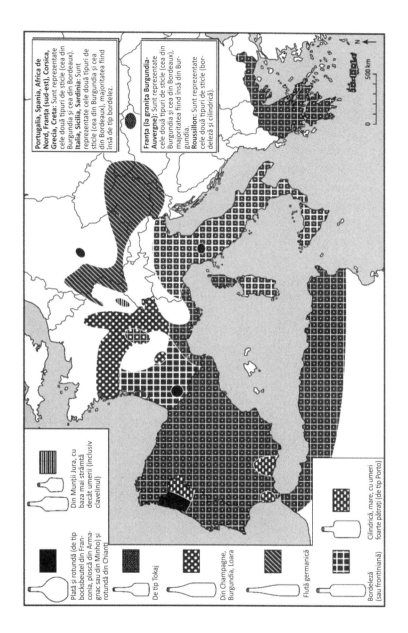

FORMELE STICLELOR DE VIN ÎN EUROPA ÎNCEPUTULUI DE SECOL XXI

model reprezintă două treimi din producția mondială de sticle. Asta ține nu doar de imaginea sa de eleganță – fondată sau nu –, ci și de influența soiurilor și de metodele bordeleze de vinificare, preluate de numeroase regiuni. O excepție: vinurile rezultate din Pinot Noir sunt, în schimb, îmbuteliate cel mai adesea în sticle burgunde, ca și anumite vinuri rezultate din Shiraz. Așa se întâmplă în Statele Unite, în Australia, în Noua Zeelandă etc. Spania, care a adoptat pe scară largă sticla bordeleză pentru vinurile sale roșii, pe urmele regiunii Rioja, folosește totuși sticle burgunde pentru unele vinuri din Catalonia, ca și pentru unele tipuri ale casei Torres[1] sau alei casei Abadia de Poblet, rezultate din Pinot Noir de filiație cisterciană. Există în industria sticlei peste 70 de tipuri standard, variante ale modelului bordelez.[2] Italia a lansat o modă imitată și de alte regiuni viticole din lume: aceea a bordelezei cu diametrul mai mic decât al modelului clasic, dar mai înaltă, astfel încât să poată avea capacitatea de 75 cl. Această siluetă amintește de manechinele caselor de *haute couture*, atinse deopotrivă de gigantism și de anorexie...

Aceeași fidelitate față de obiceiurile europene există și la vinurile albe. Vinurile efervescente sunt prezentate, peste tot în lume, în sticle champenoise, ambalate în aceeași manieră, cu mult aur și argint. Vinurile rezultate din Chardonnay, dar și din Sauvignon, sunt, cel mai adesea, îmbuteliate în sticle burgunde (Italia, California, Noua Zeelandă, Africa de Sud, Chile, Argentina etc.).

---

[1] Cu toate acestea, tipul Coroñas, odinioară prezentat în sticlă burgundă, astăzi e îmbuteliat în sticlă bordeleză.

[2] Informație comunicată de Enzo Cavalli, președintele COREVE (Consorzio Recupero Vetro, care are sediul la Verona), la congresul CETIE din Alba (Piemonte), 26-27 aprilie 2001. Se adăugau, la vremea aceea, vreo douăzeci de tipuri de sticle personalizate, fără îndoială, cu mult mai multe astăzi.

Rămân sticlele fanteziste sau, dacă preferați, creative, inventate recent pentru a evidenția vinurile originale ale căror producători decid să abandoneze vânzarea în vrac și să atragă privirile consumatorilor. Putem evoca aici culoarea sticlei: de exemplu, în Alsacia, anumiți viticultori reputați aleg sticle de un verde foarte închis, negre sau chiar de culoarea ambrei. În Rheingau, unii producători folosesc uneori sticle albastru-închis, precum celebra casă Blue Nun, din Mainz. Cea mai mare parte a rozeurilor sunt prezentate acum în sticle albe, pentru că o parte din atracția lor vine din culoare și strălucire. Unii rafinează și mai mult efectul, folosind sticlă mătuită, care dă senzația de brumă și sugerează astfel prospețimea indispensabilă degustării. Licoroasele sunt de asemenea îmbuteliate în sticle albe, pentru a le revela roba, căci cu cât aceasta bate mai mult spre portocaliu, în urma unei învechiri prelungite, cu atât promite emoții gustative și olfactive mai intense.

În Beaujolais, dar și în alte regiuni, din sud de exemplu, s-a recurs uneori la sticle serigrafiate în culori vii. Nu e un semn distinctiv al eleganței, spre deosebire de modelul impus de viticultorii din Bouzeron (Saône-et-Loire), care, pe lângă eticheta proprietății, marchează sticlele cu o mică ghirlandă imprimată în alb pe sticlă, care repetă de mai multe ori numele Bouzeron. E adevărat că soiul apelațiunii este aligoté, care nu are o imagine atât de prestigioasă precum *Chardonnay*. Există o sticlă emailată extrem de rafinată, aceea pentru șampania „Belle Époque", de la Perrier-Jouët, ornată cu anemone și arabescuri, reeditată pentru acest tip de vin începând din 1969, pornind de la modelul creat în 1902 de Émile Gallé.

Sticle cu totul noi au fost realizate de sticlari pentru vinurile de Gaillac. Forma lor este de trunchi de con răsturnat, dar cu o proeminență circulară la bază, care dă impresia de stabilitate, dar, în același timp, face să se piardă eleganța care caracterizează sticla de Jura. Această proeminență, oarecum dizgrațioasă, apare și la baza anumitor modele de sticle gândite pentru vinurile de Languedoc.

Rămâne o formă puțin răspândită, dar foarte populară: fluta de Provence, numită în Italia *anfora,* destul de apropiată de vechea sticlă de Muscat de Frontignan, care, să ne amintim, ar putea fi de origine venețiană. Pare să aibă rădăcini vechi, poate din secolul al XVIII-lea sau al XIX-lea. E din sticlă albă, strâmtă la bază, foarte amplă în centru și se subțiază, fără umeri, până la gură, cam ca un popic. Casa Ott, creată în 1896 de alsacianul Marcel Ott, una dintre primele care au pus vinul de Provence în sticle și au popularizat rozeul, a brevetat modele inspirate de sticle vechi, între 1923 și 1932[1], care sunt utilizate și astăzi.

Modelul numit *flûte à corset* a fost inventat, fără îndoială, după război – un model care comportă o îngustare centrală a corpului sticlei, încadrat de două proeminențe. Avansăm ipoteza unei influențe a sticlei americane de Coca-Cola, ale cărei curbe se inspiră clar din siluetele celebrelor *pin-up girls,* foarte populare în publicitatea americană între cele două războaie.[2] Marele succes al rozeului de Provence, consumat foarte rece, datează din anii 1960 și corespunde culturii *sea, sex and sun,* ale cărei muze au fost Brigitte Bardot și starletele festivalului de la Cannes, care încercau să o imite. Nu există nicio îndoială că modelul *flûte à corset* se inspiră direct din această zonă, ca și păpușa Barbie, într-un alt registru. Estetica feminină evoluând,

---

[1] Arhivele Departamentale din Var, 6 U 98. Ipoteza imitării unei sticle vechi mi-a fost sugerată de contesa de Gasquet la Taradeau *(in litteris,* 25 februarie 2010).

[2] Caroline Sallé, „Coca-Cola au mieux de ses formes", *Le Figaro Magazine,* 16 aprilie 2011, p. 94.

Jean-Robert Pitte

acest model de sticlă aproape a dispărut, iar rozeurile de Provence sunt astăzi, cel mai adesea, îmbuteliate în sticle albe, de formă bordeleză. Există totuși modele total fanteziste, imaginate de unii designeri. Unul dintre ei, Oliviero Toscani[1], a desenat pentru Clos Réquier o sticlă bordeleză, gravată adânc cu un R și, mai ales, foarte amplă la nivelul umerilor, după imaginea înotătorilor olimpici sau a lui Ken, prietenul lui Barbie.

Italia a dus cel mai departe diversificarea fantezistă a formelor de sticle și asta din două motive. Tradiția punerii în sticle este, cam peste tot în Italia, recentă, iar viticultorii, spre deosebire de cei din Franța, nu au tentația și cu atât mai puțin obligația de a respecta un patrimoniu. În plus, industria sticlei este mai puțin concentrată decât cea franceză. Este repartizată între vreo douăzeci de întreprinderi, pe care concurența le face inventive, în timp ce în Franța există doar două.

Dopul și ornamentarea sticlelor reprezintă o gamă infinită de mijloace pentru a diferenția proveniențele, domeniile și recoltele. Unii estimează că jumătate dintre sticlele de vin comercializate în lume au dop de plută[2], un sfert, cu dopuri sintetice, și un sfert cu capsule metalice filetate. Trebuie să adăugăm aici simpaticele dopuri de sticlă, care încep să fie folosite în Germania[3] și în alte

---

[1] Printre altele, a lucrat pentru Benetton.

[2] Trebuie să includem aici și dopurile realizate din fragmente de plută dezinfectate și aglomerate (marca Diam, de exemplu, care produce 500 de milioane de dopuri în fiecare an, la San Vincente de Alcantara, în Spania). Ele nu prezintă niciun risc cu privire la detestabilul gust de dop, dar nu știm dacă durata lor de viață va fi la fel de mare ca a unui excelent dop făcut dintr-o singură bucată și dacă liantul nu-i va transmite vinului, în timp, un gust străin. În schimb, aceste dopuri sunt plăcute la pipăit, sunt suple și e ușor să înfigi în ele un tirbușon, ceea ce nu e cazul cu dopurile sintetice.

[3] Marca Vini-Lok, din grupul Alcoa.

câteva podgorii.[1] Verificarea acestei repartizări e la fel de dificilă ca și stabilirea cu precizie a numărului de sticle fabricate, din aceleași motive.

Gustul dopului a devenit o adevărată problemă, întrucât se estimează că între 1 și 10% dintre sticlele de vin din lume sunt contaminate. Vinul ia gustul de dop de la o substanță chimică, TCA (tricloranisol), care se dezvoltă în contact cu biocidele clorate, pe drumul dintre fabrica de dopuri și crama viticolă. Se fac cercetări, dar, pentru a evita orice risc, tot mai mulți producători și comercianți preferă capsula metalică, chiar dacă nu se cunosc prea bine capacitățile de învechire ale rondelei interioare de plastic și efectele sale eventuale asupra vinului, în caz de învechire prelungită. Capsula metalică e plebiscitată în unele țări, precum Statele Unite, dar adesea respinsă, din motive culturale, în țările europene cu veche tradiție viticolă, mai ales pentru vinurile de calitate. Unii viticultori francezi reputați au adoptat-o totuși, mai ales cei care exportă mult, precum Laroche, din Chablis. Dacă problema TCA urmează să fie rezolvată datorită cercetărilor în curs, nimeni nu se îndoiește că dopul de plută va merita să-și mențină rolul, pentru suplețea și durabilitatea sa (între 20 și 40 de ani), ca să nu mai vorbim de faptul că permite menținerea pădurilor de arbori de plută (*Quercus suber*). În absența exploatării, aceste păduri sunt invadate de buruieni și devin foarte vulnerabile la incendii, foarte frecvente în zona mediteraneeană.

---

[1] Sunt ușor de scos, dar trebuie acoperite cu o capsulă metalică pentru a le proteja, ceea ce crește prețul și, din acest motiv, sunt rezervate vinurilor *Haut de Gamme*. În plus, pentru a obține o etanșeizare perfectă au nevoie de un adaos de silicon, a cărui durată de viață n-o cunoaște nimeni. Sunt așadar destinate, mai degrabă, vinurilor albe seci, băute tinere.

Jean-Robert Pitte

Etichetele reprezintă un univers complex, care ar merita în sine un studiu istoric şi geografic. Conţinutul lor este reglementat din ce în ce mai minuţios în toate ţările planetei. E mai mult sau mai puţin informativ, uneori e excesiv, pe contraetichetele de pe gâtul sticlei anumitor vinuri, alteori, voit laconic, la marii seniori precum *Yquem* sau *Romanée-Conti*. Estetica etichetelor e la fel de variată ca şi domeniile şi mărcile. Au existat multă vreme stiluri regionale, pe care consumatorul le asocia cu forma sticlei. Nu mai este cazul, iar astăzi, în podgorii, chiar dacă au o veche tradiţie viticolă, şi chiar în Champagne se întâlnesc toate tipurile, de la cele tipografice, uneori foarte elegante, până la creaţiile artistice pentru care uneori se apelează la cei mai mari graficieni sau pictori – originalitate imaginată de Philippe de Rotschild pentru *Mouton*-ul său, începând din 1946.[1]

---

[1] În fiecare an, eticheta este încredinţată unui mare pictor, care dispune de treimea superioară a acesteia, ceea ce permite totuşi recunoaşterea imediată a vinului prestigios din sticlă.

EPILOG

UN OBIECT ISCAT DIN IMAGINAȚIE

Sticlele au fost adesea deturnate de la funcția lor, dar fără să-și piardă demnitatea. Așa se face că, odinioară, în drumurile lungi pe mare, marinarii se relaxau confecționând corăbii pliante în miniatură, pe care le introduceau în interiorul unor sticle albe, iar apoi le depliau, cu ajutorul unui sistem ingenios de fire. Reveniți pe țărm, le ofereau aceste mici capodopere apropiaților sau le vindeau. Doar dacă nu făceau din ele niște *ex-voto*. În caz de naufragiu, închideau în sticlă un mesaj, pe care îl încredințau valurilor, sperând că recipientul va fi găsit și le va aduce salvarea sau, în cel mai rău caz, că le va perpetua amintirea. Edgar Allan Poe s-a inspirat din această utilizare a sticlei pentru una dintre *Povestirile fantastice*[1], iar Vigny, pentru un foarte lung și dramatic poem, glorie a romantismului aflat atunci la apogeu:

---

[1] Edgar Allan Poe, „Manuscrit trouvé dans une bouteille" (1833), *Histoires extraordinaires,* trad. Ch. Baudelaire, Paris, M. Lévy, 1856. Ediție românească: „Manuscris găsit într-o sticlă", Editura Paralela 45, 2003.

Corabia s-a scufundat, viața i-a trecut:
Aruncă Sticla în mare și salută
Zilele viitorului care pentru el au venit.[1]

Expresia „să arunci o sticlă în mare" a trecut în limbajul
comun pentru a evoca o suferință.[2] Odinioară, navigatorii
îngropau o sticlă în care era un pergament sau o hârtie,
atunci când descopereau un pământ necunoscut. Așa a
găsit Cook, în 1776, pe insulele Kerguelen, o sticlă cu un
sul de hârtie pe care scria *„Ludovico XV galliarum rege. Et d.
de Boynes regi a Secretis ad res maritimas annis 1772 et 1773"*,
mărturie a trecerii pe acolo, cu puțin timp înainte, a navi-
gatorului Yves Joseph de Kerguelen. Cook adaugă și el o
dovadă scrisă a trecerii sale și o monedă sub sigiliu, apoi
îngroapă din nou sticla sub un tumul de piatră[3]. Pentru a
rămâne în registrul navigației pe mare, dar dintr-un punct
de vedere mai prozaic, sticla desemna cândva locul unde
marinarii își făceau nevoile, proiectat în afară, ca o ieșitură
la pupa navei. Pentru un marinar, „a merge la sticle"
n-avea nimic de-a face, atunci, cu plăcerile bahice...

O altă utilizare deturnată a sticlelor este transformarea
lor în armă incendiară, invenție a franchiștilor, în timpul
războiului din Spania, din 1936, armă destinată să distrugă
vehiculele blindate sovietice conduse de republicani.
Finlandezii reutilizează procedeul împotriva sovieticilor, în
1940, și botează acest redutabil instrument „cocktail Molo-
tov", de la numele odiosului ministru de externe al URSS.

---

[1] Alfred de Vigny, *La bouteille à la mer (Les Destinées,* 1847). Este și titlul
celui de-al doilea volum al jurnalului lui Julien Green (Paris, Plon, 1976).
[2] Antoine Blondin scria: „Sticlele aruncate în mare adesea nu aduc
răspunsurile." (http://citationsetproverbes.ca)
[3] Jean Guillou, *Des jalons de l'histoire. Plats et bouteilles historiques,*
Verrières, Éditions de l'Étrave, 2004, p. 37-50.

Pentru a încheia acest inventar eteroclit, să evocăm „sticlofonul"[1], un instrument muzical construit din sticle, fiecare emiţând, prin lovire, un sunet diferit, în funcţie de mărime şi de gradul de umplere, de asemenea sticlele transformate în lămpi de noptieră sau casa din sticle. „Casa din sticle", această denumire fermecătoare desemna, în secolul al XVII-lea, o căsuţă de ţară[2]; s-a demodat, pentru a deveni de asemenea în secolul al XIX-lea un „goleşte sticla", denumire care, din păcate, s-a demodat şi ea. Din fericire, încă mai există cabane ale viticultorilor, ici şi colo, în unele podgorii (*cabottes*, în Burgundia, *grangeons*, în Bugey), destinate bucuriei de a împărtăşi câteva sticle bune, între prieteni, departe de tumultul din valea plângerii.[3] Se poate vizita la Cap-Egmont, pe insula canadiană Prince Eduard, un ansamblu de construcţii numit The Bottle Houses. Este vorba despre trei case excentrice, construite în întregime din 25 000 de sticle asamblate cu ciment de un anume Édouard Arsenault, în anii 1980. Să sperăm că se bea bine şi acolo! În sfârşit, Andersen a imaginat o încântătoare poveste, în care eroul principal este o sticlă. Şi-a început viaţa conţinând un vin renumit şi, după multe peripeţii, s-a spart, iar gâtul şi-a sfârşit viaţa într-un coteţ, pe post de recipient pentru apa de băut a păsărilor.[4]

---

[1] În original, *bouteillophone* (n. tr.).

[2] O întâlnim la Saint-Simon sau la La Fontaine, în „Testament expliqué par Ésop" (*Fables*, cartea a II-a, XX): „En l'un, les maisons de bouteille / Les buffets dressés sous la treille." („Într-unul, casele de sticle / Bufetele aranjate sub bolta de viţă.")

[3] Îmi amintesc plăcutele petreceri care se ţineau altădată aproape de Château Gris, pe coasta Nuits-Saint-Georges, în cabana regretatului Jean Collardot, dispărut în 1999, care a fost multă vreme truculentul ofiţer al confreriei Chevaliers du Tastevin.

[4] H.C. Andersen, *Le goulot de bouteille, op. cit.*

Dar, dincolo de aceste deturnări şi aceste fantezii, sticla de vin a îndemnat întotdeauna la visare. Nu e întâmplător că ea a inspirat numeroase expresii populare amuzante, datând, în general, din secolul al XIX-lea, când sticla a devenit obiect de uz curent, precum[1]: *aimer, téter ou caresser la bouteille, vouer un culte à la dive bouteille*[2], *voir le monde par le trou d'une bouteille*[3], *être dans la bouteille*[4], *avec des si, on mettrait Paris en bouteille*[5, 6]. Să nu neglijăm nici cântecele de pahar, care demonstrează că sticla este deopotrivă populară şi aristocratică[7]:

Cine face gâl-gâl

E sticla, e sticla

Cine face gâl-gâl

E sticla de acasă

Şi când dăm o duşcă

Din această divină zeamă de leasă

Pân' la fund sau nu

Ne simţim mai bine dintr-odată

Cine face gâl-gâl

---

[1] Extrase din *Trésor de la langue française*.

[2] Expresie inspirată de Rabelais.

[3] Să nu ştii pe ce lume te afli: „Scuzaţi-o pe biata mea soră, ea vede lumea prin gaura unei sticle." (Balzac, *Les petits bourgeois*, 1855)

[4] A fi la curent cu ceva.

[5] A iubi, a suge sau a mângâia sticla, a avea un cult pentru Divina Sticlă, a vedea lumea prin gâtul unei sticle, a fi în sticlă, cu „dacă", bagi Parisul în sticlă (expresie care înseamnă „a face speculaţii nefondate") (n. tr.).

[6] Proverb transformat de Charles de Leusse, în 2004, într-o lucrare intitulată *1616*: „Avec des si, on mettrait Paris en bouteille, surtout à midi." (Literal: „Cu *dacă* am băga Parisul în sticlă, mai ales în sud.")

[7] Citat de Pierre Guillaume, „Vins, verres et savoir-vivre aux XIXe – XXe siècle", în Ch. Bouneau, M. Figeac (ed.), *Le Verre et le vin de la cave à la table du XVIIe siècle à nos jours, op. cit.*, p. 386.

E sticla, e sticla
Cine face gâl-gâl
E sticla de acasă.

Sticla este atât de evocatoare încât, începând din Renaştere, a inspirat o serie de caligrame întru gloria vinului şi a simpaticului său receptacul. Pe lângă cea a lui Rabelais, deja evocată şi care pare cea mai veche, mai cunoaştem încă trei, care aduc un omagiu părintelui fondator al genului. Două au drept autori poeţi-cântăreţi, membri în Le Caveau, o societate bahică şi muzicală, care va fi activă din 1726 şi până în 1939: Charles-François Panard (1763) şi Pierre Capelle (1807). Ca omagiu adus acestor doi *bons vivants* şi ca să nu se spună că vâna s-a epuizat, Brigitte Level, profesor universitar, autoarea unei teze foarte bune despre Le Caveau, compune şi ea caligrama sa, în 1981.[1] Marele număr de cuvinte care rimează cu *bouteille* lasă uşa deschisă şi altor poeţi bahici.

De ce atâta tandreţe faţă de un obiect cu aspect inert? Mai întâi, pentru că sticla rămâne, după milenii de utilizare, un material fascinant prin caracteristicile sale contradictorii: duritatea combinată cu sensibilitatea la şocuri, suprafaţa netedă, plăcută la atingere, şi pericolul extrem pe care îl prezintă cioburile tăioase, care evocă sângele şi durerea[2], transparenţa sa strălucitoare şi opacitatea celor mai multe dintre materialele din care e compusă, răceala sa şi focul care i-a dat naştere, caracterul inert şi viaţa

---

[1] Brigitte Level, *Á travers deux siècles. Le Caveau, société bachique et chantante. 1726-1939*, Paris, Presses de l'Université Paris-Sorbonne, 1988, p. 13-15.

[2] Această imagine este atât de puternică, încât multă vreme proprietăţile au fost protejate prin ziduri care aveau deasupra resturi de sticlă, descurajante atât fizic, cât şi psihologic.

vinului pe care îl adăpostește și îl protejează. Nu întâmplător, Vechiul Regim oferise o excepție pentru nobili: sticlăria era singura activitate comercială și artizanală pe care o puteau exercita, și asta încă de pe vremea lui Ludovic cel Sfânt și a lui Filip al III-lea cel Îndrăzneț.

Pariem că sticla „din sticlă" are un viitor senin. Sunt puține șanse să fie substituită – altfel decât marginal – de sticlele din rășini sintetice[1], de cutiile din aluminiu, de cutiile din carton căptușite cu aluminiu sau polietilenă, oricât de atrăgătoare ar fi decorațiunile imprimate pe ele. Burdufurile de plastic, puse în carton și înzestrate cu un robinet comod (bag in box), rămân utile pentru vinurile simple, care se beau tinere, la vreo reuniune între prieteni sau la sărbători populare, dar nici ele nu vor alunga sticlele, chiar dacă planeta va fi guvernată de secta verde.

S-a mai spus – sticlele nu sunt inocente. Forma și culoarea lor nu reprezintă doar capătul unei lungi istorii tehnice, care alătură sticlăria, viticultura, comerțul și practicile de consum, dar arată și cultura tuturor actorilor acestui lanț complex. Puterea de evocare a rigidei sticle bordeleze nu e cu nimic asemănătoare celei pe care o au senzuala sticlă champenoise sau burgundă ori agila *flûte à corset* din Provence.

Oricare i-ar fi forma, sticla este obiect iscat din imaginație, în beneficiul iubitorilor de vin. Nu e deci surprinzător

---

[1] Chiar dacă anumiți producători, precum Plastiques André Verchère à Peronnas (Ain), fabrică sticle din plastic, care nu seamănă cu cele pentru apă minerală, ci sunt cu totul asemănătoare modelelor din sticlă, atât prin formă, cât și prin culoare. Sunt capsulate cu filet. Castelul Saint-Martin-des-Champs, de lângă Béziers, comercializează vinuri *Pays d'Oc* de trei culori, în sticle bordeleze din polietilenă. Avantajele țin în primul rând de greutate: ele cântăresc, goale, 54 de grame, față de 500 de grame, cele de sticlă. În schimb, după doi ani, vinul riscă să se altereze (Paul Molga, „La bouteille écologique fait son entrée chez les viticulteurs", *Le Figaro,* 3 decembrie 2008, p. 11).

că a inspirat, de-a lungul secolelor, gânduri erotice, cu atât mai mult cu cât ea are anumite părți foarte sugestive. Muzeul din Cluny păstrează o sticlă incoloră, din secolul al XVI-lea, foarte explicită în această privință: are formă de falus echipat cu toate accesoriile sale. Mai multe muzee germane posedă sticle asemănătoare.[1] Cu privire la utilizările lor, ne pierdem în speculații.

O sticlă are un corp mai mult sau mai puțin zvelt și alungit, un gât mai mult sau mai puțin lung, mai mult sau mai puțin gros, un fund mai mult sau mai puțin adâncit, uneori drept, uneori tăios, alteori terminat cu un mamelon. Aceste caracteristici au inspirat pictori și graficieni, printre care autorul celebrei embleme a unui negustor de vinuri din Paris, de la sfârșitul secolului al XVIII-lea, care prezintă un tânăr androgin răvășit, în stare de ebrietate avansată, purtând o bonetă de femeie și înălțând, cu tandrețe, o sticlă de vin.[2] Într-o antologie a acestor reprezentări, trebuie menționat *Un déjeuner sur l'herbe* de Hippolyte Pierre Delanoy[3], un fel de ecou al celebrului tablou al lui Manet, dar fără protagoniștii pictați de acesta. Nu rămân decât resturile unui picnic consumat, evocator al altor consumuri, și formele falice ale unei baghete de pâine și ale unei sticle de vin. În *Le Vin Ginguet,* de Boussaud (1887), expus la Muzeul Goupil din Bordeaux, sau în desenul lui Topor, care a ilustrat coperta primului număr al revistei *L'Amateur de Bordeaux,* în 1981, o femeie goală sau îmbrăcată sumar călărește lasciv gâtul unei sticle, aluzie pe care o ghicim și în *La bouteille de vin* a lui Miró, care a transformat adâncitura din fundul sticlei în vulcan în erupție vizibil prin sticla translucidă!

---

[1] De exemplu, Museum für Kunsthandwerk, din Frankfurt, și Bayerische Nationalmuseums, din München.

[2] Se păstrează la muzeul Carnavalet.

[3] Expusă la Musée des Beaux-Arts, din Lyon.

Cele mai îndrăznețe, în acest registru, sunt reclamele la șampanie[1], în special un afiș al șampaniei Morlant, de la începutul secolului XX, în care o femeie îmbrăcată în foi de viță își apasă sânii în formă de ciorchini de strugure și îndreaptă jeturile de șampanie izbucnite din sâni spre o sticlă a cărei spumă abundentă se scurge pe gâtul recipientului. Ar fi putut fi ilustrată cu poemul lui Jean Richepin:

Bea. Bea. Sticlele sunt la fel
Cu țâțe cu vârful ascuțit?
Când le sugi te înseninezi
Fie că nasul îți e murdar sau strâmb[2]

Afișul șampaniei Pol Roger, din aceeași epocă, este și mai clar: un bărbat îndrăzneț se pregătește să ia o sticlă de gât, în timp ce o femeie elegantă, în pragul abandonului, își apropie o cupă de buze, protejându-și, partea inferioară a trupului cu un evantai deschis din pene negre. Putea fi însoțită de această maximă a lui James Joyce: „Bărbatul și femeia, dragostea, ce înseamnă? Un dop și o sticlă."[3] Ce să mai spunem despre celebrul tablou al lui Manet, *Bar la Folies-Bergère*, reprezentând o servitoare visătoare, cu jiletca puțin desfăcută, cu mâinile puse pe tejgheaua pe care patru sticle de șampanie așteaptă să fie deschise[4]? Argoul cârciumilor nu spune că sticlele se „dau pe spate" sau se „dezvirginează"?

---

[1] J.-R. Pitte, „Luxe, calme et volupté: la construction de l'image du champagne du XVIIe siècle à nos jours", în Claire Desbois-Thibault *et al.*, *Le Champagne. Une histoire franco-allemande*, Paris, Presses de l'Université Paris-Sorbonne, 2011, p. 215-218.

[2] www.dicocitations.com

[3] *Ulysse*, 1922.

[4] 1881–1882. Expus la Courtauld Gallery, din Londra.

Jean-Robert Pitte

Nu trebuie să fii psihanalist pentru a înțelege puterea de evocare a unei sticle și maniera în care poeții au exprimat toate imaginile pe care aceasta le făcea să țâșnească din pana lor. Și la acest capitol, șampania e în frunte, în virtutea spumei sale sugestive și a efectelor dezinhibitoare. Cardinalul de Bernis însuși, care nu renunțase la plăcerile trupului, n-a însăilat el oare aceste amuzante versuri[1]?

> Șampania asta e gata să plece
> În închisoarea ei, se-agită
> Nerăbdătoare să te acopere
> Cu spuma ei strălucitoare.
> Știi de ce acest vin fermecător
> Agitat de mâna ta
> Ca fulgerul scânteietor
> Zboară și se precipită?
> Degeaba Bacchus, în flaconul său,
> Închide amorul rebel;
> Amorul iese întotdeauna din închisoare
> Sub mâna unei frumuseți.

Încă și mai explicit e acest cântec soldățesc fără perdea, care are cinci cuplete, dintre care le reproducem pe primul și pe ultimul[2]:

> Gaura sticlei
> Își bate joc de pedanții și de proștii

---

[1] G. Garrier, *Histoire sociale et culturelle du vin, op. cit.,* p. 134.

[2] www.chansons-paillardes.net; P. Guillaume („Vins, verres et savoir-vivre aux XIXe–XXe siècle, *op. cit.,* p. 386) l-a comentat în mod amuzant. Găsim un text poetic al lui Richard Bellon, încă și mai fără perdea decât acest cântec, sub titlul „Certaines bouteilles à la mer font des milliers de kilomètres". (http://pouemes.free.fr/poesie/bouteille_a_la_mer.htm)

Care vin să ne-ntristeze sufletele.
Ce-a făcut Dumnezeu ca să ne vindece de dureri?
Vinurile vechi și femeile tinere.
El a creat, pentru fericirea noastră,
Sexul și zeama de leasă.
Așa că eu, în onoarea lui,
Cânt găurile și sticlele! [...]
Dar vai! De multă vreme
Pentru a ne pedepsi faptele blestemate
Bunul Dumnezeu a făcut găurile prea mari
Și sticlele prea mici.
Doamne! Fă în așa fel, te rugăm,
Prin vreo nouă minune
Să găsim mereu fundul găurii
Și niciodată pe al sticlei!

Și-atunci, sticla este feminină sau masculină[1]? E de discutat, ceea ce face, de exemplu, unul dintre designerii casei Hermès, Frédéric Hubin[2], apropo de șampanie: „În primul rând, sticla... Cu curbele ei frumoase și mai ales cu gâtul pe care îl simțim gros și care asigură o perfectă prindere în mână, atunci când îl simțim întins de o presiune internă, nu poate fi decât de gen masculin, nu?" Apoi, răzgândindu-se, își spune că Veuve Clicquot își personalizează casa și vinul de mai bine de două secole, ceea ce îl conduce la o interpretare a sticlei și a vinului pe care îl conține în spiritul timpului, al preferinței sexuale și al teoriei genurilor: „Și dacă, în cele din urmă, șampa-nia[3] ar fi o Ea? Nu contează, căci este ca noi: nu mai are

---

[1] Despre legătura dintre vin și masculinitate, vezi Céline Simon-net-Toussaint, *Le vin sur le divan. Des représentations sociales aux représen-tations intimes*, Bordeaux, Féret, 2006.

[2] „Joyeuse veuve. Le champagne a-t-il un sexe?", *Pref*, 19, 2007, p. 142.

[3] Champagne (ca denumire a vinului) este, în franceză, de genul masculin (n. tr.).

Jean-Robert Pitte

chef să fie închisă într-o căsuță, cea a genului, care definește și el, în funcție de celelalte, o practică a sexualității. Poate fi la plural, fără să aibă nevoie s-o numim în vreun fel."

Totuși nu lipsesc reclamele care subliniază feminitatea faimoaselor „curbe frumoase" ale sticlelor de șampanie, de exemplu cea pe care Bollinger a imaginat-o în 2012, pentru noul său model, botezat „1846", care se conjugă, cu tandrețe deplină, cu o grațioasă flută. Unele campanii publicitare nu ezită să încredințeze deschiderea și servirea sticlei de șampanie... unei femei. De exemplu, un afiș de Leonetto Capiello (1875-1942), pentru șampania Damery-Épernay.[1] În cazul de față, femeia – probabil o curtezană – ține sticla de corp cu mâna dreaptă, după ce a umplut un pahar pe care îl ține delicat de picior, cu mâna stângă. Nu s-ar spune că un grafician sau un fotograf contemporan ar îndrăzni să reprezinte o scenă asemănătoare, arătând o femeie care ține o sticlă de gât. Transgresarea limitelor...

Deși nu e inocentă, sticla nu e totuși perversă. Promițând plăceri împărtășite, ea este și simbolul cunoașterii ascunse, al științei care trebuie cucerită. În *Diable boiteux*, care datează din 1707, Lesage îl aduce în scenă pe Asmodeu, un demon închis de un magician într-o sticlă. Tânărul care îl eliberează, Cléofas, este transportat pe deasupra caselor din Madrid, ale căror acoperișuri sunt date la o parte de Asmodeu, pentru a-i revela secretele pe care le ascund. Această temă, de altfel recurentă în mitologia clasică și în *O mie și una de nopți*[2], înzestrează sticla cu o virtute

---

[1] J.-R. Pitte, „Luxe, calme et volupté: la construction de l'image du champagne du XVIIe siècle à nos jours", *op. cit.*, p. 213.
[2] Ca și în unele legende europene. Vezi Jacques Chevalier, *Le Prieuré de Saint-Mayeul à la Bouteille en forêt de Tronçais*, Moulins, Crépin-Leblond, 1946.

sublimă: aceea de a conține cunoașterea, cu seducțiile și pericolele sale. E ceea ce sugerează Vigny în *La bouteille à la mer*[1]. Înainte de a o deschide, pescarul care a prins o sticlă în plasă și o crede plină cu vin, când ea de fapt conține ultimul mesaj al unui căpitan curajos, îl întreabă pe un savant: „Ce e elixirul acesta negru și misterios?" Iar savantul îi răspunde:

Ce e acest elixir? Pescarule, este știința,
E elixirul divin pe care îl beau spiritele,
Tezaurul gândirii și al experienței.

Cu siguranță, sticlele de vin au virtuți pe care nu le bănuia primul sticlar care a suflat într-o bilă arzândă, acum mai bine de două milenii, nici cel dintâi englez care a făcut să sară un dop de șampanie acum trei secole și jumătate! Louis Pasteur a scris cu convingere: „Există mai multă înțelepciune într-o sticlă de vin decât în toate cărțile."[2] Fie ca toate cele 30 de miliarde de sticle desfundate în fiecare an pe planetă să le deschidă contemporanilor noștri orizonturi armonioase și să facă din ei discipoli ai lui Charles Monselet, veselul poet al frumoaselor momente ale vieții, și el membru în Le Caveau, recunoscut la vremea sa drept rege al gastronomilor:

E un vin vechi. Cum vi se pare?
Cred că sticla e prea mică pentru vârsta lui.[3]

---

[1] Jean Chevalier, Alain Gheerbrant (ed.), *Dictionnaire des symboles*, Paris, Robert Laffont, colecția „Bouquins", 1997, articolul „bouteille".

[2] www.evene.fr/celebre/biographie/louis-pasteur-718.php?citations

[3] www.dicocitations.com

Bibliografie

AMBROSI, H. *et al.*, *Guide des cépages. 300 cépages et leurs vins*, Paris, Ulmer, 1997.

ANDERSEN, Hans Christian, „Le goulot de bouteille", în *Contes et histoires*, Paris, Le Livre de Poche, 2005, p. 709-721.

ANDRÉ, Marc și DE PAEPE, Michel (ed.), *La Verrerie champenoise. Charbonneaux-BSN. Reims, de 1870 à nos jours*, Die, La Manufacture, 1984.

AUBIN, Gérard, LAVAUD, Sandrine și ROUDIÉ, Philippe, *Bordeaux vignoble millénaire*, Bordeaux, L'Horizon chimérique, 1996.

AUBIN, Gérard, „Le nouveau bordeaux est arrivé", în G. AUBIN *et al.*, *Bordeaux vignoble millénaire*, *op. cit.*, p. 65-127.

AUDOUZE, François, *Carnets d'un collectionneur de vins anciens*, Paris, Michalon, 2004.

AYMÉ, Marcel, *Le Vin de Paris*, Paris, Gallimard, colecția „Folio", [1947] 1983.

BACHY, Philippe, „Les bouchages de la bouteille de vin. Évolution du XVIIe au XIXe siècle", în Christophe BOUNEAU și Michel FIGEAC (ed.), *Le Verre et le vin de la cave à la table du XVIIe siècle à nos jours,* Bordeaux, Maison des Sciences de l'Homme d'Aquitaine, 2007, p. 279-290.

BANKS, Fay, *The Wine Bottles of All Souls College*, Oxford, Vidonia Press, 2002.

BARRELET, James, *La Verrerie en France de l'époque gallo-romaine à nos jours*, Paris, Larousse, 1953.

– , „La bouteille en verre. Un peu d'histoire...", *De cruche en verre. Exposition 1984*, Arnay-le-Duc, Maison des Arts de la Table, 1984, p. 8-9.

BARROS CARDOSO, António, „La préservation du vin de Porto. Caves, tonneaux et verres", în Ch. BOUNEAU și M. FIGEAC (ed.), *Le Verre et le vin de la cave à la table du XVIIe siècle à nos jours, op. cit.*, p. 181-190.

BAZIN, Jean-François și DUPUY, Pierre, *Le Bicentenaire du voyage de Jefferson en Bourgogne*, Dijon, Conseil régional de Bourgogne, 1987.

BAZIN, Jean-François, „Le respect de l'étiquette", în Élisabeth CAUDE și Alain POUGETOUX (ed.), *La Cave de Joséphine. Le vin sous l'Empire à Malmaison*, Paris, RMN, 2009, p. 31-33.

– , *Le Dictionnaire universel du vin de Bourgogne*, Pontarlier, Presses du Belvédère, 2010.

BELLANGER, Jacqueline, *Verre d'usage et de prestige. France 1500-1800*, Paris, Les éditions de l'Amateur, 1988.

BERETTA, Marco și DI PASQUALE, Giovanni (ed.), *Le Verre dans l'Empire romain*, catalogue de l'exposition de la Cité des sciences et de l'industrie, Florence-Milan, Giunti, 2006.

BETTANE, Michel, „125 millésimes d'Yquem. Une page d'histoire", *La Revue du Vin de France*, février 1999, p. 62-64 și 80-83.

BICKERTON, Leonard M., *English Drinking Glasses. 1675-1825*, Princes Risborough, Shire, 2000.

BIENMILLER, Daniel, „Château-Chalon – Clavelin", în Claude ROYER *et al.*, *Gamay noir et savagnin*, Belfort, France-Régions, 1988, p. 36-37.

BOAGLIO, Mathieu, „Évolution des technologies de fabrication de la champenoise", în Nicole FIEROBE, Martine FOSSE, André ORSINI *et al.*, *Champenoises. Champagne 2000*, Trélon, Atelier-musée du Verre de Trélon, Éco-musée de la région de Fourmies-Trélon, 2000, p. 92-112.

BONAL, François, *Anthologie du champagne. Le champagne dans la littérature universelle*, Langres, Dominique Guéniot, 1990.

– , *Dom Pérignon. Vérité et légendes*, Langres, Dominique Guéniot, 1995.

BOUDIER, Valérie, *La Cuisine du peintre. Scènes de genre et nourriture du Cinquecento*, Rennes, Presses universitaires de Rennes, 2010.

BOUNEAU, Christophe și FIGEAC, Michel (ed.), *Le Verre et le vin de la cave* à la table du *XVIIe siècle à nos jours*, Bordeaux, Maison des Sciences de l'Homme d'Aquitaine, 2007.

BOUR, Pierre (ed.), *Claude Boucher. Les cent ans d'une révolution. Une histoire des industries verrières à Cognac,* Cognac, Musée de la Ville de Cognac, 1998.

– , „Les industries verrières à Cognac", *ibid.*, p. 18-27.

– , „La machine Boucher: vers la mécanisation de la fabrication des bouteilles", *ibid.*, p. 30-41.

BRAUNSTEIN, Philippe, „Innovations italiennes et répercussions en Europe: introduction", în Anne-Laure CARRÉ *et al.* (ed.), *Les Innovations verrières et leur devenir,* Paris, Association Verre & Histoire, 2011, p. 200-201.

BRUN, Jean-Pierre *et al.* (ed.), *Le Vin. Nectar des dieux, génie des hommes,* Gollion, Infolio, 2004.

BRUNET, Pierre, „Un vignoble défunt: la Normandie", în Claudine LE GARS și Philippe ROUDIÉ (ed.), *Des vignobles et des vins à travers le monde. Hommage à Alain Huetz de Lemps,* Bordeaux, Presses universitaires de Bordeaux, 1996, p. 183-193.

BURIDANT, Jérôme, *Espaces forestiers et industrie verrière. XVIIe-XIXe siècle,* Paris, L'Harmattan, 2005.

BURTSCHY, Bernard, „Jean-Baptiste Lécaillon. Louis Roederer", *Vigneron,* nr. 7, iarna 2011-2012, p. 72.

CARRE, Marie-Brigitte, „Transport en vrac", în J.-P. BRUN *et al.* (ed.), *Le Vin, op. cit.*, p. 276-277.

CARRÉ, Anne-Laure *et al.* (ed.), *Les Innovations verrières et leur devenir,* Paris, Association Verre & Histoire, 2011 (http://www.verre-histoire.org/colloques/innovations).

CAUDE, Élisabeth și POUGETOUX, Alain (ed.), *La Cave de Joséphine. Le vin sous l'Empire à Malmaison,* Paris, RMN, 2009.

CAVAIGNAC, Jean, „Le vin dans les caves et les chais des négociants bordelais au XIXe siècle", în *Les Boissons: production et consommation aux XIXe et XXe siècles. Actes du 106e Congrès national des sociétés savantes. Perpignan 1981. Histoire moderne et contemporaine,* Paris, CTHS, vol. 1, 1984, p. 103-120.

CHASSEUIL, Michel-Jack, PONTAVICE, Gilles (du) și CAILLAUT, Jacques, *100 bouteilles extraordinaires de la plus belle cave du monde,* Grenoble, Glénat, 2010.

CHEVALIER, Jacques, *Le Prieuré de Saint-Mayeul* à la Bouteille en forêt de Tronçais, Moulins, Crépin-Leblond, 1946.

CHEVALIER, Jean și GHEERBRANT, Alain (ed.), *Dictionnaire des symboles,* Paris, Robert Laffont, colecția „Bouquins", 1997.

CHEVRIER, Pierre, *Le Vin d'hier. Vins historiques et d'exception*, Genève, Slatkine, 2009.

CHOPINET, Marie-Hélène, „Évolution des mélanges vitrifiables et de la composition chimique des bouteilles de champagne", *Verre*, vol. 6, nr. 5, sept.-oct. 2000, p. 63-70, în N. FIEROBE *et al.*, *Champenoises, op. cit.*, p. 114-129.

CLARKE DE DROMANTIN, Patrick, *Les Réfugiés jacobites dans la France du XVIIIe siècle: l'exode de toute une noblesse „pour cause de religion"*, Bordeaux, Presses universitaires de Bordeaux, 2005.

CLAUSE, Georges, „La verrerie en Argonne", în M. ANDRÉ și M. DE PAEPE, *La Verrerie champenoise, op. cit.*, p. 57-68.

COBBOLD, David și DURAND-VIEL, Sébastien, „Les aventures du bouchon perdu", *L'Amateur de Bordeaux*, Cahiers 98 (*Le bouchon*), mai 1998, p. 4-9.

DABAS, Dominique, „De la bouteille, du verre à boire et du vin", *Verre*, 1, ian.-feb. 2001, p. 50-53.

DABAS, Dominique și ORSINI, André, „De la bouteille bordelaise", *Verre*, partea I, vol. 11, nr. 1, feb. 2005, p. 49-55; partea a II-a, vol. 11, nr. 2, apr. 2005, p. 50-54.

−, „La contenance des bouteilles", *Verre*, vol. 14, nr. 6, dec. 2008, p. 58-63.

DELSALLE, Paul, „Aux origines du «clavelin», la bouteille du «vin jaune» et du «château-chalon»", în Ch. BOUNEAU și M. FIGEAC (ed.), *Le Verre et le vin de la cave à la table du XVIIe siècle à nos jours, op. cit.*, p. 269-277.

DÉSAUGIERS, Marc Antoine Madeleine, *Chansons et poésies diverses*, Paris, Ladvocat, ediția a VI-a, vol. 1, 1827.

DESBAT, Armand, „Les vases trévires à devises", în J.-P. BRUN *et al.* (ed.), *Le Vin, op. cit.*, p. 308-309.

−, „Le tonneau à l'époque romaine", în Sandrine LAVAUD (ed.), *Vendre du vin de l'Antiquité à nos jours*, Bordeaux, Féret, 2012, p. 15-32.

DEVROEY, Jean-Pierre, *L'Éclair d'un bonheur*, Paris, La Manufacture, 1989.

DION, Roger, *Histoire de la vigne et du vin en France, des origines au XIXe siècle*, Paris, CNRS Éditions, [1959] 2010.

DOMINÉ, André, *Le Vin*, Paris, Éditions Place des victoires, 2005.

DOREL-FERRÉ, Gracia (ed.), *Le Patrimoine des caves et des celliers. Vins et alcools en Champagne-Ardenne et ailleurs*, Reims, CRDP, 2006.

DOUTRELANT, Pierre-Marie, *Les Bons Vins et les autres*, Paris, Seuil, colecția „Points", [1976] 1984.

DOVAZ, Michel, *Châteauneuf-du-Pape*, Boulogne, Jacques Legrand, 1992.

DUMAS, Alexandre, *Grand dictionnaire de cuisine*, Paris, A. Lemerre, 1873.

DUMBRELL, Roger, *Antique Wine Bottles*, Londres, Antique Collectors' Club, 1992.

DUSSOL, Camille, „Les représentations du verre et du vin dans les musées hongrois de Budapest", în Ch. BOUNEAU și M. FIGEAC (ed.), *Le Verre et le vin de la cave* à la table du XVIIe *siècle* à nos jours, *op. cit.*, p. 229-242.

ENJALBERT, Henri, *Histoire de la vigne et du vin. L'avènement de la qualité*, Paris, Bordas, 1975.

FÈRE, Louis, *La Verrerie à bouteilles*, Paris, Frazier-Soye, 1912.

FIEROBE, Nicole, FOSSE, Martine, ORSINI, André *et al.*, *Champenoises. Champagne 2000*, Trélon, Atelier-musée du Verre de Trélon, Écomusée de la région de Fourmies-Trélon, 2000.

FIEROBE, Nicole, „Le bouchage avant-hier, à l'époque de Dom Pérignon", în N. FIEROBE *et al.*, *Champenoises*, *op. cit.*, p. 12-13.

– , „Le bouchage hier, au XIXe siècle", *ibid.*, p. 14-15.

– , „La champenoise, histoire ou légende?", în G. DOREL-FERRÉ (ed.), *Le Patrimoine des caves et des celliers*, *op. cit.*, p. 24-27.

FIGEAC-MONTHUS, Marguerite, „Les caves des élites bordelaises de la fin du XVIIIe siècle au Second Empire", în Ch. BOUNEAU și M. FIGEAC (ed.), *Le Verre et le vin de la cave à la table du XVIIe siècle* à nos jours, *op. cit.*, p. 133-148.

FOSSE, Martine, „Les verreries de l'Avesnois-Thiérache et les maisons de champagne", în N. FIEROBE *et al.*, *Champenoises*, *op. cit.*, p. 38-39.

FOY, Danièle, „Le verre et le vin", în J.-P. BRUN *et al.* (ed.), *Le Vin*, *op. cit.*, p. 304-305.

FREYCINET, C. de, „Hygiène et santé des verriers à l'heure de la mécanisation", în P. BOUR (ed.), *Claude Boucher. Les cent ans d'une révolution*, *op. cit.*, p. 44-53.

FURETIÈRE, Antoine, *Dictionnaire universel, contenant généralement tous les mots français [...]*, La Haye, A. și R. Leers, 1690.

GAIDAN, Claude-Annie, *Les Gentilshommes verriers du Gard du XVe au XVIIIe siècle*, Montpellier, Presses du Languedoc, 1991.

GARRIER, Gilbert, *Histoire sociale et culturelle du vin*, Paris, Larousse-Bordas, 1998.

GAVIGNAUD-FONTAINE, Geneviève, *Caractères historiques du vignoble en Languedoc-Roussillon*, Montpellier, Publications de l'université Paul Valéry, 1997.

GIDE, André, *Les Nouvelles Nourritures*, Paris, Gallimard, 1935.

GINESTET, Bernard, *Thomas Jefferson à Bordeaux et dans quelques autres vignes d'Europe*, Bordeaux, Mollat, 1996.

GITTON-RIPOLL, Valérie, „Pourquoi il ne faut pas traduire *nitrum* par «nitre»…", *Bull. Soc. Hist. Méd. Sci. Vét.*, 2009, 9, p. 5-16.

GIVELET, Jacques, „L'évolution de la verrerie champenoise. Des verreries en forêt d'Argonne au Groupe des Verreries de Champagne", în M. ANDRÉ și M. DE PAEPE (ed.), *La Verrerie champenoise, op. cit.*, p. 69-76.

GRIMOD DE LA REYNIÈRE, Balthazar, *Manuel des amphitryons*, Paris, Métailié, [1808] 1983.

GUASCH-JANÉ, Maria Roas *et al.*, „First Evidence of White Wine in Ancient Egypt from Tutankhamun's Tomb", *Journal of Archeological Science*, 33, 2006, p. 1074-1080.

GUILLAUME, Pierre, „Vins, verres et savoir-vivre aux XIXe-XXe siècles", în Ch. BOUNEAU și M. FIGEAC (ed.), *Le Verre et le vin de la cave à la table du XVIIe siècle à nos jours, op. cit.*, p. 381-389.

GUILLOU, Jean, *Des jalons de l'histoire. Plats et bouteilles historiques*, Verrières, Éditions de l'Étrave, 2004.

GUY, Kolleen M., *When Champagne Became French. Wine and the Making of a National Identity*, BaltimoreLondres, The Johns Hopkins University Press, 2003.

HAMON, Maurice, „L'industrie de la bouteille en France au début du XXe siècle", în Ch. BOUNEAU și M. FIGEAC (ed.), *Le Verre et le vin de la cave à la table du XVIIe siècle à nos jours, op. cit.*, p. 323-335.

HANRAHAN, Paul, „Bottles in the Place Royale Collection", *Material Culture Review-Revue de la culture matérielle* (Canada), 6, automne 1978, p. 52-73.

HASLAM, Jeremy, „Sealed Bottles from All Souls College", *Oxoniensa*, XXXV, 1970, p. 27-33.

HIÉRET, Jean-Pierre, *Outils des vignerons et tonneliers du Bordelais*, Bordeaux, Presses universitaires de Bordeaux, 1992.

Jean-Robert Pitte

HINNEWINKEL, Jean-Claude, „La mise en bouteilles au château. Du paysan à l'entrepreneur-vigneron", în S. LAVAUD (ed.), *Vendre du vin de l'Antiquité à nos jours, op. cit.*, p. 103-116.

HUBIN, Frédéric, „Joyeuse veuve. Le champagne a-t-il un sexe?", *Pref,* 19, 2007, p. 142.

HUETZ DE LEMPS, Christian, *Géographie du commerce de Bordeaux à la fin du règne de Louis XIV,* Paris, Mouton, 1975.

HUTTAUX, Fabienne, „L'action de madame Clicquot dans la définition d'un modèle de bouteille champenoise", în Ch. BOUNEAU și M. FIGEAC (ed.), *Le Verre et le vin de la cave* à la table du *XVIIe siècle à nos jours, op. cit.,* p. 313-322.

JANNIN, François *et al., Découverte de l'Argonne,* Sainte-Menehould, Centre d'études argonnais, 1978.

– , „L'industrie du verre en Argonne", în M. ANDRÉ și M. DE PAEPE (ed.), *La Verrerie champenoise, op. cit.,* p. 41-56.

JOHNSON, Hugh, *Une histoire mondiale du vin,* Paris, Flammarion, 2002.

JOHNSON, Hugh și ROBINSON, Jancis, *L'Atlas mondial du vin,* Paris, Hachette, 2002.

KAUFFMANN, Jean-Paul, *Le Bordeaux retrouvé,* 1989, Hors commerce.

KOSLER, Rainer, *Flasche, bottle und bouteille. Faszination eines Hohlglases,* Ismaning bei München, WKD, 1998.

KUSTER, Raymond, *Les Bouteilles de Frédéric l'Ancêtre,* Nancray, Éditions de Folklore comtois, 2005.

LACHAUD, Stéphanie, „Le verre et le vin à la table du haut clergé bordelais sous l'Ancien Régime", în Ch. BOUNEAU și M. FIGEAC (ed.), *Le Verre et le vin de la cave à la table du XVIIe siècle à nos jours, op. cit.,* p. 49-62.

LADAIQUE, Gabriel, „Verrières et verreries (1369-1789)", în Jean-François MICHEL (ed.), *La Forêt de Darney hier et aujourd'hui,* Steinbrunn-le-Haut, 1985, p. 164-218.

LAFERRÈRE, Michel, „L'industrie du verre dans la région Rhône-Alpes", *Revue de géographie de Lyon,* vol. 68, nr. 1, 1993, p. 41-50.

LATOUR, Louis, *Vin de Bourgogne. Le parcours de la qualité. Ier siècle-XIXe siècle. Essai d'œnologie historique,* Précy-sous-Thil, Éditions de l'Armançon, 2012.

LAVAUD, Sandrine (ed.), *Vendre du vin de l'Antiquité à nos jours,* Bordeaux, Féret, 2012.

LE MAO, Caroline, „Bouteille contre barrique, un nouveau conditionnement pour le vin de Bordeaux à la fin du XVIIe siècle", în

Ch. BOUNEAU și M. FIGEAC (ed.), *Le Verre et le vin de la cave à la table du XVIIe siècle à nos jours, op. cit.*, p. 19-32.

–, „Un établissement pionnier dans la capitale du vin: la verrerie Mitchell au XVIIIe siècle", în A.-L. CARRÉ *et al.*, *Les Innovations verrières et leur devenir, op. cit.*, 8 p.

LEROY, Francis, „Les bouchonniers de champagne", în G. DOREL-FERRÉ (ed.), *Le Patrimoine des caves et des celliers, op. cit.*, p. 28-38.

L'ESTOILE, Pierre de, *Registre-journal du règne d'Henri III*, tome IV (1582-1584), introducere și note de Madeleine LAZARD și Gilbert SCHRENCK, Genève, Droz, 2000.

LEVEL, Brigitte, *À travers deux siècles. Le Caveau, société bachique et chantante. 1726-1939*, Paris, Presses de l'université Paris-Sorbonne, 1988.

LICHINE, Alexis, *Encyclopédie des vins et des alcools de tous les pays*, Paris, Robert Laffont, [1980] 1998, éd. revue par Sacha Lichine.

LIGER-BELAIR, Gérard, *La Science du champagne*, Paris, Odile Jacob, 2006.

MARCHANDON DE LA FAYE, Maurice, *Le Vignoble de Château-Chalon (Jura)*, Domblans, Impr. B. Benoît, 1935.

MARLIÈRE, Élise, *L'Outre et le tonneau dans l'Occident romain*, Montagnac, Éditions Monique Mergoil, 2002.

MAZOIS, François, *Le Palais de Scaurus, ou description d'une maison romaine: fragment d'un voyage de Mérovir à Rome vers la fin de la République*, Paris, Firmin Didot, 4e éd., [1819] 1869.

MCCONNELL, Andy, *The Decanter: An Illustrated History of Glass from 1650*, Woodbridge, Antique Collectors' Club, 2004.

MELELLI, Alberto și FATICHENTI, Fabio, „Conditionnement et commercialisation du vin en Italie centrale", în S. LACHAUD (ed.), *Vendre du vin de l'Antiquité à nos jours, op. cit.*, p. 81-102.

MERCHET, Jean-Dominique, „Pourvu qu'on ait le flacon", *Libération*, 18-19 novembre 2000, p. 42-43. MEYZIE, Philippe, „Les cadeaux alimentaires dans le Sud-Ouest aquitain au XVIIIe siècle: sociabilité, pouvoirs et gastronomie", *Histoire, économie et société*, 2006, 1, p. 33-50.

–, „De la conservation à la dégustation du vin: verre, innovations et distinction sociale (XVIIIe – début XIXe siècle)", în Ch. BOUNEAU și M. FIGEAC (ed.), *Le Verre et le vin de la cave à la table du XVIIe siècle à nos jours, op. cit.*, p. 33-48.

MOLGA, Paul, „La bouteille écologique fait son entrée chez les viticulteurs", *Le Figaro*, 3 décembre 2008, p. 11.

MOLLEVI, Gemma, „Le vin: de la boisson au plaisir, de l'amphore à la bouteille. L'évolution en Espagne", în Ch. BOUNEAU și M. FIGEAC (ed.), *Le Verre et le vin de la cave à la table du XVIIe siècle à nos jours, op. cit.*, p. 165-180.

MOSER, Roland, „Les étiquettes anciennes du vin d'Alsace", *Revue d'Alsace*, nr. 137 (*Boissons en Alsace de l'Antiquité à nos jours. Abondance et diversité*), 2011, p. 109-134.

MUSSET, Benoît, *Vignobles de Champagne et vins mousseux. Histoire d'un mariage de raison. 1650-1830*, Paris, Fayard, 2008.

NOUVEL, Yves, „La bouteille: de sa forme, de son usage", în catalogul expoziției „L'âme du vin chante dans les bouteilles", Bordeaux, Musée d'Aquitaine, 2009, p. 40-43.

OLNEY, Richard, *Yquem*, Paris, Flammarion, 1985.

ORSINI, André, „Le dialogue des maisons de négoce et des maîtres de verreries entre 1800 et 1865", *Verre*, vol. 6, nr. 5, sept.-oct. 2000, p. 54-62.

– , „Les premières verreries industrielles à bouteilles en terres bordelaises au XVIIIe siècle", în Ch. BOUNEAU și M. FIGEAC (ed.), *Le Verre et le vin de la cave à la table du XVIIe siècle à nos jours, op. cit.*, p. 63-80.

OUTREVILLE, Jean-François, „Does the Bottle Size Matter? An Investigation Into Differences Between Posted and Market Price", *American Association of Wine Economists. AAWE Working Paper,* nr. 86, iulie 2011, 16 p.

PALAUDE, Stéphane, „L'impact de la mécanique et les performances de l'automatisme", în N. FIEROBE *et al., Champenoises, op. cit.*, p. 42-43.
– , „Les prix de revient et les salaires", în N. FIEROBE *et al., Champenoises, op. cit.*, p. 52-53.

PALAUDE, Stéphane și CAUDRELIER, Gérard, „L'innovation au service du souffleur en bouteilles dans le nord de la France au XIXe siècle et au début du XXe siècle", în A.-L. CARRÉ *et al.* (ed.), *Les Innovations verrières et leur devenir, op. cit.*, 9 p.

PIJASSOU, René, *Un grand vignoble de qualité. Le Médoc*, Paris, Tallandier, 1980.

PITTE, Jean-Robert, „Origine et géographie des formes de bouteilles en France", în Michèle MERGER și Dominique BARJOT (ed.), *Mondes contemporains. Les entreprises et leurs réseaux: hommes, capitaux, techniques et pouvoirs, XIXe-XXe siècles. Mélanges en l'honneur de François Caron*, Paris, Presses de l'université Paris-Sorbonne, 1998, p. 793-807.

–, „Le vin de Bordeaux est-il protestant?", *L'Amateur de Bordeaux*, nr. 71, dec. 2000, p. 44-50.

–, *Bordeaux-Bourgogne, les passions rivales*, Paris, Hachette, 2005.

–, „Les formes de bouteilles de vin en Europe, du XVIIIe siècle à leur diffusion mondiale", în Ch. BOUNEAU şi M. FIGEAC (ed.), *Le Verre et le vin de la cave* à la table du XVIIe *siècle à nos jours, op. cit.*, p. 95-108.

–, *Le Désir du vîn à la conquête du monde*, Paris, Fayard, 2009.

–, „Luxe, calme et volupté: la construction de l'image du champagne du XVIIe siècle à nos jours", în Claire DESBOIS-THIBAULT *et al.* (ed.), *Le Champagne. Une histoire franco-allemande*, Paris, Presses de l'université Paris-Sorbonne, 2011, p. 205-218.

PLANHOL, Xavier de, *Le Monde islamique. Essai de géographie religieuse*, Paris, PUF, 1957.

–, „Le vin de Chirâz", în Alain HUETZ DE LEMPS *et al.*, *Les Vins de l'impossible*, Grenoble, Glénat, 1990, p. 56-61.

–, *L'Eau de neige. Le tiède et le frais*, Paris, Fayard, 1995.

PONT, Samuel, „Tonneaux de Bourgeoisies", în Anne-Dominique ZUFFEREY-PERISSET (ed.), *Et le tonneau fût!*, Sierre-Salquenen, Éditions du Musée valaisan de la Vigne et du Vin, 2008, p. 133-144.

POUSSOU, Jean-Pierre, „Approches pour une étude de la consommation et du commerce du vin à Paris du début du XVIIe siècle au milieu du XIXe", în Ch. BOUNEAU şi M. FIGEAC (ed.), *Le Verre et le vin de la cave* à la table du XVIIe *siècle à nos jours, op. cit.*, p. 109-132.

REIGNIEZ, Pascal, *La Vigne, le vin et la Géorgie*, Tbilissi, Éditions Meridiani, 2012.

ROBINSON, Jancis (ed.), *The Oxford Companion of Wine*, Oxford, Oxford University Press, 2006.

ROUDIÉ, Philippe, „La mystérieuse bordelaise", *L'Amateur de Bordeaux*, august 1984, p. 9-11.

–, „Ombres et lumières d'une réussite", în G. AUBIN *et al.*, *Bordeaux vignoble millénaire, op. cit.*, p. 129-208.

–, „Les mystères du sauternes ou regards croisés sur les vins liquoreux européens", în Alberto VIEIRA (ed.), *Os Vinhos Licorosos e a História. Seminário Internacional. 19 a 24 de Abril 1998*, Funchal, Centro de Estudos de História di Atlântico. Secretaria Regional do Turismo e Cultura, 1998, p. 49-69.

ROUZEAU, Simon du, *L'Hercule guespin ou l'himne du vin d'Orléans*, Orléans, Saturnin Hotot, 1605.

SALLÉ, Caroline, „Coca-Cola au mieux de ses formes", *Le Figaro Magazine*, 16 aprilie 2011, p. 94.

SCHIRMER, Raphaël şi VELASCO-GRACIET, Hélène, *Atlas mondial des vins*, Paris, Autrement, 2010.

SCHMIDT, Burghart, „Le vin et le verre dans les villes portuaires de l'Allemagne du Nord: signification matérielle, valeur esthétique, portée symbolique", în Ch. BOUNEAU şi M. FIGEAC (ed.), *Le Verre et le vin de la cave à la table du XVIIe siècle à nos jours, op. cit.*, p. 251-265.

SIMON, André L., *Bottlescrew Days. Wine Drinking in England During the Eighteenth Century*, Boston, Small Maynard & Co., 1927.

SIMONNET-TOUSSAINT, Céline, *Le Vin sur le divan. Des représentations sociales aux représentations intimes*, Bordeaux, Féret, 2006.

SOETENS, Johan, *In glas verpakt. Packaged in Glass. European Bottles. Their History and Production*, Amsterdam, De Bataafsche Leeuw, 2001.

STERN, E. Marianne, „Les verriers dans la Rome antique", în M. BERETTA şi G. DI PASQUALE (ed.), *Le Verre dans l'Empire romain, op. cit.*, p. 39-61.

STRZYZEWSKI, Frank, „The Legendary Tokay Collection of the Fukier Company and Its Fate. Facts and Insights", Tokaji Borok Fesztiválja, Tokaj, 28 mai 2005, 15 p.

TCHERNIA, André şi BRUN, Jean-Pierre, *Le Vin romain antique*, Grenoble, Glénat, 1999.

THEBAUD, Gabriel, „La bouteille nantaise. Une réalisation exemplaire pour la promotion des muscadets de qualité", *Ouest France*, 14-15 august 1968.

THOMAS, Roy Digby, *Digby: The Gunpowder Plotter's Legacy*, Londres, Janus publishing company, 2001. THOMASSET, Claude, „Le tonneau dans la littérature médiévale", în Danièle JAMES-RAOUL şi Claude THOMASSET (ed.), *De l'écrin au cercueil. Essais sur les contenants au Moyen Âge*, Paris, Presses de l'université Paris-Sorbonne, 2007, p. 117-139.

T'SERSTEVENS, Albert, *L'Itinéraire espagnol*, Paris, Plon, [1933] 1963.

VAJDA, Marie-Françoise, „Production et consommation de vin en Hongrie. XVIIe-XVIIIe siècles", în Ch. BOUNEAU şi M. FIGEAC (ed.), *Le Verre et le vin de la cave à la table du XVIIe siècle à nos jours, op. cit.*, p. 211-228.

VAN DEN BOSSCHE, Willy, *Antique Glass Bottles. Their History and Evolution (1500-1850)*, Woodbridge and Wappingers Falls, Antique Collectors' Club, 2001.

–, *Bibliography of Glass from the Earliest Times to the Present*, Woodbridge, Antique Collectors' Club, 2012.

VAN DER HORST, A.J., „Wijnflessen uit scheepswrakken uit de zeventiende en achttiende eeuw", *Antiek*, dec. 1991, p. 233-251.

VERES, László, *A pincetokba való palack*, Debrecen, Múzeum Mozaik, 2003.

–, *Magyar Népi Boros – És Pálinkásüvegek*, Debrecen, Múzeum Mozaik, 2003.

–, *Adalékok a tokaji bor palackozásának történetéhez*, Miskolc, 2003.

–, *Üvegmüvességünk a XVI-XIX. Században*, Miskolc, 2008.

VERNOU, Christian, „La vente au détail. Un monument attestant de la commercialisation du vin chez les Lingons", în J.-P. BRUN *et al.* (ed.), *Le Vin, op. cit.*, p. 302-303.

VEUVE CLICQUOT, *La Légende des siècles. 8 cuvées, 3 siècles... Un style Veuve Clicquot*, Reims, Veuve Clicquot, mai 2012.

VIEIRA, Alberto (ed.), *Os vinhos Licorosos e a História. Seminário Internacional. 19 a 24 de Abril 1998*, Funchal, Centro de Estudos de História di Atlântico. Secretaria Regional do Turismo e Cultura, 1998.

VILLENEUVE, Arnaud de, *Le Livre des vins*, Perpignan, Éditions de La Merci, 2011.

VIOLLET-LE-DUC, Eugène, *Dictionnaire raisonné du mobilier français de l'époque carolingienne* à la Renaissance, vol. 2, primul fascicul, Paris, A. Morel, 1871.

WALLACE, Benjamin, *The Billionaire's Vinegar. The Mystery of the World's Most Expensive Bottle of Wine*, New York, Three Rivers Press, 2009.

WARESQUIEL, Emmanuel de, *Talleyrand. Les dernières nouvelles du diable*, Paris, CNRS Éditions, 2011.

WEINHOLD, Rudolf, *Vivat Bacchus. Une histoire du vin et de la viticulture*, Zurich, Stauffacher, 1976.

WOODHAMS, John, *Have You Got the Bottle? A Basic Guide to Bottle Collecting and Digging*, Londra, London League Publications, 1998.

Legende foto

1. Mică sticlă romană albăstruie, destinată fără îndoială unui parfum sau unui unguent. © Colecția autorului. Foto Josse.
2. Sticlă de vin de Chirâz din secolul al XVIII-lea, din material foarte subțire, permițând transportul pe drumurile de catâri din munții Fars până la porturile din golful Persic. © Colecția autorului. Foto Josse.
3. Sticlă burgundă datând probabil de la începutul secolului al XIX-lea. Are un element de originalitate: fundul este adâncit până la jumătate din înălțimea corpului, probabil pentru a obține capacitatea dorită sau din cauza unui exces de sticlă în momentul modelării, dar fundul nu este drept. Inelul din jurul gurii a fost fasonat cu un clește special, care a permis realizarea unui profil aplatizat. Cât despre eticheta cu Nuits Saint-Georges, ea datează, probabil, de la sfârșitul secolului al XIX-lea. © Colecția autorului. Foto Josse.
4. Sticlă burgundă translucidă cu eticheta Château d'Yquem 1922, dar încă suflată cu gura, deci ar putea să fie mai veche și recuperată. © Colecția autorului. Foto Josse.
5. Flută alsaciană din secolul al XIX-lea din sticlă destul de transparentă, de culoare verde și cu formă foarte regulată. © Colecția autorului. Foto Josse.

6. Sticlă datând de la sfârșitul secolului al XVIII-lea, care ar putea fi o burgundă sau o sticlă de *frontignan* din Bordeaux, modele încă nediferențiate în acea epocă. Se apropie de forma cilindrică, iar gâtul este înalt, dar umerii sunt puțin marcați. © Colecția autorului. Foto Josse.

7. Sticlă burgundă datând de la mijlocul secolului al XIX-lea, din sticlă verde, relativ limpede. Abundența bulelor de aer indică erori de răcire. © Colecția autorului. Foto Josse.

8. Sticlă de șampanie de culoare verde-închis, având forma regulată definitivă care este adoptată la sfârșitul secolului al XVIII-lea. Acest exemplar datează probabil din prima jumătate a secolului al XIX-lea. Este caracterizat de lungimea și regularitatea interioară a gâtului, ceea ce face ca dopul să adere perfect la interior. Acesta este modelul pe care îl utiliza Madame Clicquot. © Colecția autorului. Foto Josse.

9. Sticlă de șampanie Veuve Clicquot Ponsardin din anul de producție 1928, suflată cu gura. © Colecția autorului. Foto Josse.

10. Sticlă translucidă de vin de Tokaj (sau Tokaji sau Tokay) de pe domeniul Stern, datând de la sfârșitul secolului al XIX-lea. © Colecția autorului. Foto Josse.

11. Sticlă burgundă închisă la culoare și grea de la sfârșitul secolului al XVIII-lea sau începutul secolului al XIX-lea. Are o formă foarte regulată, iar gâtul este extrem de îngust, mai ales în partea centrală, ceea ce nu e ideal pentru plasarea dopului și pentru etanșeitatea sa în timp. © Colecția autorului. Foto Josse.

12. Sticlă după model englezesc din Normandia. Adâncitura fundului e foarte ascuțită, partea de jos a fost spartă târziu, când sticla se răcise deja. © Colecția autorului. Foto Josse.

13. Sticlă burgundă sau din Jura, de culoare brună, datând din secolul al XVIII-lea. E ușoară, fragilă și are un defect de fabricație: două mici fibre de sticlă s-au lipit pe partea laterală când a fost rotunjită sticla sau a fost fasonat gâtul. © Colecția autorului. Foto Josse.

14. Flută germană de la începutul secolului al XX-lea de sticlă albastră suflată cu gura într-o matriță. Gâtul foarte regulat a fost și el fasonat cu ajutorul unei matrițe, probabil un clește special. Această sticlă a fost găsită de Jean-Paul Amat într-o tranșee germană din pădurea Argonne. © Colecția autorului. Foto Josse.

Jean-Robert Pitte

15. Sigiliu plasat pe cealaltă față a aceleiași sticle de *Margaux Bel-Air*, purtând inscripția „*défendu d'en laisser*" (=„a nu se lăsa din mână"), de unde și supranumele de „*margaux défendu*" dat acestui vin. © Colecția autorului. Foto Josse.

16. Umerii și sigiliul principal al sticlei de *margaux bel-air* marquis d'Aligre, comandată de acesta din urmă către 1825. Este vorba despre un model bordelez aproape cilindric. © Colecția autorului. Foto Josse.

17. Fiasco de sticlă pentru chianti în culoarea verzui-deschis, de la începutul secolului al XX-lea. E foarte ușoară și deci fagilă, suflată cu gura și fără adâncitură. Împletitura bicoloră originală este din foi de porumb. © Colecția autorului. Foto Josse.

18. Sticlă burgundă datând din prima jumătate a secolului al XIX-lea, dar care poartă un sigiliu al sticlăriei din Epinac-les-Mines pe care stă scris anul 1752, data fondării sticlăriei de către Gaspard de Clermont-Tonnerre. © Colecția autorului. Foto Josse.

19. Sticlă din La Vieille-Loye (Jura). Acest exemplar din secolul al XIX-lea, fără adâncitură, provine de la una dintre ultimele sticlării de tip vechi, care foloseau lemnul, inclusiv pentru operația numită „de recoacere". Proprietarii erau foarte mândri de asta și își puneau încă pe sticle, cum se vede și aici, un sigiliu cu stema familiei Duraquet de l'Orne, gentilomi sticlari veniți în secolul al XVI-lea pe aceste locuri, în apropierea pădurii Chaux. © Colecția autorului. Foto Josse.

20. Sticlă engleză datând din anii 1830-1850, având un sigiliu nedatat cu stema monarhiei britanice, fie datorită provenienței sale din pivnițele regale, fie datorită unei legături cu un *Royal warrant of appointment*. © Colecția autorului. Foto Josse.

21. Sticlă de șampanie de formă identică celei din *Dejeuner d'huîtres*, neagră și cu gâtul alungit, fără îndoială fabricată la Argonne, cu capacitatea de o pintă pariziană minus un pahar (85 cl). Prima jumătate a secolului al XVIII-lea. © Colecția autorului. Foto Josse.

22. Clavelin sau sticlă de tip englezesc din Jura, cu adâncitură foarte mare, datând de la sfârșitul secolului al XIX-lea sau începutul secolului al XX-lea, provenind fără îndoială din sticlăria de la La Vieille-Loye. Sigiliul de pe umăr poartă numele Château-Chalon. © Colecția autorului. Foto Josse.

23. Mici sticle franceze din secolul al XVIII-lea, de culoare închisă, cu capacitatea de aproximativ jumătate de pintă, adică 45 cl. Erau utilizate în cabarete. Sticla din dreapta a fost fasonată cu vergeaua când topitura era încă foarte caldă și vâscoasă. S-a deformat în momentul fasonării gâtului. Și-a trăit totuși viața și așa. Ce contează flaconul!... © Colecția autorului. Foto Josse.

24. Sticlă subțire verzuie, în formă de ceapă, cu fundul plat, finisată așadar cu vergeaua. Flandra, Țările de Jos sau Anglia, a doua jumătate a secolului al XVII-lea. Se găsesc multe asemenea sticle cu ocazia curățării canalelor din Amsterdam. © Colecția autorului. Foto Josse.

25. Sticlă de șampanie de formă identică celei reprezentate în „Le dejeuner de jambon" de Lancret, fără îndoială fabricată în Argonne și conținând o pintă pariziană (93 cl). Prima jumătate a secolului al XVIII-lea. © Colecția autorului. Foto Josse.

26. Damigeană (secolul al XVIII-lea sau al XIX-lea), suflată fără matriță, din sticlă verde. Acest recipient mare apare la sfârșitul secolului al XVII-lea. Corneille, în 1694, este primul care folosește acest cuvânt (*dame-jane,* de la *jane,* cuvânt de la sfârșitul secolului al XVI-lea care desemnează o sticlă: *dame-jeanne* face aluzie și la forme feminine rotunjite). Astăzi, utilizarea damigenelor pentru transportul vinului e pe cale de dispariție. Se mai utilizează încă la Jerez sau în Roussillon pentru a ține anumite vinuri la soare. Pentru transport, sunt înlocuite de *cubitainers* de plastic flexibil. © Colecția autorului. Foto Josse.

27. Fundul unei sticle suflate în secolul al XVIII-lea. Cioburile tăioase se datorează vergelei cu care s-a lucrat după fasonarea gâtului, topitura de sticlă fiind deja răcită prea mult. © Colecția autorului. Foto Josse.

28. Sigiliu indicând capacitatea de un litru așezat pe umăr. Această sticlă este posterioară anului 1837, data adoptării sistemului metric, și a fost folosită fără îndoială pentru vinul comun, căci vinurile fine erau deja îmbuteliate atunci în sticle de 75 cl. © Colecția autorului. Foto Josse.

Jean-Robert Pitte

Cuprins

veritas

O colecție de texte lucide și analitice, scrise de filozofi de seamă, lingviști, biochimiști, producători și critici de vin, într-o abordare filozofică a unei experiențe eterne.

Într-o lume a consumatorilor tot mai sofisticați, interesul pentru vin este din ce în ce mai subtil. Și, inevitabil, se nasc și întrebări filozofice.

3

4

5

6

7

8

10

12　　　　13　　　　14

15

16

17

18

19

20

21

22

23

24

25

26

27

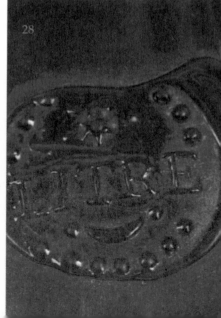

28